文化吉林

梅河口卷

弘揚長白山文化
打響吉林特色地域文化品牌

王儒林

　　吉林有文化，而且吉林文化有底蘊、有潛力、有特色、有希望。從前郭縣王府屯距今約一百萬年的石製工具到距今十六萬年的樺甸仙人洞和距今三萬年的榆樹人，從燕趙文化東進到漢武帝設四郡，從扶餘、高句麗、渤海文明的興衰更替到遼金、清朝問鼎中原，從抗日烽火、解放硝煙到新中國老工業基地的紅色記憶，從二人轉、吉劇、長影到吉林期刊、吉林歌舞和吉林電視劇現象，勤勞智慧、淳樸善良、勇於開拓的吉林人民在白山松水間創造出絢麗多彩的地域文化，成為中國文化版圖上一道獨特風景。

　　文化與山素來結緣，正如泰山之於魯，嵩山之於豫，黃山之於皖，長白山是吉林的象徵、吉林的品牌。吉林文化始終與長白山難捨難分、血脈相連，集中體現於長白山文化之中。長白山文化發源和根植於吉林沃土，是包容吉林各民族文化、蘊含吉林發展歷史、反映吉林人性格特質、凸顯吉林氣派的「大文化」，是中華民族「多元一體」文化的重要組成部分，源遠流長、博大精深，構成了吉林文化的骨骼和脊梁。在地域文化越來越受到人們關注、文化軟實力越來越成為衡量一個地區核心競爭力的重要指標的當今時代，大力弘揚作為吉林文化標誌性符號的長白山文化，把這份寶貴的文化資源保護好、挖掘好、利用好、開發好，對於打響吉林特色地域文化品牌，鑄造極具時代內涵的吉林精神，提升吉林文化軟實力，凝聚吉林改革發展正能量，無疑具有十分重要的現實意義。

近年來，我省大力推進以優秀吉林地域文化為主要內容的長白山文化建設，出台了《長白山文化建設規劃綱要》，啟動實施了長白山文化建設工程，在長白山文化資源保護研究、挖掘整理、開發利用等方面做了大量工作，取得了顯著成績。我們要進一步加強長白山文化理論研究，豐富長白山文化內核和外延，進一步加強長白山文化遺產的發掘、保護和展示推介力度，擴大長白山文化的影響力，進一步加強對長白山文化內涵的拓展和提升，把長白山文化資源更好地轉化為文化產品、文化事業和文化產業，推動長白山文化建設躍上新台階，推動吉林文化大發展大繁榮，為實現富民強省目標、中華民族偉大復興、中國夢做出貢獻。深入挖掘、研究、整理長白山歷史文化，既是一項宏大浩繁的系統工程，又是一項功在當代、利在千秋的基礎工程。希望有更多有識、有志之士投身長白山文化建設事業，讓這份寶貴的文化資源更好地服務於當代，惠澤於未來。

由省委宣傳部組織編撰的《長白山文化書庫》系列叢書，是長白山文化建設工程的重要標誌性成果。叢書從基礎研究、地方特色、主要藝術門類三部分，對長白山文化的歷史資源進行了全面細緻的挖掘和整理，堪稱長白山文化研究與普及的鴻篇巨製，不僅對研究和宣傳長白山文化大有裨益，而且對培育吉林文化品牌、樹立吉林文化形象也將產生積極的促進作用。在叢書即將付梓之際，謹表祝賀並向全體工作人員致以問候。

主編寄語

莊嚴

　　長白奇迤蘊靈秀，松江悠長毓文傑。千百年來，雄渾壯美的白山松水賦予了肥沃豐饒的吉林大地以生機和活力，滋養了吉林人民勤勞睿智、堅韌進取、寬容開放的精神品格，積澱了多元融合、底蘊深厚、色彩斑斕的地域文化。這獨具魅力的吉林特色地域文化猶如一株馥鬱芳香的花朵，在中華民族文化百花園中爭妍綻放。

　　文化是經濟發展之根，是社會發展之源。省委、省政府高度重視文化建設，制定出臺了《長白山文化建設規劃綱要》，把吉林省歷史文化資源工程列入宣傳思想文化工作「六大工程」之一。省委宣傳部深入貫徹落實省委、省政府的要求，開展《長白山文化書庫》建設，啟動實施了《文化吉林》叢書編撰工作，將其作為全省宣傳思想文化工作的重要舉措，周密部署，精心組織，強力推進，取得了預期成果，為全省人民奉獻了一份珍貴的精神食糧。

　　《文化吉林》叢書是《長白山文化書庫》中全景展現特色地域文化的重要組成部分。年初以來，我省廣大宣傳文化工作者以對家鄉、對歷史、對文化事業的高度責任感和使命感，不畏繁難，勤勉執著，嚴謹認真，精益求精，在資料收集、遺產挖掘、書稿撰寫等方面付出了大量艱辛的努力，進行了許多開創性的探索和實踐，圓滿完成了這次編撰任務。叢書編撰秉承傳播和弘揚吉林文化的理念，梳理總結吉林文化資源，提煉昇華吉林文化精髓，激發增強吉林人的文化自覺、文化自信，使優秀文化更好地服務於吉林的發展振興。

《文化吉林》內涵豐富，圖文並茂，辭美情摯，引人入勝，是人們認識吉林、瞭解吉林、研究吉林的概覽長卷，是吉林文化走向全國，面向國際的真誠心聲。叢書真實勾勒了吉林文化歲月滄桑的歷史縱深，生動展現了吉林文化多姿多彩的時代律動，帶我們走進吉林地域文化演進的舞臺，親身感受風雲激盪的文化事件，出類拔萃的文化人物，領略淵深源遠的文化景觀，妙趣橫生的文化傳說，體驗琳瑯紛呈的文化產品，淳樸濃郁的文化民俗。叢書將吉林文化的發展脈絡、現狀和未來，客觀詳盡地展現給廣大讀者，是一部能夠讀得進去、傳播開來、傳承下去的佳作精品。

　　鑒往以勵志，展卷當奮發。《文化吉林》這套融史料性、知識性、可讀性於一體的叢書，為我們進一步保護、研究、開發吉林地域特色文化提供了重要史料資源。作為後繼者，當代吉林人有責任、有義務肩負起將吉林文化充分融入社會主義核心價值觀，推動吉林文化發展進步的歷史使命，讓優秀傳統文化在繼承中創新，在創新中前行，在全國文化發展大格局中唱響吉林「聲音」，打造吉林文化品牌，樹立文化吉林形象。

弘揚長白山文化 打響吉林特色地域文化品牌

主編寄語

第五章・文化產品

第一章——

文化發展概述

梅河口市，原稱海龍縣，地處長白山西麓，輝發河上游。這裡歷史源遠流長，文化底蘊豐厚，山川毓秀，人傑地靈，物產豐富，交通便利，經濟發達，自古以來就是交通樞紐和軍事重鎮，更是東北地區著名的魚米之鄉。大自然的恩賜，各族人民的辛勤勞作，創造出了多姿多彩的文化，在梅河口這塊沃壤上留下了豐碩的成果，創造出了驕人的業績。

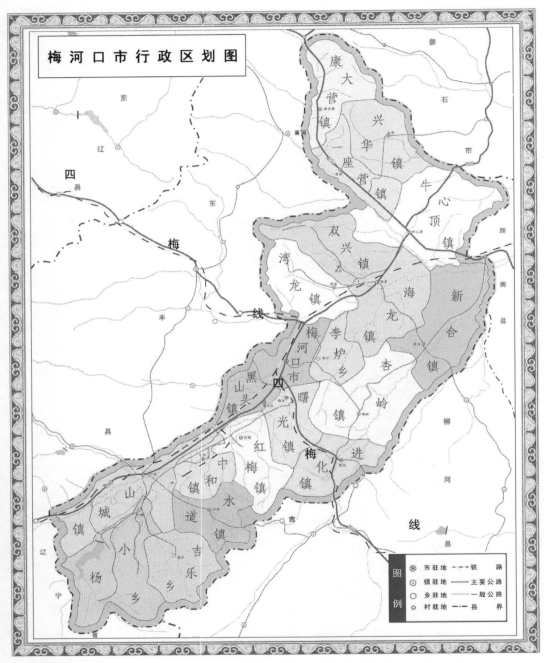

梅河口市行政区划图

康大营镇
兴华镇
一座营镇
牛心顶镇
双兴镇
湾龙镇
海龙镇
新合镇
李炉乡
杏岭镇
梅河口市
曙光镇
黑山头镇
红梅镇
进化镇
中和镇
道吉乐镇
水道镇
山城镇
小杨乡

图例

市驻地 　 铁　路
镇驻地 　 主要公路
乡驻地 　 一般公路
村驻地 　 县　界

▲ 寧江縣行政區劃圖

▌建制前文化

梅河口文化是長白山文化的重要組成部分之一。長白山文化，獨具特色，博大精深，是中華文化的源頭之一。其內涵豐富，外延廣闊，它既是農耕文化、漁獵文化、游牧文化等相結合的物質文化，也是軍政合一的政治文化，同時也是民族文化、民俗文化。

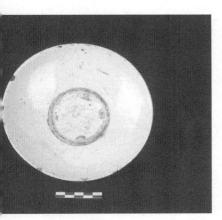

▲ 金代白瓷盤

▲ 金代行軍副提控印

原始社會時期。海龍縣人類最早的遺跡是舊石器時代早期，境內發現的原始社會遺址有九處，大部分遺址都分布在大柳河上游的沿河山岡上。主要出土文物有石製刮削器、石鎬、石斧、石刀、石鐮、石網墜等，還有大量泥夾砂陶器的口沿、器耳、器底、器腹；空心豆柄、陶鼎等。這說明海龍境內的先人已經能熟練地使用火，製造工具和器皿，創造了燦爛的古代文化，逐步提升了生產力。境內還發現了水道鎮龍頭堡、紅梅鎮白石溝、吉樂鄉挑參溝、進化鎮鹼水等七處石棚墓群，計四十八座。據孫進已《東北民族源流》記載，這與遼東相同的石棚文化應是東夷族的遺存，體現了人們對生命的珍視和對逝者的尊重，形成了風俗，是文化發展的提升。這一時期，海龍境內的種族主要有漢、肅慎、東夷、穢、貊等。

春秋戰國至秦漢、隋唐時期。隨著華夏族係漢人不斷遷入，受到中原地區先進經濟文化的不同影響，包括海龍在內的吉林省和遼東廣

大地區，活躍著的種族主要有肅慎族系、東胡族系、穢貊族系。這一時期的遺址主要有進化鎮鹼水村北砬頭遺址、吉樂鄉永安遺址、吉樂鄉吉祥遺址、山城鎮東花園村三組遺址、海龍鎮正義村小城子古城等。出土的主要文物有：秦漢時期通體磨光的粗砂黑陶、灰陶殘片，如口沿、器耳、器底等；漢代的繩紋灰陶和鐵鏵、弩箭、鐵鋌銅鏃等；隋唐的遺物有與渤海較為典型的「靺鞨罐」近似的陶器殘片，從中可以看出製陶技術和文化得到了提升，特別是冶鐵文化的發展，可以說是工具製造技藝的一次革命，促進了生產力發展。

　　五代及宋、遼、金時期。契丹民族逐漸分化後，至遼末，以生女真部落為核心，逐步形成女真民族。海龍是女真族重要的活動區域，這一時期海龍境內的主要民族有漢、女真、蒙古、朝鮮族等。這一時期境內遺址和文物比較豐富，古遺址有興華鄉東興、新興、雙睦、黑頂子、興華，一座營鎮廟溝、靖安、高楊樹、老道溝、紙坊，黑山頭鎮寶山二組，中和鎮東夏轉山、劉堡後山，康大營鎮黑嘴子、大橋、民安，牛心頂鎮鳳陽北崗、搭連溝水庫南坡、搭連溝、興隆堡等

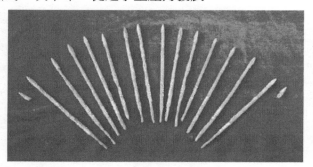

▲ 鐵鋌銅鏃

▲ 海獸葡萄紋銅鏡

▲ 銅匜

▲ 鏤空銅飾件

▲ 銅管狀器

▲ 元代八思巴文小押印

▲ 元代八思巴文小押印

▲ 金代行軍副提控印

三十多處；古城遺址有杏嶺鄉小城子古城、海龍鎮古城、小楊鄉方家街古城、山城鎮東花園古城等。出土的主要文物有宋代銅錢、海獸葡萄紋銅鏡、鐵犁鏵、鐵犁鏡、鐵壓刀、六耳鐵鍋、鐵鍬、鐵矛、骨朵、綠釉罐、白瓷瓶、白瓷碗，以及大量陶器殘片、獸面瓦當、板瓦、筒瓦等。海龍鎮九龍口磚塔殘跡，出土若干磚瓦、雕磚、佛教造像殘部等。中和鎮劉堡村出土的窖藏，徵集到較完整的瓷盤、碗共十一件，銅錢四十八公斤，包括唐、宋計三十二個年號七十二種錢幣。在水道鎮新立村出土了「行軍副提控印」，在金代，提控多為武職，負責招兵買馬、統轄軍隊之職。《金史·百官志》載，提控高為正四品，低為從九品。同一地域，還出土了「庫普里根必剌謀克印」，背面印柄兩側刻「禮部造」和「承安五年閏二月」年款。承安五年是大金國年號，即一二○○年。《金史·百官志》載：「謀克，從五品，掌撫輯軍戶，訓練武藝，唯不管平倉，餘同縣令。」此印為相當於五品縣令級的官印，反映海龍是兵家必爭之地，戰事頻繁；表明當時海龍一帶有縣級政權存在。

小楊慶雲女真摩崖石刻，是國內僅有的少數幾個女真文碑刻之一。它記錄了金在照散城大破遼軍的歷史事件，對研究遼金歷史和海龍歷史具有重大意義。它也是一件精美絕倫的書法，碑刻藝術作品，是海龍文化的一個象徵。

元、明、清時期。這一時期中原漢族大批遷入東北，海龍一帶漢族居多數。部分女真人和胡里改（即唐以前的挹婁、虞婁、遼代的五國）和部分兀狄哈人（即金之兀底改）逐漸融合成建州女真、海西女真兩大集團，最後形成了滿族。至清末，海龍一帶還有蒙古族、朝鮮族、回族等。元代主要文物有新華街評劇團舊址出土的石雕四龍杯，中和鎮三八石村出土的銅匜、模印紋龍泉青瓷碗、青花碗、鐵鍬，小楊鄉保祥村出土的八思巴文銅押印。明時主要遺址有小楊鄉方家街古城（照散城）、大楊村遺址、海龍鎮海龍古城等，均屬遼金古城延用，出土文物有青花碗、青花盤。清代遺物有小楊鄉保祥村出土的雙龍戲珠鎮宅寶劍，山城鎮東花園村出土的七星劍和牛心頂鎮搭連溝村出土的素面銅鏡等。一九八四年七月在山城鎮東玉井村發現一座明代古墓，出土隨葬品二十餘件，包括鐵器、瓷器、銀飾件等。其中八件瓷器，黑釉瓶一件，為明清之物；青花盤一件，為元末明初之物；青花碗四件，均為元末明初或明初燒製；白釉瓷碗一件，為元代之物；同時，另徵集到青花杯一件，應為明代早期遺物。

滿清圍場文化

　　滿清時共設置了五大圍場，即：京畿永定門外的南苑圍場、熱河的木蘭圍場、東北的盛京圍場、吉林圍場和索岳爾濟圍場。所謂圍場，就是向清皇宮「貢鮮」和清八旗兵圍獵習武之地。皇家大設圍場，在中國歷朝歷代絕無僅有，在全世界更是獨一無二。因而圍場文化已成為長白山文化中獨具特色的組成部分，更是世界文化園地中的一枚奇葩。

　　大圍場　明萬曆二十九年（1601 年）至萬曆四十七年（1619 年），努爾哈赤徵服海西女真扈倫四部之時，盡取其地並封禁起來設置為圍場。康熙十六年（1677 年）頒發上諭曰：「長白山發祥重地，奇蹟甚多，山靈宜加封號，永著祀典以昭國家茂膺神貺之意，且將興京以東，伊通州以南，圖們江以北，悉行封禁。移民之居住有禁、田地之墾闢有禁，森林礦產之採伐有禁、人參東珠之掘捕有禁。」按此上喻，即把今遼寧新賓縣以東、伊通縣以南、圖們江以北，包括長白山在內的廣大區域都一律封禁。吉林、海龍及西豐、西安（遼

▲ 滿清圍場狩獵圖

源）、東豐、柳河、輝南以及長白等處均遭封禁成為圍場，也就是大圍場。

盛京圍場　據《清代全史》載，最初封禁時，盛京圍場幾近六萬平方公里。順治十年（1653 年）後，寧古塔將軍改稱吉林將軍。隨著吉林將軍的稱謂才逐漸從盛京圍場中將原烏拉部占有的區域分離出去，而稱吉林圍場。據《大清會典事例》記載，分離後的盛京圍場的範圍，「南自沙河爾郎頭三通河沿岸起，北至阿機格色合勒北伊通河沿上，四百八十餘里；東從輝發城起，西至威遠堡邊門止，四百九十餘里；東南自駱駝砬子（今柳河縣境內），至西北山音哈達（山名）交界封堆（今西豐縣天德鄉境外）止，五百一十八里；西南自英額門（遼寧清原縣境內）起，東北至巴珠勒阿林（今東豐與伊通交界處）止，五百二十八里」。也就是南自吉林省梅河口市南部一統河流域，北至吉林省東豐縣那丹伯鎮；西自遼寧省開原市威遠堡，東至吉林省輝南縣輝發城；西

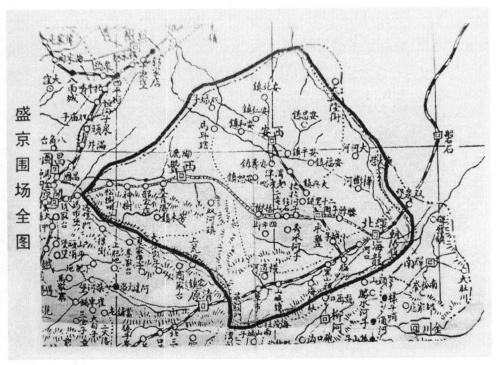

▲ 盛京圍場全圖

北自吉林省伊通縣二龍山水庫，西南至遼寧省清原縣英額門，基本上都在海龍府管轄範圍內。

設立圍場的目的　天啟六年（1626 年）皇太極曾在諭旨中直言：「為滿州宜兵操演技藝提供場所。」《扈從東巡目錄》記載：康熙帝於二十一年（1682 年）第一次到盛京圍場狩獵時強調：「我朝行圍不在於獵獸，而在於講武，使其習熟弓馬蓄練隊伍。」《大清會典事例》中記載：康熙帝還強調，將圍獵取鮮和騎射演武相結合，非徒為撲進口味。

所以，圍場設置最初是女真民族各部之間殘酷鬥爭的需要，是與明軍決鬥奪取政權的需要，全國統一後是保持八旗鐵騎特色彪悍之風，鞏固政權的需要，也體現了在經濟上「貢鮮」的需要，而不能單純地將圍場看成圍獵娛樂場地。

封禁及開禁　封禁的時間，一般認為自康熙十六年（1677 年）頒發「封禁」的上諭開始。而實際上，努爾哈赤於明萬曆二十九年（1601 年）徵服哈達部就設置了圍場，比頒發封禁上諭早七十六年。吉林圍場開禁的時間，應為嘉慶八年（1803 年）始，從烏拉部被滅的明萬曆四十一年（1613 年），共存續一百九十年。盛京圍場自明萬曆二十九年（1601 年）哈達部被滅，至光緒四年（1878 年）馬有利到海龍設荒務局，存續二百七十七年。隨後整個大圍場也逐漸開禁。

卡倫及圍場　據《盛京典製備考》記載：「盛京圍場原設協領一員，後增設圍場事務協領一員；設翼長佐領二員，驍騎校二員，設梅倫驍騎校八員，後改設四員，委官八名，後又增設四名，另有八旗傳達兵二百名。」圍場周邊設有十二個卡倫（即軍事哨所，亦稱為「台」）分管盛京圍場的一百零五個圍場，每卡倫置官一名、兵二十名。

按行政區劃分。海龍二十圍，各圍名稱為：屬於土口子卡倫所有：山城子（鮮）、柳河身伯野（鮮）、柳河身卜敦（鮮）、吉林哈達（鮮）、那力渾（鮮）、妞妞（鮮）。屬梅河額夫勒卡倫所有：阿畿個勒克（鮮）、阿木巴勒克（鮮）、

朱魯莽卡（鮮）、三通輝憨（鮮）、大付力哈、小付力哈、付力哈年木善、八旦崗子（鮮）、歸勒哈達布憨（鮮）。屬於那丹伯卡倫所有：卡爾善（鮮）、扎爾啟蘭（鮮）、輝發（鮮）。屬於大沙河卡倫所有：阿蘭達、額音。這二十個圍場中，有十五個是鮮圍，因而習慣上把海龍稱作鮮圍場。西豐三十五點五圍，西安（遼源市、東遼縣）九點五圍，東豐縣二十二圍，清原六圍，伊通九圍，東豐、東遼交界處兩圍，東豐、海龍交界處一圍。

　　行圍与貢鮮　行圍指有組織的大規模狩獵活動，民間稱之為打圍。盛京圍場的行圍，專指皇室及內務府的娛樂、消遣和狩獵活動。清朝皇帝也親赴圍場

▲ 滿清圍場圖

狩獵，又稱之為御圍。據史料記載：在清統一全國之前，皇太極先後四次到葉赫部、輝發部舊地行圍，康熙先後三次到盛京圍場行圍。乾隆四次東巡祭祖；嘉慶兩次東巡祭祖；道光一次東巡祭祖。

乾隆十九年（1754年），他第二次東巡經海龍境內時，先後賦詩狀物抒情。據《吉林通志卷六·天章篇》載，《即事五首》《塔兒頭歌》《燃霞繡觀書因題》《暖三首》《花園》《花園有序》《海蘭河屯有序》等，都是乾隆帝從吉林返京時，路經海龍境（輝南縣輝發古城至清原縣英額門）睹物抒情、憶史抒懷之作，是目前所見到最早吟誦海龍的詩篇。特別是《海蘭河屯有序》，道出其所見海龍古城，並命名榆樹城，這也是最真實的圍場文化。

東流水圍与西流水圍　光緒六年（1880年）清政府在海龍設置撫民廳。為加強管理，把盛京圍場劃分為東流水圍場和西流水圍場，兩個圍場都隸屬於海龍圍場總管衙門。凡輝發河、吉善河、英額河、占泥哈達河等流入松花江的流域，為東流水圍。主要包括海龍、輝南（部分）、東平（東豐）等縣。有圍場共四十二圍，其中海龍占二十圍。凡哈達河、寇河、清河、葉赫河、登桿河、渭津河、萬良河、東遼河、大小梨樹河、烏龍河等流入遼河的流域為西流水圍。其範圍包括西安（東遼）、西豐等縣。有圍場共四十五圍。

招墾與廢除　據《東三省之實況》記載：「此時東北各地農村幾乎成無人之地，大片土地無人耕種，田園日趨荒蕪，各地農村凋敝已極。」清政府為解決軍費，安置災民，於順治八年（1651年）強制遷移華北、山東等地漢民到東北，以期恢復和發展農村生產，制定了《勸農招墾法》，頒發了《遼東招民開墾條例》，獎勵移民墾荒，徵收田畝稅。順治十年（1653年）十一月，又以優厚的政策鼓勵中原漢民去開發遼東：「凡招至百名者文授知縣，武授守備。」民數多者每百名加一級，所招民每名月給口糧一斗，每百名給牛二頭。這就是當時的招墾。

招墾措施實行後，大批漢民湧入東北各地。據《清代東北三省移民與開墾》載，順治末年（1660年）盛京、錦州兩府只不過五千五百餘人，到康熙

七年（1668 年）僅八年時間，猛增到一萬六千餘人，由此引起了清政府的驚慌和恐懼。「慮如漢人進入，有侵其聖土之意，鍾靈毓秀不可褻瀆」。於是撤銷了《遼東招民開墾條例》，並在山海關嚴行盤查，限制關內民眾進入東北。此後，清政府在乾隆五年（1740 年）頒發了《遼東流民歸還令》，將已經在盛京圍場周圍定居的「流民」和「遊民」遞解回原籍，留下來的既禁止耕種，又禁止開墾新荒。在此後的一百多年間，清政府在封禁和招墾漢民上始終猶豫不決，爭議不休。乾隆五十七年（1792 年）河北大旱，清政府又允許飢民出關求生存，部分災民流入東北種地謀生。道光二十年（1840 年）鴉片戰爭，咸豐六年（1851 年）太平天國運動等，加之蝗蟲、水災、旱災頻發，使關內各地難民大量湧入東北，促使荒山草甸被相繼開墾。據民國版《海龍縣志》記載：「光緒元年（1875 年）長春人楊、孫、衣、紀四戶來一統河墾圍場荒三百坰。」又據《梅河口市志》載：盛京圍場開禁前，早就有人不斷偷偷潛入私墾、採捕、伐木，人口越來越多。光緒之初，在那丹伯、土口子、梅河、大沙河一帶已形成村落，良田阡陌相連。光緒四年（1878 年）馬有利來海龍設荒務局，丈放圍場荒地。允許「已墾者一律查丈升科，未墾者劃清界限，應撥遷者零星小戶選擇地方安插，留大圍場照舊舉行演武騎射。大圍場內的人口遷往柳河（即輝發河）南北兩岸」。為加強對大圍場的管理，禁止附近居民入圍私墾或偷獵動物，光緒五年（1879 年）於海龍城設置圍場總管衙門，其主要職責，分管界段，按月巡圍，緝盜靖邊，督徵貢品和催收課賦。據清光緒三十四年（1908 年）《海龍府鄉土志》記載：共開墾升科地一百三十萬畝，人口三萬多戶，其中滿族共占百分之二；總人口十八萬九千餘人。而民國版《海龍縣志》記載：共開墾升科地一百多萬畝，人口三萬三千餘戶，二十三萬餘人（已撥給輝南八千餘戶），發展迅速。滿清圍場從封禁、興盛、招墾、開禁到廢除，伴隨著清王朝走完了近三百年的風雨歷程，也創造了特有的圍場文化。

　　光緒十四年（1888 年），海龍鎮內建起「中和燒鍋」，即今梅河酒業。這一超過百年的老酒坊有三處重要遺存：古井、古發酵地、酒海窖藏；主要文物

有古木製酒海大、中、小共二十二個，建國初期的營業執照、稅票、流水賬等，部分文物已被列為國家一級文物。二〇〇九年，「中和燒鍋」的傳統釀造技藝被列為吉林省非物質文化遺產名錄。「中和燒鍋」遺址和文物，生動地記錄了海龍醇厚的酒文化及當時繁榮的經濟和文化。

▲「中和燒鍋」的木酒海——國家級一級文物

▲「中和燒鍋」古發酵池

▋建制後文化

光緒六年（1880 年）清政府劃二十個圍場設置海龍撫民廳，當時海龍境內由於封禁長達二百七十九年，到處蠻荒。設制後，將全境兩百二十個村劃為三十六個社，社名由海龍廳首任通判楊文圃所作四字詩的每個字前冠海字而成（後四個字未用），開始了行政管理，從而使被封禁割斷的文化得以傳播和傳承。

光緒二十九年（1903 年），經盛京圍場海龍總管依凌阿主持，由四鄉派捐修建書院一室，海龍知府孫壽昌題名為「秀實書院」。光緒三十二年（1906 年）海龍府開始實行新學制，改良私塾，設立官辦學校。府立「秀實學院」改為高初兩等小學。至宣統三年（1911 年）全境公立小學堂達四十一所，學生一千六百一十九名。

光緒三十二年（1906 年），海龍府專設勸學員二人，掌管文化教育事宜。次年，海龍府設勸學所，並在勸學所內成立了圖書館，供府衙內部人員參閱。文化作品主要有光緒三十四年（1908 年）由海龍府勸學所編修的《海龍府鄉土志》，民國二年（1913 年）由海龍縣首任知事白永貞（原任海龍府知府）編撰的《海龍縣志》，記敘了建制以來基本情況，這是海龍境內能找到的最早的文史作品。

光緒二十六年（1900 年）六月，海龍民眾以王和達為首組織了義和團。同年七月，劉永和組建忠義軍，抗擊沙俄軍隊。光緒二十七年（1901 年），劉永和聯合王和達等義和團餘部和農民武裝，組建兩萬餘人的忠義軍，高舉「御俄寇、復國土」大旗，轉戰在東北大地。

清宣統三年（1911 年）革命黨人王樾仁，被同盟會派回海龍，組建並訓練關東獨立自衛軍，準備武裝起義。嗣聞清帝遜位，宣布共和，鄉軍解散。王樾仁等鄉軍將領，馳赴大連繳令。行至開原東大孤家子時，被清軍山城鎮巡防

營管帶李秀峰率兵抓獲。於民國元年正月二十日（1912 年 3 月七日），王樾仁等四人被刀砍於山城鎮西門外。

民國十五年（1926 年），中共黨員孫紱生受奉天特支派遣，在海龍、輝南、柳河開展工作。民國十六年（1927 年）十月，中共滿洲臨時省委派省委委員胡步三（化名胡謙之）深入海龍、山城鎮，以開旅店為掩護，發展黨的組織和兵運工作。同月，中共奉天黨支部派周東郊（又名周春輝）來海龍，以縣立中學（原海龍四中）教員身分祕密開展革命工作。民國十八年（1929 年）秋，成立中共清原縣委，領導清原、海龍、柳河三縣黨組織工作。民國十九年（1930 年）七月，成立海龍縣四八石黨支部。同年十二月，建立中共海龍縣委員會。民國二十年（1931 年）八月三日，成立海龍農民義勇軍，同年海龍縣成為淪陷區。一九三三年一月十三日，楊靖宇來海龍巡視工作，整頓抗日武裝，將海龍工農義勇軍改稱中國工農紅軍 37 軍海龍游擊隊。

民國時期，海龍縣的文化事業也不斷發展。民國十七年（1928 年）奉（瀋陽）海（海龍）、梅（梅河口）西（西安，今遼源）鐵路通車；民國十八年（1929 年）吉（吉林）海（海龍）鐵路通車，一九二七年修建梅河口火車站，一九二九年擴建。民國二十五年至二十八年（1930 年-1939 年），又修通了梅集鐵路，一九三六年將鐵路由西安延至四平。這個只有百來戶人口的小漁村，成為四通八達的交通要道，逐漸繁華起來。民國十五年（1926 年），建立海龍縣圖書館。民國十八年和十九年（1929 年和 1930 年），山城鎮和海龍鎮先後建設了戲園子；民國十八年（1929 年），朝陽鎮（當時屬海龍縣）辦起了河北梆子戲班，幾起幾落，至一九四五年解放。民國二十年（1931 年），

▲ 海龍城門入口

▲ 海龍市街

山城鎮建立興亞梨園戲班。偽康德元年（1934 年），開始有巡迴電影放映組來海龍、梅河口、山城鎮放映露天無聲電影。

一九四五年十一月一日，海龍正式成立民主政府，一九四六年二月組建中共海龍縣委員會，並在全縣發動了第一次土地改革。五月二十四日，國民黨占領海龍縣。一九四七年六月一日，海龍第二次解放，縣委、縣政府重返海龍城。七月，開展第二次土地改革。

海龍縣建立了民主政府後，文化獲得了長足發展，境內流傳著歌劇、話劇、活報劇。東北文藝工作團於春節期間演出話劇《糧食》《群猴》，歌劇《活捉特務漢奸》，活報劇《東北人民大翻身》。土地改革時期，鴨綠江文工團演出了大型歌劇《白毛女》。其他文藝團體還演出了《血淚仇》《兄妹開荒》《抬擔架》等。海龍縣委文藝宣傳隊主要演出了歌劇《破除迷信》《為了大生產》《祖國的土地》等。1946 年 1 月，中國共產黨領導的東北書店由瀋陽轉移到海龍，3 月初，於山城鎮、梅河口建立支店，戰略轉移時撤走。1947 年，東北書店遼寧分店遷入梅河口，並在山、海兩鎮建立支店，後轉為新華書店海龍支店。1947 年 8 月，創建了海龍縣文化館，負責全縣文藝活動的組織領導，群眾文化活動更加活躍，內容更加健康。1948 年九月，山城鎮成立電影院，曾上映《盤絲洞》《火燒紅蓮寺》等電影。

新中國成立後文化

　　新中國的誕生，改變了生產關係，解放了生產力，帶來了文化發展的春天，海龍縣文化也同全國一樣，獲得突飛猛進的發展。

　　演出團體　一九五六年一月成立了海龍縣評劇團，評劇團演出的劇目主要有反映革命鬥爭和現代生活的《喜臨門》《小女婿》《中秋之夜》《青春之歌》《劉介梅》《在烈火中永生》和自編大型評劇《戰鼓催春》等四十出；新編歷史劇《王小打柴》《三姐下凡》《楊八姐遊春》《梁山伯與祝英台》等三十八出；傳統劇目《人面桃花》《花木蘭》《牛郎織女》《孟姜女》等六十餘出。

　　一九五八年七月建立海龍縣地方戲劇團，後改為海龍縣地方戲隊。一九六一年成立海龍縣曲藝社，於海龍鎮、山城鎮各設一個曲藝分社。評書除傳統書目外，也有《平原游擊隊》《野火春風鬥古城》等新書目。一九六二年舉辦嗩吶訓練班，有六十人獲得「民間藝人」證書。一九六二年普查，全境有專業曲藝人七名，演出書目共四十五種，其中現代書目八種。

　　一九七八年九月，恢復海龍縣地方戲隊，招回演員十七人，增加劇目有《馮魁賣妻》《小拜年》《包公賠情》《穆桂英掛帥》《抱不平》等新劇目。到一九八五年共有九十二出，連續六年獲省演出二等獎，獲地區一等獎一次，獲創作二等獎一次。一九七八年十一月，恢復了海龍縣評劇團，調回原班演員，恢復傳統劇目，並新上演《霓虹燈下的哨兵》《蝶戀花》《劉胡蘭》《十五貫》和話劇《於無聲處》等十餘出，至一九八五年，演出劇目達一百四十出。獲省演出二等獎一次、三等獎四次、地區一等獎一次。一九八六年，評劇、歌舞、二人轉、單出頭、拉場戲等戲曲在民間廣泛流傳，主要劇目有評劇《大登殿》《十五貫》《奇冤義膽》《孟麗君》《秦香蓮》，話劇《高山下的花環》《火情疑案》《深夜靜情》《人生》等，曲目《二大媽探病》《楊八姐遊春》《兩朵小紅花》等十五出。一九九一年，自編劇《老師，您好》，獲省自編劇目一等獎，評劇

《三難新郎》赴京參加文化部舉辦的「全國評劇中青年演員調演」，獲集體創作優勝獎。1992 年，各劇團停演。1997 年七月，將評劇團更名為梅河口市藝術團，2000 年藝術團演出十九場，觀眾一萬四千八百人。

2012 年 5 月實施改制，撤銷梅河口市藝術團事業編制，註銷單位事業法人，註冊成立梅河口市天宇文化傳媒演藝有限責任公司。2013 年承辦了「幸福梅城」春節晚會、軍民聯歡會、全市秧歌大賽。為駐梅部隊慰問演出五十餘場，組織排練新節目五十多個，深入五個鄉鎮、四十一個村，義務演出八十一場。

電影放映　1952 年，海龍縣成立第一個電影放映隊，1953 年共巡迴放映電影五百多場。1956 年，海龍、山城、梅河口設固定放映隊。1957 年、1958 年分別建成梅河口、山城、海龍電影院。1960 年，全縣六個農村電影隊巡迴放映。至此，電影放映普及全縣城鄉。1962 年，全縣六個農村放映隊平均每隊放映一百九十天，一千六百餘場次，觀眾達六萬八千餘人次，主要放映《新兒女英雄傳》《上甘嶺》《董存瑞》《怒潮》《虎穴追蹤》《李雙雙》《槐樹莊》等。

1975 年，縣管電影放映隊全部下放到公社和大隊管理，至 1985 年已發展到 120 個。隨著電視的普及，電影業急遽萎縮，至 1999 年，全市已經沒有正常營業的電影放映單位。2006 年 11 月，梅河口電影院、梅河口影劇院、海龍鎮電影院、山城鎮電影院在改革中轉企，最後進入破產程序實施解體。2012 年梅河口市電影發行放映公司實行轉企改制，成立梅河口市數字電影放映中心。

文化館　1952 年，海龍縣有文化館、站四處，其中有山城鎮文化館，1954 年發展到七個，1956 年建立海龍鎮文化館。1969 年，文化館改為毛澤東思想宣傳站，1970 年恢覆文化站，1976 年增加攝影、文物兩個組。1983 年建立紅梅鎮文化館。至 1985 年，全市有文化館四個，文化站二十四個。1994 年，黨政機關改革後，鄉鎮（街）文化站改為文化體育工作站。2000 年以來，全市廣場文化、社區文化、鄉村文化活動豐富多彩，形成了農民畫之鄉（吉

▲ 海龍縣檔案工作會議

樂）、歌舞之鄉（中和）、秧歌之鄉（雙興）、剪紙之鄉（進化）等特色文化鄉鎮。一九九二年，梅河口市被評為全國文化先進市，市文化館連續六年被評為全省先進文化館。二〇一三年，承辦吉林省社會藝術考級工作，承辦吉林省「館、站、院三級培訓工程」通化市廣場舞培訓班。組織第二屆迎新春秧歌大賽、第二屆「和諧大家園」社區文化會演，共舉辦廣場文化演出二十二場，美術展五次，舉辦社區舞蹈培訓班五次，文化大院培訓二期。十九個鄉鎮綜合文化站組織開展群眾文體活動兩百多場，組織培訓一百二十多期。

博物館　新中國成立後，成立海龍縣博物館，對文物古蹟進行調查和管理。1962 年，吉林省博物館和縣博物館共同對「女真摩崖石刻」進行了為期十二天的考察。1964 年，縣博物館撤銷，千餘件文物標本寄存於站前旅社的一個房間內，1967 年毀於大火。1970 年，在吉林大學、省博物館的幫助下，對境內文物古蹟再次考察。1983 年，成立縣文物普查領導小組，在全縣開展第二次文物普查，成果豐富。在此基礎上，1984 年出版了《海龍縣文物志》。1991 年 3 月，成立了梅河口市文物管理所。2012 年，組織開展了第三次文物普查。2013 年，編撰了《梅河口市文物志》。同年，文物管理所加掛梅河口市博物館牌子。博物館免費開放，年內共接待觀眾六萬餘人次，其中未成年人七千八百人。

圖書發行機構　1946 年 1 月，共產黨領導的東北書店由瀋陽遷入海龍，1948 年 12 月改為新華書店海龍支店。1953 年，縣支店於梅河口、山城鎮分

別設立門市部；同年，東北朝鮮族書店併入海龍支店。1958 年，改支店為海龍縣新華書店，並設立人民公社書店，與供銷社代售點合併。1985 年，全市新華書店有門市部四個，代售點共一百一十一個。2000 年以來，以正大書苑為代表的私營圖書銷售企業和攤點迅速發展，滿足了人民的文化需求。

圖書館　中華人民共和國成立之初，海龍縣文化館內設一個圖書室，對外開放。1959 年，成立海龍縣圖書館，建築面積僅四十八平方米，後擴大到九十平方米。1966 年又併入文化館，後於 1973 年分出。「文革」期間，縣圖書館、文化館和機關、廠礦、學校的圖書及作品被當作「封、資、修」毒草燒掉或銷毀，一些文物古蹟被當作「四舊」遭到破壞。1985 年，梅河口市圖書館新建一座九百一十六平方米的五層樓房。1959 年藏書僅四千冊，1985 年藏書達五萬餘冊。2000 年，館內藏書二十二大類，六萬一千七百八十九冊。年借閱人次四千零一十人，閱覽室接待成人讀者四千九百七十七人次，少兒讀者兩千八百四十一人次。2013 年，完成閱覽四萬八千餘人，借閱圖書兩萬七千一百冊，流通光盤兩百張，流通圖書五千零二十三冊；為農村書屋發放圖書六十餘套、九萬餘冊。

檔案館　清末，海龍圍場總管衙門檔案設「文稿庫」管理，撫民廳檔案也設專人管理。民國時期檔案保存較多、較好，但機構無考。東北淪陷時期，偽海龍縣公署設檔案儲藏室，所存檔案在「九三」勝利時被日本人擄走，下落不明。新中國成立後，黨政機關、企事業、科技檔案均由各部門設專門機構管理。1957 年 12 月，根據國務院《關於加強檔案工作的決定》，分建縣委，縣人委檔案室。1958 年，兩室合併為縣檔案室，同年 12 月，在檔案室的基礎上建立檔案館；1980 年，根據省委文件成立海龍縣檔案局，與檔案館合署辦公，由縣人民政府管理。1985 年，梅河口市檔案館有檔案庫五間，一百平方米；辦公室兩間，三十三平方米；閱覽室一間，十六點五平方米；1992 年檔案庫面積增加到三百平方米，1998 年達到八百平方米。2005 年，新落成的檔案館投入使用，改善了檔案管理和利用的條件。建館之初，館藏檔案一千一百

六十捲，至 1965 年達三千五百五十九卷，1970 年達四千一百四十九卷，是年 11 月，接收遼寧省檔案館移交的清末和民國時期的檔案兩萬餘卷（件）。2000 年，梅河口市檔案館館藏全宗一百零一個，檔案五萬三千二百零六卷。其中，晚清檔案三百五十八卷，民國時期兩千一百七十二卷，革命歷史檔案九十四卷，建國後文書檔案一萬八千七百六十八卷，科技檔案三十七卷，會計檔案一千八百一十二卷，訴訟檔案五千零九十八卷，婚登檔案四千六百六十一卷，人口普查檔案一百零三卷，工業普查檔案三百一十捲，農業區劃檔案七百零九卷，死亡幹部檔案八十四卷。至 2009 年，建國後的各類檔案累計增至八萬兩千四百六十八卷。縣檔案館建立之後，縣直機關各部門相繼建立檔案室。1960 年初建時有三個，1961 年增至十二個，1985 年，機關檔案室發展到六十七個，基本實現了每個部門都有檔案室。1959 年，鄉鎮基層檔案室只有一個，至 1962 年發展到十六個；至 1980 年，二十八個鄉鎮街都建立了檔案室。2009 年，勞動局專業檔案館存企業職工檔案三萬兩千三百八十七卷，人事局專業幹部檔案中心現存幹部檔案五千五百卷，房產局產權產籍專業檔案室現存檔案近七萬卷。市檔案館依法向社會開放檔案三萬兩千六百二十五卷，占形成滿三十年檔案的百分之九十八。

　　群眾的文化生活　加強文藝創作輔導，1970 年至1985 年，共興辦小說創作班八期，故事創作班十期，年畫創作班四期，詩歌創作班六期，兒童畫創作班六期，歌曲創作班五期，參訓人員兩千一百零四人次。 1979 年至 1985 年，舉辦業餘文學創作班二十期，美術學習班二十期，書法學習班十期，二人轉創作班六期，音樂培訓十八期，舞蹈及其他學習十八期，共培養學員一萬餘人次。湧現出齊鐵雄、劉伯英、隋守信、張雲波等十多名作家、劇作家、詩人，截止 1985 年，在省級以上刊物發表小說、故事一百一十多篇。

　　2010 年以來，全市開展社會主義新農村建設，村村都建起了文化室、圖書室和遠程教育課堂，大部分村還建起了文化活動廣場和文化大院，農民的文化活動多種多樣，並形成了常態化。2007 年，組建了市詩詞楹聯學會，出版

了梅河口市第一部大型詩詞集《梅河口詩詞選》，有三十四人近兩百首詩詞收入《中華詩詞文庫‧吉林詩詞卷》。2008 年 9 月，創建了梅河口文學藝術網。2012 年，市委市政府組織開展全國著名詩人蒞梅採風活動，出版了《梅津匯律》《海龍吟》兩部大型詩詞集。連續三年舉辦了「盛世華章‧大美梅城」綜合藝術展，歌頌梅河口人民取得的輝煌業績。書法協會、硬筆書法協會共同出版了會員作品集。市作協出版的《梅河口文學》，到2015 年，已出到第十捲，並創刊了《梅河口作家報》已出版五期。2000 年以來，梅河口境內的知名作者有多部優秀作品問世。張詠霖等十一名詩人有十五部詩歌集出版，其中，張詠霖的短詩集《冷雨敲窗》、周煥武的格律詩集《躍瀾飛雪》、趙軍的《紅塵異夢》、吳玉君的詩歌集《心中有歌的人》，影響深遠。述平、谷凱等五人有十五部影視劇本問世，其中述平的《有話好好說》、谷凱的《清凌凌的水 藍瑩瑩的天》《馬向陽下鄉記》等在全國公映，好評如潮。谷凱、李春良、劉君等十一人的十八部長篇小說先後問世，其中，谷凱的《玫瑰有毒》、劉君的《反貪局在行動》《戲弄》等深受讀者喜愛，李春良的《女子中隊》2014 年中宣部「五個一工程」優秀作品獎，此獎填補了吉林省長篇小說「五個一工程」獎的歷史空白。陳學德、尤興起等四人出版小說集五部；寧鴻升、辛樹江等十五人出版散文集二十一部；王志明出版學術專著三部。同時，網絡小說也得到了長足發展。2015 年 5 月中旬，由梅河口作家協會傾力打造的鴻篇巨製—「梅河口文學作品選」叢書出版。叢書由梅河口市作家協會主席張詠霖主編，副主席李春良、車永江為副主編。三卷文選收錄了自 1996 年梅河口市作家協會成立以來近二十年間百餘位作家、作者在報刊、雜誌上公開發表的作品，群英薈萃、珠璣滿盤。這是梅河口文學史上空前的事情，它標誌著梅河口文學的成就與繁榮。進入二十一世紀，梅河口市的文化建設突飛猛進，先進文化的傳播更加快捷、廣泛，日益豐富著廣大人民群眾的文化生活。

悠久歷史的薰陶，使梅河口人們更果敢、睿智、勤奮；豐厚文化的滋潤，使梅河口人民更聰敏、風流、勃發。中華民族復興的偉大中國夢，激勵著梅河

口人民改革創新的豪情壯志；建設文化強國的宏偉目標，煥發著梅河口人民踐行核心價值觀的創作才情。一個全民廣泛參與的弘揚傳統文化、推動精神文明建設、積極創造豐富多彩的文化產品的熱潮正悄然興起，素有魚米之鄉美稱的梅河口，正在向多元文化爭奇鬥豔的文化之市邁進。

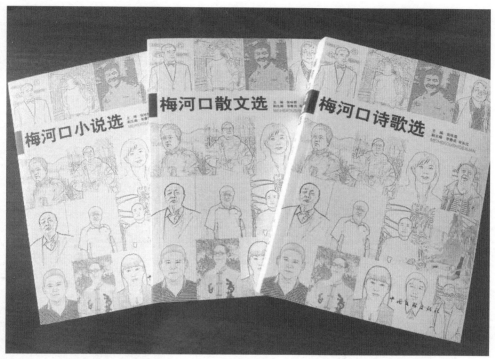

▲「梅河口文學作品選」叢書

▲ 濱河公園

第二章 ——

文化事件

梅河口境內大量古蹟的發掘和豐富的出土文物表明,這裡承載了人猿相揖、步入文明的歷史,記錄了人煙稠密、經濟繁榮的場景,傳遞了徵戰頻繁、血火悲壯的信息,也展現了圍場封禁的興衰與得失。這悠久的歷史和深厚的文化底蘊,培育了梅河口獨具特色的文化,續寫著文明進步的絢麗篇章。近現代以來,梅河口大地上演了一幕幕文化大劇,留下了燦爛的文明篇章。海龍才俊不斷創作影響深遠的詩詞、小說、書畫、散文、戲劇等文藝作品,使境內文化事業得到空前大繁榮,成為長白山文化寶庫中的一顆璀璨明珠。

乾隆東巡途經海龍寫下不朽詩篇

　　清朝乾隆帝崇拜聖祖康熙帝，即位後，多樂效康熙帝之為。乾隆八年（1743 年），乾隆帝首次東巡，選擇的是祖父康熙帝第三次東巡時的路線，經中關、博羅河屯至張三營進入蒙古地區。蒙古四十八旗諸王公對其夾道歡迎，乾隆帝賜宴嘉獎眾王公，並在此地區行圍狩獵，停留較久。之後從蒙古地區轉至吉林，再到興京（今遼寧新賓）、盛京（今瀋陽）。

　　去往興京路上，乾隆皇帝在盛京圍場行圍狩獵，在英額門外獵場中（今天的山城鎮、花園境內）發現芍藥兩叢，寫下了《花園》詩一首，其序曰：「英我門外獵場中，有芍藥二叢。雖過花時，而柯葉猶森鬱可觀，蓋百年外物也。土人因名其地曰花園，經過吟覽，因以命題。」

> 繁柯泫露華，蟠根托山隈，
> 我來非花時，尚想臨風開。
> 迥異京洛種，豈作溱洧才。
> 森然二古叢，不知何年栽。
> 疑是彼女夷，愛此高崔嵬。
> 玉手擷雲錦，移之自蓬萊。
> 野人亦珍重，時時膏壤培。
> 護以朱木欄，奚懼狼與豺。
> 乃知天地化，頗賴人成栽。
> 荏苒憶韶華，俯仰弄條枚。
> 只宜鋪玉箋，安用命金罍。

　　據考證，迄今為止，《花園》詩是吟詠梅河口的第一首帝王詩作。

　　時隔十一年後，乾隆帝開始了第二次東巡，此時他四十四歲，正值壯年。乾隆十九年五月初四（（1754 年 6 月 25 日），乾隆帝奉皇太后之命從圓明園

出巡。這次出巡路線同第一次大致相同，經熱河由古北口取道吉林，而後到達盛京，之後再從山海關返回北京。八月七日到達吉林，他率領文武百官，在小長白山祭祀了長白山神，在溫德亨河祭祀了江神，還在龍潭山封了「樹神」。在吉林郊外行圍後，他對吉林將軍、副都統以下當地官員兵丁進行了不同賞賜。從吉林過輝發古城，至海龍故城寫下《海蘭河屯有序》：「海蘭河屯者，漢言榆城也。遵槎爾筏嶺而西，旁見舊城之基焉，雉堞無存，土壘尚在。昔年徵戰之時，各築壘自守。遺老既盡，無能道其事者，以其生榆樹焉，則謂之榆城而已。」

虎視龍爭各據時，高培戰壘闊穿池。

何年貝勒失名姓，剩此荒城祇址基。

總為聖人驅除難，維新天命眷歸期。

秋風榆戍經過處，奮旅維艱企繼思。

乾隆皇帝在這段行程中還寫下了大量詩歌，其中《即事五首》《塔頭兒歌》《花園有序》《柳條邊》《八月二十三有作》等最為有名。乾隆皇帝所寫《即事五首》為七絕，句中還有註釋，而通過這五首詩可見當年被封禁的長白山圍場，已經分為盛京圍場和吉林圍場。《即事五首》第一首就這樣寫道：

吉林圍接盛京圍，天府秋高獸正肥。

本是昔年馳獵處，山情水態記依稀。

在第三句下的註解中寫道：「癸亥年謁祖陵亦以路便行圍於此。」可見那時被封禁的皇家圍場，已經分為吉林和盛京兩大圍場，但還是狩獵演武的場所。第三首：

詰戎深意寓於畋，故國圍場近柳邊。

聞說彎弧親射處，棱棱神武至今傳。

此詩下面有註釋寫道：「我太祖、太宗定鼎盛京，即留此地為習武教獵之所，每以此事為重，立法亦甚嚴，或逢熊虎無不親御，弧矢馬上射之，詰戎示後之意，至深遠矣。」這段註釋，說明封禁圍場，留子孫狩獵，目的是演武，

更讓八旗子弟不忘騎射，這才是皇家深意……

乾隆皇帝在《花園有序》的序中這樣寫道：「癸亥（1743 年）東巡時，途經此地，繁柯密葉，鬱然猶存。昔曾托興成章，茲復縞毫命什。」可見乾隆皇帝故地重遊，對花園這叢芍藥，對花園這方水土情有獨鍾，便又寫下五言詩二首。

之一：

聞說名園近，興懷昔景賒。

叢中無別草，枝上想繁花。

了了增山色，堂堂閱歲華。

本來百獸避，底用木欄遮。

之二：

植物鐘靈氣，奇蹤多異傳。

不然猶是卉，何以獨常年。

那辨滄桑後，難稽池館前。

每來花謝過，笑我偶無緣。

他路過梅河口境內的盛京圍場寫下的詩篇，成為今天研究梅河口地名文化、圍場文化的重要依據。

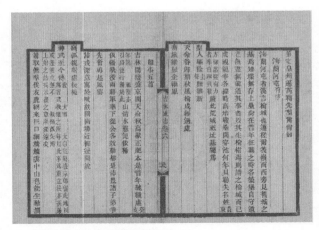

▲ 《吉林通志》上的乾隆御製詩

楊文圃寫四言詩為海龍廳編社名

光緒五年（1879年）由盛京將軍岐元奏請朝廷，添設海龍通判。光緒六年七月四日（1880年8月十九日），批准劃盛京鮮圍場山城子圍、柳河身伯野圍、柳河身卜敦圍、吉林哈達圍、那力渾圍、妞妞圍、八旦崗子圍、輝發圍等二十圍設海龍撫民廳。置撫民通判，通判衙門和圍場總管衙門同在海龍城。

海龍第一任通判楊文圃，是順天通州人（今北京通州區）。蒞任後，整頓吏治，編列鄉牌保甲，執著勤勞。楊老先生將所屬二百二十個村屯，劃為三十六社，以其所詠「昇平盛治，億兆安康。振興保甲，綏聚遠方。順化通達，恩惠循良。仁義智信，和樂永強。升隆恆茂，撫育邊疆。」四字詩韻，以志社名。全詩四十字，每字前冠海字編列為社名。分別是海升社、海平社、海盛社、海治社、海億社、海兆社、海安社、海康社、海振社、海興社、海保社、海甲社、海綏社、海聚社、海遠社、海方社、海順社、海化社、海通社、海達社、海恩社、海惠社、海循社、海良社、海仁社、海義社、海智社、海信社，海和社、海樂社、海永社、海強社、海升社、海隆社、海恆社、海茂社。因村屯零落，後四字未用。楊通判作詩編社，一時傳為佳話，為後來海龍境內村屯區劃、鄉村管理奠定了基礎。

楊文圃在海龍任上勤政愛民，鞠躬盡瘁，愛民如子，不遺餘力。幾百設施，依次舉行，編甲社，查戶口。楊文圃在任五年，勵精圖治。去任之日，紳商為之立去思碑，碑在海龍城南關火神廟前，碑文如下：

通州楊公清頌之碑文

光緒十一年春，郡尊楊公將去吾郡，郡之人咸奔走唏噓而相告曰：公將去矣！可若何？公原通州籍，年邁思歸，公之志也，眾欲留之而不可得，猶憶公之蒞吾郡也，五載善政，逮下咸茹休澤，使無以記之，其何以昭公之惠，且俾

我後人知也，於是作頌以彰，厥美頌曰：於維我公，蒞我海龍，肫肫電電，牖啟愚蒙，海龍之初，厥維鮮圍，圍場既開，民始來歸，安民設官，公來刺郡，布正施仁，有條不紊，厥政惟何，學道愛人，下車觀風，首重斯文，公之言曰：既庶且富，富而不教，近於禽獸，創立學校，獎拔孤寒，嚴純苞苴，士心大歡，嗟我農夫，幸逢盛治，不聞吏呼，不違農事，凡諸徭役，一無所用，每當夏秋，輒為停訟，通功易事，商旅雲屯，罔非功德，共沐公德，公之待民，心存仁恕，如保赤子，鞠育顧復，矜恤訟獄，尚德緩刑，有恥且格，春草滿庭，獨至到這，不少寬假，刑人於市，往往涕下，論公之性，曰禮義仁，求之古人，黃霸龔遂，側公期間，庶幾無愧，清白之裔，不名一錢，儒林循吏，裕後光前，公之來矣，吾民是喜，公之走矣，吾民傷悲，如何勿思，其淚如雨，作頌勒銘，垂千萬古。

　　僅按公諱文圍字晉卿，光緒六年冬間來任，碑則立於去任時也，時值倉促，而又地不產石，故刊木以志去思，越歲冬，聞公歿於省寓，還我使君之望竟不可得矣！思公之德因而愈深，是非壽諸貞珉不足以垂久遠，爰乃伐石於沈之陽，大書深刻，上麗三光庶足報公萬一呼！

門生姜兆棟謹跋

乙亥恩科舉人文傑書丹

大清光緒十三年歲次丁亥夏五月穀 立

闔郡紳士等仝立

海龍府勸學所編撰《海龍府鄉土志》

　　光緒三十三至三十四年（1907年-1908年），在時任海龍府勸學總董王蔭堂先生的主持下，抽調勸學所人員，對所轄區域內歷史、政績、學務、警務、武備、兵事、耆舊、人類、田賦、戶口、氏族、宗教、實業、天度、地理、山、水、道路、物產、商務等二十個目次進行了普查，最後依目編輯成冊。《海龍府鄉土志》是自海龍建制以來由官方編撰的第一部地方志書，儘管這部《海龍府鄉土志》收錄的內容不細，但基本概括出當時海龍府所轄區域內歷史、自然、人文等情況，為後來縣志的編修奠定了史料基礎，也為後人研究和瞭解老海龍的歷史，留下了寶貴難得的史料參考。通過這部鄉土志，還給後人留下了一位可敬的人物形象，那就是被稱作民國政治菁英、第一屆民國國會眾議員、海龍府勸學總董的王蔭堂先生，他主持編修的《海龍府鄉土志》，最後並沒有署上自己的大名，而署海龍府勸學所編，可見先生不圖虛名的高風亮節。

▲《海龍府鄉土志》

白永貞主持編修民國版《海龍縣志》

　　白永貞（同治六年至民國三十三年，即 1867 年-1944 年），字佩珩，滿洲鑲白旗人，世居遼陽縣（今遼陽市）城西唐馬寨馬蜂泡村。自幼家貧，靠母親勞作和同學賙濟完成學業。光緒二十三年（1897 年）丁酉科拔貢。光緒三十一年（1905 年）廢科舉，興學堂之後，熱心興學，先後歷任啟化學堂校董、勸學所總董、教育會副會長等職，因辦學成績突出，當選為省諮議局議員，後任海龍知府、海龍縣知事。

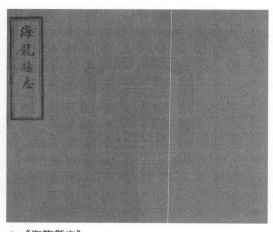

▲《海龍縣志》

　　白永貞在海龍任上，勵精圖治，減輕賦稅徭役，讓百姓過上了較為溫飽安定的生活。特別是到任後重文修史，依據前任未成書稿，聘請海龍名士王京甫、蓋錫弓等六人蒐集整理修飾《海龍縣志》，因王京甫先生作古，蓋錫弓先生因事去了吉林，加之遼寧省省長催促急迫，白永貞只好親自動筆，對《海龍縣志》志稿做了仔細推敲潤色，按地方志編撰體例分別記錄了當時海龍縣的方位、自治、氣候、政績、警務、兵事、商業、氣候、建築、道路、節孝、歷史、財政、戶口、宗教、幅員、山脈、物產、治體、學務、武備、田賦、天度、古蹟、江河、礦質等二十六個方面的內容，作為海龍縣知事的白永貞，還為《海龍縣志》撰寫了序言。白永貞主持編撰的民國二年（1913 年）版《海龍縣志》，是海龍縣自設置以來編寫的第一部縣志，儘管內容簡略，篇幅不長，但為後人研究海龍縣的歷史，提供了珍貴的文史資料。

王蔭堂王春鵬重編《海龍縣志》

《海龍縣志》的編纂工作從民國十五年（1926年）前就開始著手了。當時的海龍縣歸奉天省管轄，「奉天省公署通令各縣編修縣志，以為觀風查治之憑」，民國十六年（1927年），時任海龍縣知事的王佐才，聘請被尊為海龍士林宿儒的王蔭堂任縣志編察館館長，附生劉晴樸、女子師範學校校長鄭康侯任協修，計劃

▲《海龍縣志》

縣志編修兩年脫稿殺青。王蔭堂帶領編察館編修人員，在沒有報酬全憑義務的情況下苦心修志，克服重重困難，實地訪賢問古，廣泛蒐集資料，遵循編寫規制。到民國十八年（1929年）冬，「所編輯之縣志草稿已完，現正覓人繕清校對，繕清校對畢，即行付印」。後因縣衙經費不足，所編縣志未能付印。

民國二十年（1931年），日本關東軍炮轟瀋陽北大營，悍然發動「九一八」事變，拉開了侵華戰爭序幕。東北淪陷後，因政局突變，《海龍縣志》的編修再無人過問，王蔭堂等縣志編察館人員四散而去，志稿大多散佚。偽康德四年（1937年）8月一日，日偽統治下的海龍縣組成縣志編修委員會，計劃五個月完成編修，委任縣內務局局長王春鵬為纂修主任。王春鵬出山修志，秉承傳統，多採正史。如「地理・疆域」資料來源於《方輿紀要》《漢書》《後漢書・東夷傳》《晉書》《北史・勿吉傳》《遼史》《續通典》《大明會典》《皇明實錄》等。他曾寫詩言志：「我頭可斷史難更，只為春秋大義明。秉筆若無公氣魄，微軀敢與廟堂爭。」還在《修縣志》一詩中寫道：「千秋野史筆能傳，不愛功

名不愛錢。瀟灑江湖且餬口，丈夫豈肯受人憐！」可見王春鵬先生的坦蕩胸襟、書生意氣。

巧婦難為無米之炊。王春鵬主編縣志，既是在日偽白色恐怖下，又是在「求諸載籍則私家著作寥若晨星，稽諸檔庫則蠹魚蝕穿，百不存一，民國二年前知事白永貞（依據海龍府勸學所編著的《海龍府鄉土志》為基礎）著有《海龍縣志》一冊，印少散多，求過於供，已成明日黃花」的情況下，可見修志之難。王春鵬認為地方志為統計之書，非常重視統計資料的運用，修志時選用了當時大量的統計資料，客觀上保存了大量珍貴的歷史資料。整個縣志編修採用「三書體」，八門齊全，經過四個多月的緊張編撰，一部全新的海龍縣志脫穎而出。全志共分八冊，以事類為綱，第一題詞、攝影、序言、弁言、凡例、詔書、縣圖、縣署平面圖、編修委員會職員表、目錄，第二地理，第三天時，第四行政，第五警察，第六教育，第七財政，第八司法，第九外交，第十實業，第十一交通，第十二人物，第十三種族，第十四禮俗，第十五物產，第十六宗教，第十七兵事，第十八古蹟，第十九慈善，第二十災異，第二十一軼聞，第二十二藝文，共分二十二目，目下分節，共分兩百一十六節，每目開端並敘應志理由，有類小序，令閱讀者一目了然。

這套康德四年（1937年）版《海龍縣志》，是在日本人的操縱和嚴格審查下出版的，不可避免地塞進了日本人的私貨，表達日本侵略者的立場。如在《兵事志》中，把義和團、紅燈照「反清負洋」鬥爭稱為「拳匪之變」，在「警察討伐篇」中，抗日武裝稱為「匪」，對抗聯武裝四海山稱之為「頑匪」「巨匪」。《海龍縣志》就被日寇閹割了。王春鵬等人與日本人進行了據理力爭。根據書的內容分析，在通過日本人審查，行將付印之前，冒著生命危險，加進了一些秉筆直抒的內容。前面所引王春鵬的幾首詩，可看出端倪。為後人留下了寶貴資料和更為寶貴的精神財。

文人墨客吟詠海龍八景

自清末海龍古城重建後，以海龍所命廳、府、縣名，一直延續到一九八五年梅河口市設立。自清末圍場弛禁，設置海龍撫民廳起，便使這一方熱土的人文魂脈開啟了一頁嶄新的篇章。一九三七年版《海龍縣志》中留下了為數不少的詩章，尤其是「卷十八·古蹟」中刊載的「海龍八景」及當時文人吟詠八景的詩作，彌足珍貴。

據《海龍縣志》記載，「海龍八景」有兩稿，除「蓮渚夜虹」一景地點不同外，其餘七景名稱完全相同，只是說明和排序稍有差異。兩稿中，「又一稿」對八景的描述，更為精煉和富有文采，尤其珍貴的是其前面的綜述：「海龍為山水環抱之區，故風景多佳。乳峰挺秀於東，東山望月；五奎屏蔽於西，北辰星拱；東南則雙頂巍峨，時傳山中有市；西南則杏嶺隱現，更喜得春獨早。至於前臨柳水，宜於晚渡；右帶梅河晴雪，耐賞蓮渚夜虹，所以瀉苞涵之符瑞。古壘春深，尤足供騷人之玩賞。山水鐘靈，人文毓秀，名士輩出，豈偶然哉？茲將八景列記於左，以供名流之鑒賞焉。」如此瀟脫的文筆、雋永的詞句，把梅河口當時的勝景寫得引人遐思，令人神往。

當時的八景分別是：柳河晚渡、蓮渚夜虹、乳峰望月、龍口尋芳、五奎星拱、雙頂山市、梅河晴雪、杏嶺早春。

第一景「柳河晚渡」，兩稿均排為第一景。

一稿中是這樣描述的：「昔海龍糧市迤南有渡口一，為義舟之所。每至夕陽西下，流水淙淙，櫓聲踏踏。而往來行人駕駛小舟，乘風破浪，超然有遺世登

▲ 海龍縣八景之一「柳河晚渡」

仙之想。而文人墨客由於斜陽晚照中或平章風月，或笑傲煙霞，蒐集吟囊，資為詩料。今攬轡橋（今海龍三橋處）橫枕於河如潛龍就睡狀，而此來彼往之行人輒由橋上經過。當年渡口無復籠煙抹月之跡。茲錄邑人即景詩如左：其一『榜人醉臥晚風前，舟擊蘆花淺水邊。我倦欲眠君莫擾，船家不打過河錢。』」

「又一稿」有詩雲：「柳岸風光向晚涼，蒼茫古渡襯斜陽。聲聞別浦漁歌遠，煙抹晴帆檣影長。碧水灘頭人喚渡，青楓山下客歸忙。月明一水接雲漢，我欲浮槎擬帝鄉。」

「柳河晚渡」的位置，大致在今海龍三橋附近，現在雖看不到渡口和渡船，但斜陽西垂，三橋晚照，也是極美的一景。

第二景「蓮渚夜虹」，兩稿排序同。

一稿：「蓮花泡，在本縣五區梅河東南隅，距縣三十八里。該村有蓮花泡

▲ 海龍縣八景之二「連渚夜虹」

二……該村名連山，其山與鴨綠崗相銜接，有峰連嶺疊之勢。該村命名殆取此意。其蓮渚每當淫雨連綿、積潦汐泛，儼然一小西湖也。傍晚雨霽輒見彩虹自蓮渚而上澈天空下逮泉井，望之如玉帶橫空。相傳為蜃氣蜃光所蘊結是耶，敢以質

之博物家有詩以志其事，其一：『接天蓮葉田田碧，出水荷花面面紅。雲散渚頭垂晚釣，夜深天半起長虹。』」

「又一稿」：「由五奎山麓而南行不五里，蓮渚在焉。故其距縣治也與五奎等。渚涵六七里，水深一二丈或二三丈不等。泉源深處或有不可測者。以其中多蓮花，故之名曰蓮渚。盛夏雨霽，則虹嘗出渚中，水綠而蓮碧，霓豔而荷紅。水天相映，儼如琉璃世界，或曰：以渚中多鯢也，故嘗有是象，稱佳景雲。其一：『斜陽一抹透林梢，蓮渚風輕雨乍銷。荷蕊含珠噴水面，虹霓垂象自天腰。光涵澤國平鋪鏡，採薇雲衢欲化橋。且喜蓬瀛今有路，登仙底事用扶

搖。』」

　　兩稿所指蓮渚分別在大柳河南北，今連山村附
近的蓮花泡已消失，闢為水稻田了。而五奎山「南
行五里」的蓮花泡，還有很小的面積仍存在。

　　第三景「乳峰望月」，兩稿排序相同。

　　一稿：「奶子山在海龍城東邊門外，距縣五里
許。雅人以奶子山三字過涉於俗，乃易奶子山為乳
峰焉。……登其山，佳木蔥蘢，濃蔭翁翳，下有流
水半灣掠山而逝。或彈琴石上，或池底溪頭，高山

▲ 海龍縣八景之三「乳峰望月」

流水，音韻別饒。倘使伯牙再起，將有誰是知音之慨。特綴以詩，用志其盛，
其一：『乳峰高插碧雲天，中有禪房結翠巔。何處秋山望明月，秋山望月幾回
圓？』」

　　此景因取土、開地等山形改變而不復存在。

　　第四景「龍口尋芳」，「又一稿」排為第六。

　　一稿：「海龍東門外，橫街北越鐵軌
東行，其山陽有古墳在焉，名九龍口。
相傳該墳為古代李海龍墓。據老人云：
此山在昔為圍場禁地，古木參天，濃蔭
蔽日。有古塚一，殘碑斷碣，狼藉其中。
是否為李海龍墓，現因碑碣無存，殊不
可考。猶憶在設治前，墓周圍尚有敗

▲ 海龍縣八景之四「龍口尋芳」

垣，高尺許。今舊址者然無墳跡。民國十六年，因海龍二字無所本，擬發掘此
墳蒐羅墓誌，或可證其虛實。曾經縣宰李公龍蓀請准省府，開始挖掘。挖掘三
日，得大方古磚十餘。事其下擊之有空虛聲。適流言肆起，謂縣方得有金磚金
箭，街談巷議，言人人殊。李公悚於物議，因命止之。至今騷人墨客選勝豐
林，芳躅芒蹊，探幽淺草。誠附郭名勝地也。不有佳詠，何伸雅懷。詩曰：其

一：『鬱鬱佳城葬海龍，稽經考典已無從。若知李氏王天下，須向山中問老農。』」

由上述詩文可知，李海龍墓在當時就是被質疑的，海龍源自李海龍之說也是不成立的。後經考古發掘證實，該處為遼金時期塔基。九龍口處，今雖不見當年花草繁茂之景，但遼塔殘基猶在，有此，足可證海龍在遼金時期即為城邑，同時也排除了海龍地名源自李海龍的誤傳。

第五景「五奎星拱」，兩稿排序同。

▲ 海龍縣八景之五「五奎星拱」

一稿：「五奎山，位於縣西小灣龍溝，距城十八里。是山五峰對峙，蒼翠如流，譬如北辰，而眾星拱之。命名之意，殆在此耶。又謂山如五人對弈，俯瞰秋枰。遙望之惟妙惟肖。或又謂五爪直伸，如拇戰中之喊五奎也。昔漢文帝御極，忽見五星聯璧，太史占之謂主文運昌明，後果驗之。今五奎星拱，殆亦大造獨生，天將以五奎為泰岱呼？詩以志之。其一：『煙水低迷望五奎，群峰高與眾星陪。夜深北斗文垣拱，不屆寅春杓不回。』」今五奎山因有龍泉寺而香客雲集，遊人不斷，仍為梅河口一勝境。

第六景「雙頂山市」，「又一稿」排為第四。

▲ 海龍縣八景之六「雙頂山市」

一稿：「雙頂山，介於縣南八里莊之南端，距城十五里。雙峰矗立，崇沒雲霄。……邑人贅以詩以志其異：其一：『牧童來去倒騎牛，草自芳菲水自流。海客不知山有市，幾疑蛙館是蜃樓。』」縣志中載：「城東南十餘里雙頂子山峰對峙，一南一北，丙午正月初二日晨，現山市二峰頂，各現一城，南一城樓堞宛然，北一城無樓堞，然行人往來皆歷歷可數，居民多有見之者。」有雙頂曾出現海

市蜃樓之事的記載，今已不可得見。

第七景「梅河晴雪」，兩稿排序相同。

一稿：「梅河，居海山之中央，距縣
五十里，……土地膏腴，盛產水稻。每
值隆冬殘臘，積雪盈庭，雖無騎驢隱士
踏雪尋梅，卻有好鶴詩家談風說月，間
或煙水一竿，獨釣寒江之雪；梅花萬
樹，平分阪嶺之香。至若披裘大澤，煮

▲ 海龍縣八景之七「梅河晴雪」

酒晴窗，尤為五陵豪貴風流韻事也。詩以志之：其一：『雪花六出大如掌，足
抵晴河五朵梅。沽酒擁琴且賞雪，小鬟低勸不停杯。』」晴雪一景，現在每值
冬日，猶能再現。

第八景「杏嶺早春」，兩稿排序相同。

一稿：「杏嶺，在縣城西南，距城
四十五里。該嶺東與鴨綠崗，西與隆山
唇齒相依，嶺上植杏成林。憶當三月季
節，丁香洗雨，芍藥籠煙，此花一枝早
放，十里殷紅。比年萑苻滿地，烽火彌
天，因格於肅正工作，已將杏林伐盡，

▲ 海龍縣八景之八「杏嶺早春」

望之牛山濯濯。……口占一絕，不求工拙，聊以記事耳。其一：『梅河晴雪邀
君賞，杏嶺春光耐我看。春到江南花早放，歸來紅襯紫金鞍。』」從這段文
字，我們可以知道杏嶺於今杏樹不多的原因。如今提倡生態環保，「杏嶺早春」
之景回覆有望，盼望不遠的將來，今人能重睹舊景新容。

「海龍八景」有的雖然已經消失，但作為地域風景文化的標誌性事件，以
及由先人們吟詠的詩作，已經成為不可多得的文化遺產留給了後人，今天讀來
還令人深深地感受到古城海龍濃濃的人文氣息，當時文人雅士對海龍這塊家鄉
熱土的摯愛深情。

海龍城總管衙門碑出土證史

二○一三年六月，梅河口市文化部門在海龍鎮舊房改造時獲一通古殘碑，碑文漫漶嚴重，不知其年代與性質。後經拓片、拍照辨認出「海龍城總管衙門碑」及前兩行文字。據此文字查找一九三七年版《海龍縣志》，從中找到該碑碑文，又從國家圖書館下載該碑文電子版，兩相對照，碑文一致。全文十八行六百二十四個字，殘碑上現存約三百餘字。此碑主要記錄了海龍城總管多祿任內建營房和砲臺，修築朝陽鎮長堤，重修海龍城三門和三橋，維修衙署、挪修箭廳及藥庫和修築大柳河堤的業績。

《海龍城總管衙門碑》全文如下：

國朝深仁厚澤罩及邊陲開常供之鮮圍　安流離之花戶計口授田全活億兆姓窮黎之命安居樂業造成千萬年富庶之基蒸蒸日進何其隆歟查　海龍係鮮圍古城也被民偷墾前任將軍崇宮保本議加　兵驅逐復經派祿入圍密查時當盛夏履危　涉險艱苦備嘗幸而到處撫諭邊氓迎送悉歸編查嗣稟准奏蒙皇仁寬其已往妥為安插勿令失所欽此遵於　光緒四年祿隨同奏派總辦協領前任黑龍江將軍　文幫辦協領前任總管馬來圍設局開辦於　光緒六年奏准設官建署其時邊地粗荒建修衙署急於速成　工料未免草率及祿於十四年接署總管任務　怵目驚心實難坐視隨將應行補修各工籌歟稟修並調駐圍奉軍前來助工新置蘇拉馬隊營房一所壘築　土圍百數十丈四面垛口砲臺南北營門內而兵房甫經修齊既資嚴肅復壯觀瞻此一工也朝陽鎮舊有御水　長堤經祿在翼長任內創修現因頹圮亦飭奉軍修築袤延數千丈可以御水患亦可以備捍衛此二　工也海龍城原有三門均經殘敝門外三橋亦屬摧朽皆經重修可保永固此三工也總衙署　官宅房間既多滲漏土牆半頹欹另砌數仞磚牆周圍百十餘丈砲臺層出足恃森嚴又復挪修箭廳　添蓋藥庫過庭群牆及各處官房經營一新此四工也再有東關街基地勢窪下柳河漲溢屢被浸淹　因築有長堤二三里以防水患若歷年頻加培修足可保護商民此五工也合各工之造修費萬金之鉅

款歷三春秋始告厥成非祿好勞也第念邊地初創非整茸難成巨觀猶願後任加力振興宏開氣宇是所厚望等因詳報存案勒碑刻銘用昭久遠

　　署海龍城總管花翎副都統銜正藍旗滿洲協領多祿請此購備石料覓匠鐫製碑碣

　　　　　　　　　　　　光緒十七年二月谷旦委　官全善敬書

　　　　　　　　　　　　候選郎中乙酉科拔貢文綽敬撰

　　多祿，字厚菴，滿洲正藍旗，光緒十四年至二十年任海龍廳總管兼左翼（朝陽鎮）翼長，在任七年。這是梅河口境內發現的第一通古碑，此碑印證了民國版海龍縣志碑文屬實，同時，縣志碑文又彌補了此碑所闕。保護、利用好此碑，對研究海龍古城、圍場的歷史變遷意義重大。殘碑現存於梅河口市文管所。

▲ 海龍衙門碑拓片

海龍縣博物館的設立與撤銷

　　一九五八年設立海龍縣博物館，館址設在梅河口車站西南側縣服務公司院內，朴潤陸為館長，同年由朴潤陸、葛榮齋、祝濤等組成調查組，先後對吉樂、小楊、姜家街、水道、山城、大灣等鄉鎮進行了考古調查。先後發現挑參溝、龍頭堡石棚墓群兩處，靳家溝、永安、樺樹、吉祥等新石器遺址四處及方家街古城遺址，共採集文物標本包括傳世品兩百餘件，充實了博物館的陳列。

　　一九六四年，海龍縣博物館撤銷，歷年採集的文物標本及民間、民族藝術品都奉命儲存於梅河站前旅社一樓一個房間內。一九六七年十月七日，「文革」武鬥中，旅社起火波及文物庫房，多年採集的歷史文物、革命文物近千件全被大火燒燬，成為梅河口文物的一場浩劫，令人嘆息。

▲ 展覽文物

《梅河口貿易區報》創刊與《梅河口日報》停刊

一九八八年九月，經省政府批准建立梅河口貿易區。同月經梅河口市委決定並經省新聞出版局批准，《梅河口貿易區報》創刊，由中共梅河口市委主管並主辦，一九八八年十月七日出版創刊號。報社內設總編辦公室和記者部，編制十人。

一九八八年十一月至十二月，梅河口貿易區報社制定出採編發運行圖。一九八九年一月，梅河口貿易區報社對報紙版面欄目進行規範調整，確定「黨報性質，晚報風格」的辦報風格，新闢《詠梅》副刊和《天外天》文摘版。一九九〇年四月，報社開展「創三優評四好」活動，即創優秀稿件、版面、校對，評好標題、照片、插圖和欄目，推動了報紙質量和採編人員業務水平的提高。

▲ 《梅河口貿易區報》

▲ 《梅河口日報》

一九九一年五月二十八日，市委決定《梅河口貿易區報》由週一刊改為週二刊，編採人員增至二十人。一九九一年七月五日起，經國家新聞出版署批准，《梅河口貿易區報》由內部發行升格為全國公開發行，國內統一刊號為 CN22-0028。一九九二年四月，為增強報紙的貼近性、可讀性，開設《社會透鏡》專版。一九九三年一月一日，梅河口貿易區報由週二刊改為週三刊，編採人員增至三十五人，內設要聞部、經濟部、社會生活部、廣告部、攝影美術部、總編辦公室。一九九四年四月，在省新聞出版局組織的全省五十三家報刊綜合質量評比中，《梅河口貿易區報》獲得第五名。一九九五年十月，《梅河口貿易區報》週末版試刊，同時完成了週三刊向週四刊的過渡。一九九六年一月一日，經國家新聞出版署批准，《梅河口貿易區報》更名為《梅河口日報》。一九九六年四月至一九九七年四月，報社組成《大柳河漫記》採訪組，從源頭寫至下游，全面反映了大柳河流域的人文歷史、風土人情、經濟文化、社會發展。共走訪二十多個鄉鎮四十多個村組，採寫稿件八十多篇，是報社成立以來一次大型主題採訪報導行動，可謂空前絕後。一九九八年一月，報紙由週四刊增至週五刊。同年為探索自辦發行，於九月十一日增設發行部。報社初步形成了報紙採編、印刷、發行一條龍。一九九九年十二月，報社為拓展辦報業務，先後與《遼源日報》《樺甸報》聯合在北京異地辦報。二〇〇二年八月二日，報社遷至松江南路市外貿樓上，辦公面積擴大到六百七十平方米。二〇〇三年三月，報社完善了報紙運行崗位責任制，報紙版面差錯率比國家規定的百分之二標準降低了一點九四個百分點。二〇〇三年七月，中央治理整頓報刊，《梅河口日報》辦至年底停刊。《梅河口貿易區報》從一九八八年十月七日創刊至二〇〇三年十二月三十一日《梅河口日報》停刊，歷經艱辛十五載，共辦報紙兩千七百三十七期，為宣傳梅河口經濟、社會的發展做出了貢獻。

《梅河口市志》的編撰出版

《梅河口市志》的編寫，自一九八一年十一月成立海龍縣地方志編纂辦公室始，歷時十個春秋，其間經歷了由海龍縣到梅河口市的重大變革而完成了編修工作。

一九八三年春，海龍縣委就為修志解決了領導、人員、辦公室、經費等問題，並多次例會研究、討論，下發文件，動員群眾提供資料，解決修志過程中出現的各種問題，保證修志工作的順利進行。

在修志過程中，編修人員注重學習中國地方志工作指導小組有關規定、吉林省地方志編寫具體要求和外地經驗，研究、探索地方志理論和編寫方法。先後召開學習討論會十餘次，寫出體會文章十餘篇，發表會議紀要十七篇，利用

▲ 梅河口市志

了三年時間和大量人力進行資料蒐集工作。為了廣泛蒐集資料，一九八三年發動全市二十八個鄉鎮，四十多個單位編寫鄉鎮志和部門志。舉辦大型地方志編寫人員培訓班，訓練、培養了兩百多名修志專業人員。派出九十八人次到全國二十一個省市和遼寧、北京、上海等十幾個省市的檔案館、圖書館、紀念館查閱資料，走訪知情人八十餘人次，召開座談會進行社會調查十餘次。至一九八六年，共寫出鄉鎮志二十八部，部門志三十二部，蒐集歷史圖書三百零八冊，文物圖片、歷史照片一百零六張，各類地圖七十三份，檔案、報刊、舊志、口碑等資料三千多份，約四百萬字。一九八五年，在掌握了部分資料的基礎上寫出了《大事記》和《地理志》。一九八七年進入志稿的全面纂寫階段，編志人員邊寫邊進行理論探討，一九九〇年進入總纂階段。一方面補充資料，一方面統一體例，一九九一年組織全市部分人員進行會審、徵求意見，共召開座談會四次，徵求意見二百九十六人次，提出意見兩千一百多條，凡合理的全部予以採納，對志稿進行了認真修改，一九九二年十一月，通過省驗收，核發了准印證。二〇〇六年，又出版了《梅河口市志》（1986-2000）卷。

▲ 梅河口市志內頁

▌詩詞楹聯學會成立與《梅河口詩詞選》出版

　　梅河口市詩詞楹聯學會，是由梅河口市詩詞楹聯愛好者、支持者和工作者自願參加並組成，以詩詞楹聯學習、創作、交流為核心的群眾性文學團體。學會依照黨的文藝方針，根據主管部門的部署，以詩詞楹聯學習創作交流為中心，堅持以發展學會為目標，發展和壯大詩詞楹聯隊伍，繁榮本地詩詞楹聯文化。

　　二〇〇七年，在周煥武等詩友經過半年多的籌備後，於年九月二十三日，成立了梅河口市詩詞學會。學會的成立，填補了梅河口市文學界的一項空白。詩友們以詩詞楹聯為載體，抒發情感，謳歌時代，讚美家鄉。

▲ 梅河口市詩詞楹聯學會成立大會

二〇〇八年五月，學會與市旅遊局、作家協會聯辦五奎山詩詞展。端午節時，又與市作家協會、市新華書店聯辦端午節詩詞朗誦會。同時，學會著手編輯《梅河口詩詞選》，並於當年順利完成了梅河口市第一本格律詩詞合集《梅河口詩詞選》的編校工作。在遼源礦業（集團）有限責任公司紅梅煤礦的大力支持下，該書於 二〇〇八年十二月正式出版。《梅河口詩詞選》收集了全市六十多位新老詩人、作者創作的四百五十多首詩詞。絕大多數作品是對家鄉風光、七彩生活的描繪和對個人情感和內心世界的抒發。學會還先後組織參與了《關東詩苑》《韻寫通化》《中華詩詞文庫・吉林卷》《中華詩詞集成・吉林卷》等詩詞文集的梅河口詩友詩詞作品徵集工作，先後共徵集詩詞作品三千多首。周煥武、趙軍、王志明分別出版了《躍瀾飛雪》《紅塵異夢》《詩的年輪》詩詞集。

▲ 梅河口市詩詞楹聯學會成立全體與會人員合影

梅河口論壇的產生與文學藝術網創建

　　梅河口作為縣級市，沒有報紙，也沒有期刊或雜誌。梅河口文藝界菁英和愛好文藝的青年對此感慨頗多。於是，利用無處不在的互聯網傳播和宣傳當地的藝術成就，自然而然地成為人們的首選，這種經濟而快捷的途徑和手段，給梅河口人帶來了方便而通暢的交流良機。二〇〇五年十月，由梅河口愛好文學人士創辦了《梅河口論壇》，開創了梅河口文學藝術網絡的先河，後由於各種原因關閉。二〇〇八年四月十九日，梅河口文學藝術網應運而生。它由張小昌牽頭創建，屬於民間公益性事業，網站的管理均由志願者無償承擔，他們都是各門類文藝的忠實愛好者，為梅河口文化藝術的發展和傳播而無私奉獻。

　　梅河口文學藝術網是個綜合網，設立有小說、散文、格律詩詞、楹聯、詩歌、攝影、書法、美術等板塊，舉凡梅河口文藝界所創作的文學、書法、攝影、美術、新詩、歌詞、格律詩詞、工藝作品，皆可在此網發表、展示和傳播。以豐富多彩的內容和形式，展開琳瑯滿目的藝術畫卷。這些作品既保持原作風貌、色彩，又可使網友系統地獲知作者在某一個領域涉獵的深度和廣度，領略時代的進步和地域文化的變化及發展。網友們還可以在網上對各類作品進行點評，提出中肯的批評、修改建議，探討創作理論，交流創作經驗，取長補短，推動各類藝術創作的思想性和藝術性不斷提高，使文學藝術網成為一個互教互學、共同進步的大學校。許多優秀作品，都是通過文學藝術網走進梅河口人民中間，走出了梅河口。

　　梅河口文學藝術網囊括了形形色色、林林總總的內容。像是一部浩繁的電子雜誌，將梅河口才子智士的佳作匯聚一堂。目前，平均每天登錄的會員有三十至四十人，每天的點擊量四百多次。看過的人都讚不絕口，甚至當作一個必須的項目，每天都要瀏覽。他們感慨，梅河口這麼多有才之士，令本土文化獨領風騷，這真是梅河口的一大幸事。

格律詩詞板塊，不僅是梅河口人創作古體詩詞的園地，也是與全國各地詩詞創作者進行交流的平台。通過這一載體，不僅頌揚了梅河口經濟社會發展新面貌，而且介紹了梅河口悠久的歷史和豐厚的文化底蘊，促進梅河口走向全國，走向世界。

梅河口風光是攝影家涉獵較多的題材，由多位攝影家推出自己的佳作，展現家鄉的美麗和魅力。這些作品通過 QQ、微信和微博，瞬間傳播到天涯海角，梅河口的城市魅力令人豔羨，許多對梅河口不甚瞭解的人看後都大為讚歎，才知道原來這個名震遼東的新興城市，近年來竟然有如此的驚人變化，令人刮目相看。

許多懷揣驕傲的梅河口人，以一種近乎炫耀的心理，把梅河口文學藝術網上的作品自行選擇，發上微信，發上 QQ，發給自己遠在外地的親人、同學和朋友，向他們來展示梅河口的變遷，梅河口美術攝影中的家鄉，引起他們的神往和對故土的刻骨思念。

梅河口文學藝術網正在履行著自己的神聖使命，以嚴肅的態度，不斷地傳播出正能量，也為梅河口的經濟建設和文化發展，提供了精神動力。

▲ 梅河口文學藝術網首頁

全國政協「三下鄉」慰問團赴梅河口老區

　　二〇〇六年五月二十日，全國政協教科文衛體委員會「三下鄉」慰問團，慰問梅河口革命老區人民和駐軍官兵大型文藝演出在梅河口體育場隆重舉行。

　　這場慰問演出是政協梅河口市委員會與全國政協教科文體衛委員會經多次研究、協商確定，由梅河口市政協籌備舉辦的一次自梅河口市成立以來最大的一次文藝演出。

　　會前，梅河口市委、市政府、市政協制定了周密細緻的方案，成立了組委會，協調了全市各方面的力量，保證了演出的圓滿成功。

　　參加慰問演出大會的有：全國政協教科文衛體委員會主任、文化部原部長

▲ 全國政協「三下鄉」慰問團赴梅河口老區慰問演出

劉忠德，全國政協委員、著名表演藝術家馬玉濤、劉秉義、耿連鳳、劉蘭芳、葉佩英等在舞台上表演了精彩節目，博得了廣大觀眾的熱烈掌聲和喝采。中央電視台和吉林省內十六家新聞媒體記者對大會進行了採訪和報導。梅河口市黨委、政府、人大、政協及駐軍首長蒞臨演出會場。駐梅河口市部隊指戰員、各中小學校師生、全市各界群眾萬餘人在現場觀看了精彩的文藝演出。未能親臨現場的群眾圍坐在電視機旁觀看了現場直播，享受到了明星們帶來的優美歌聲和歡樂，感受到了黨中央、國務院、全國政協對革命老區人民和駐軍官兵的無限關懷和深厚情誼。

全國政協「三下鄉」梅河口慰問演出節目在中央電視台播出後，引起全國各地的強烈反響，梅河口這個小小的縣級市，隨著電視的傳播也走進了全國人民的視野中。解放戰爭時期東北局梅河口會議在歷史中的作用，解放梅河口戰役，抗美援朝中的梅河口也逐漸被人們所熟知，這次演出對提高梅河口的知名度，發展經濟，繁榮文化起到了極大的促進作用。

▲ 三下鄉慰問演出

▋萬家福金秋美食文化周

二〇〇五年八月二十日，為期一週的梅河口「萬家福金秋美食文化周」在梅河口市商業步行街舉行，現場人山人海，近百家風味小吃雲集於此，各地特色美食五彩紛呈，一派生機勃勃，處處紅紅火火。

梅河口，歷來就是交通發達、商賈雲集之地。這次舉辦的美食文化周，正是為了豐富梅城人民的美食生活，提高人民的生活質量，活躍梅河口的飲食文化而創辦的。

美食文化周是由市政協委員萬家福超市總經理周德斌提議，經市政協向市委、市政府匯報批准後確定的。為切實辦好美食文化周，市政協專題研究制定了可行性方案，並召開了新聞發布會，確定了時間、地點、主題、原則、理念、主體等具體內容。

美食文化周吸引了四川、新疆、雲南、北京、江蘇、山西、台灣等地八十餘家客商。美食文化周現場有各地著名小吃一百多個品種，幾百米長的商業步行街上更是人山人海，人們一邊品味著豐盛的特色小吃，一邊觀賞著各種小吃的製作，滿街的香氣在市民的熱情不斷高漲中瀰漫開來，人們無不交口稱讚。美食文化週期間，不僅本市居民從四面八方湧入美食現場，就連周邊市縣的人們也爭先恐後來到這裡，一時間，商業街成為人們議論最多、光顧最頻的商業場所。美食文化周的舉辦，不但順應了梅城人民追求美食文化的時尚需求，也得到各地商家的積極響應，帶動了梅城商戶的銷售額增加，特別是步行街周邊商戶經濟效益大幅提高。據不完全統計，美食文化週期間，前來光顧的各地群眾達十多萬人次，既拉動了梅河口的經濟增長，也提升了梅河口的知名度。

美食文化周結束後，一些著名小吃品牌也從此落戶梅河口，為人們日常的飲食生活提供了較好的場所，滿足了人們的日常飲食需求。

▍市政協邀請全國著名詩人蒞梅採風

　　二〇一二年七月中旬，由政協梅河口市委員會主辦，梅河口市詩詞楹聯學會協辦的紀念中華詩詞論壇成立十週年暨全國著名詩人梅河口採風行活動，在素有「長白山門戶」之稱的梅河口市隆重舉行。

　　七月二十日十五點，在梅河口市賓館舉行了「紀念中華詩詞論壇成立十週年暨全國著名詩人梅河口採風行」啟動儀式。中華詩詞學會顧問、吉林省詩詞學會會長張岳琦，吉林省詩詞學會顧問唐憲強，中華詩詞學會副會長、中華詩詞論壇壇主、《長白山詩詞》主編張福有，吉林省詩詞學會副會長吳文昌，中華詩詞論壇網站站長、論壇總編輯張馳，中華詩詞論壇壇主、海南省詩詞學會副會長包德珍，通化市、梅河口市有關領導及來自九省市區的七十多名詩人出席了啟動儀式。中華詩詞學會副會長張福有，根據乾隆東巡路過古城海龍寫下

▲ 全國著名詩人梅河口採風行啟動儀式會場

的《海蘭河屯有序》一詩，參照《水龍吟》詞譜，創作出《海龍吟》新詞譜。

參加採風的詩人們，在梅河口先後遊覽參觀了輝發河景觀帶、城市規劃展覽館、中共中央東北局會議舊址、慶雲金代女真摩崖石刻、雞冠山國家森林公園、磨盤湖國家濕地公園、五奎山風景區，還深入到阜康酒精公司、豐生製藥園、弘美製藥工業園、興家房地產、中心醫院、光明街道蓮花社區、站前路老城區改造現場、紅梅鎮福利新村實地採風。詩人們還到文化廣場觀看了特警表演，到鐵北星光劇場觀看了富有東北黑土地風情的二人轉、雜技等文藝節目。採風結束後，另有二十七個省市區共三百多名詩人通過網絡發送詩詞作品。網上網下詩人們寫出讚美梅河口的詩詞曲四千六百多首，市政協結集出版了詩詞集《梅津匯律》《海龍吟》，共收入詩詞作品兩千六百多首。採風活動及詩詞集的出版，成為梅河口文化歷史上的一大盛事。

▲ 全國著名詩人梅河口採風行在輝發河畔

▲ 全國著名詩人梅河口採風行在磨盤湖

▲ 詩詞集《海龍吟》《梅津匯律》

第三章————

文化名人

作為盛京圍場故地的梅河口，有著秀美的山川，悠久的歷史，這塊肥沃的黑土地養育並走出了諸多才俊。一張張生動的面孔，如璀璨的星辰，他們踏著時代的步伐，順應歷史的潮流，創造出不同凡響的業績。這些梅河口驕子在不同的歷史時期，各領風騷，創作了絢麗多姿的文化產品，同時，也用自己的作品書寫了歷史。他們在梅河口這塊土地上，樹立起一座座令人自豪和驕傲的豐碑，引領著後人，走向美好的明天……

海龍撫民廳首任通判──楊文圃

　　楊文圃（？-1886 年），字晉卿，順天通州人，海龍設治之初第一任通判。清光緒五年（1879 年）由盛京將軍歧元奏請，添設海龍通判。楊文圃於光緒六年十月二十日（1880 年 11 月 21 日）到任。在任五年，任滿回省城奉天（今瀋陽）定居。光緒十二年（1886 年）冬病逝。

　　楊文圃到任海龍後，將境內兩百二十個村屯劃為三十六社，以其所詠四言詩「昇平盛治，億兆安康。振興保甲，綏聚遠方。順化通達，恩惠循良。仁義智信，和樂永強。升隆恆茂，撫育邊疆」中每個字前冠海字組成社名，如海升社、海平社……因村屯零落，後四字未用。楊通判作詩編社名，一時傳為佳話，為後來海龍境內行政區劃、鄉村管理奠定了基礎。楊文圃在首任海龍通判任上，勤政愛民，鞠躬盡瘁，愛民如子，草昧經營，不遺餘力。幾百設施，以次舉行。編甲社，查戶口。楊文圃在任五年，勵精圖治。去任之日，紳商為之立去思碑，碑在海龍城南關火神廟前。

▲ 楊文圃手札

破解海龍地名第一人 —— 楊同桂

　　楊同桂（生卒年不詳），字伯馨，順天府通州（今北京通州區）人，海龍建治首任通判楊文圃之子。家世胄稟庭訓，於清同治時隨侍其先君宦遊東省，贊襄政治，多所擘畫。後投筆從戎，歷膺卓薦。光緒十七年（1891年）吉林將軍長順奏請開修《吉林通志》，其凡例中有言：「……東三省練兵大臣以年番閱，桂來行營，充幫辦、奉天支應局總理、發審營務總辦兼署翼長。後歷充總理吉林邊務糧餉處發審局幫辦、《吉林通志》提調兼分纂。」光緒二十年（1894年）署長春知府，才幹過人，頗得人心。撰有《沈故》《吉林輿地略》《吉林輿地圖說》。

　　楊同桂先生對梅河口的最大貢獻是對慶雲女真摩崖石刻的發現和海龍地名來源的考證。據創意於二十世紀二十年代，一九三三至一九三六年刊行於瀋陽，由金毓黻主編的《遼海叢書》「總目提要」中「沈故四卷」條記載：「同桂，字伯馨。於光緒中葉隨宦海龍，又官長春府知府，與修《吉林通志》，最熟於東省掌故者也。海龍境內有女真國書摩崖，近來奉省人始知之，而楊氏於

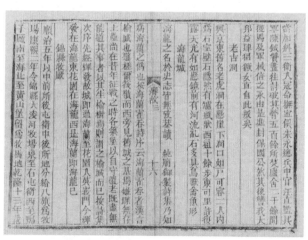

▲《沈故》中關於海龍城的記載

四十年前已拓得之並詳錄於此書中。其他所紀遼東掌故何啻百數十事，其用心之細、蒐集之富，已可見矣。旌德汪氏藏有此書，據以付印。」以此推斷，其發現慶雲女真摩崖石刻的時間應是其父楊文圃任職海龍通判期間，即一八八○至一八八四年之間。

關於海龍地名的考證，楊同桂在所著《沈故》卷三「海龍城」條載：「海龍之名於史志皆無考，恭讀純廟御製詩集乃知為海蘭之偽也。按海蘭霍吞詩序雲：海蘭霍吞者漢言榆城也，遵槎爾筏嶺而西，旁見舊城之基焉，雉堞無存，土壘尚在，昔年徵戰之時各築堡以自守，遺老既盡，無能道其事者，以其生榆樹焉則謂之榆城而已。按詩集次序，先經輝發故城，即過海蘭至花園入英峨門，今輝發在海龍東，花園在海龍西，是海蘭即海龍已。」由此可見該書認為「『海龍』是滿語『海蘭霍吞』的音轉，『海龍』乃『海蘭』也」。滿語「海蘭」是「榆樹」之意，「霍吞」或「河屯（《吉林通志》載乾隆詩寫作「河屯」）」是「城」，「海蘭霍吞」即榆樹城。《海龍縣地名志》將此說與「水獺」說，列為海龍名稱由來最為可信的兩個說法，後經查閱《乾隆十九年實錄》《乾隆十九年起居注》及《盛京典制通考》等，楊同桂的考證是正確的。海龍地名，確為「海蘭」音轉而來。

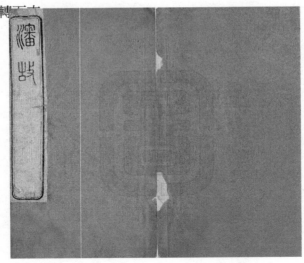

▲《沈故》封面

少帥張學良恩師──白永貞

白永貞（1867年-1944年），字佩珩，滿洲鑲白旗人，世居遼陽縣城西唐馬寨馬蜂泡村。光緒二十三年（1897年）丁酉科拔貢。一九〇五年廢科舉、興學堂之後，熱心興學，先後歷任啟化學堂校董、勸學所總董、教育會副會長等職，因辦學成績突出，當選為省諮議局議員。宣統三年（1911年）十月，任海龍知府。民國二年（1913年）改任海龍縣知事。是年秋編修《海龍縣

▲ 白永貞

志》，是海龍有史以來的第一本縣志，為後人瞭解梅河口歷史，留下一筆極其寶貴的原始資料。一九二七年任奉天省省長，先後任第二、三屆奉天省議會議長、資政院議員、省通志館館長，其間總纂並出版了《遼陽縣志》。著有《丹桂軒詩鈔》《閱微草堂評語》等著作。

白永貞在海龍任上，勵精圖治，減輕賦稅徭役，讓百姓過上了較為溫飽安定的生活。三年即將任滿，境內發生一起命案，一個略通文墨的女人紅杏出牆，重演了一場潘金蓮西門慶的勾當，與姦夫合謀用砒霜毒死丈夫，一時驚動海龍縣。出了這樣的「謀殺親夫」案，可謂「民風不古」，白永貞遂以「教民無方」引咎解任，回到家鄉遼陽開始從事教育興辦義學。那時，白永貞除了設家塾外，還在村裡開設學館，親自授課。除白氏家族子弟外，他積極勸導外村兒童入學，如吉林省原副省長、共產黨員徐壽軒幼時曾於此就讀。學館實行義務教育，書墨文具全部供給，塾師的薪金食宿皆由白永貞提供。他每年都用大車去遼陽城購書墨筆紙等。至今還有不少人記得：「當年只要上學，就有書讀、有紙用、有筆寫字……」有學生家長不想讓孩子讀書了，白永貞總是送去糧食，勸家長讓孩子復學，講明「讀書不全為功名利祿，耕田學藝都應知書達理」等道理。因此，白永貞故鄉螞蜂泡村曾一度書聲琅琅，墨香繚繞。

大帥府建成後，白永貞被張作霖延聘為帥府專館教師。許多年後，張學良在他的一份「自述」中對他的老師白永貞有這樣一番評價：「先生是一位孝廉公，曾任過知府。我雖然曾從他受教只有一年多，可是我得益不少。他對我從未有過怒顏譴責，許我行動自由放任。關於讀書做人他時加勸誘指導。」

一九二八年六月，張作霖被日本關東軍在皇姑屯炸死，但東三省照舊懸掛北洋政府的五色國旗。張學良執政東北後，七月一日通電宣布與南京停止軍事行動，決不妨礙統一。不久，蔣介石派代表到東北同張學良談判易幟之事。這年秋天，正是東北易幟的前夜，南北政要頻繁接觸，運籌帷幄。九月中旬的一天晚上，張學良在百忙之中為白永貞擺下兩桌酒席，請來了老先生的諸多好友，一道為白永貞賀壽。席間，白永貞對張學良說：「漢卿，蒙你看重你我的師生之情，我並不在意這些禮儀饋贈的事情，只願你能夠愛國愛民，安定一方。」張學良也十分動情地回答老師：「先生放心，愛國愛民是我為政之本，學生終生不渝；尊師重道是我為人之本，學生也終生不渝。」師生一席話令在場人們為之感動。隨後，深明大義的白永貞又向張學良道出一片肺腑之言，他說：「東北軍易幟，已時不我待。日本人對東三省虎視眈眈，蠢蠢欲動。近百年外族入侵，屢生戰亂，陷百姓於水火之中，國力不強，將再遭戰亂之災，甚至亡國……」說著說著，老先生聲淚俱下，勸張學良以大局為重，勿計個人得失，力促東北易幟。十二月二十九日，張學良宣布東北易幟。白永貞為他的學生感到欣慰。

「九一八」事變後，日本關東軍占領瀋陽。在硝煙未散的十九日夜晚，關東軍將住在城內的白永貞「請」去。袁金鎧、於芷山等人也被日本人叫去。次日，日本人貼出成立奉天地方治安維持會的布告，會長是日本關東軍的本莊繁，被請去的幾個中國人是副會長，包括白永貞。白永貞從日本人那裡回來便閉門謝客。袁金鎧幾次催其就職並勸他說：「你如此下去，日本人不會罷休。」白永貞說：「潔老（袁金鎧字潔珊），我與你私誼雖厚，但人各有志，國土淪陷，我痛不欲生，何惜一死？」見此情景，袁金鎧只好說：「佩翁（白永貞字

佩珩），我知道，士不可奪其志，你能不能繼修《奉天通志》，以應付日方？」白永貞思忖再三說：「此雖下策，我可以一試！」此後兩年中，白永貞便繼續編修《奉天通志》。

　　溥儀在做偽滿洲國皇帝之前，擬設所謂的八大部，指使一心復辟帝制的鄭孝胥去各處網羅人才。鄭孝胥和白永貞有同科之誼，但白永貞還是讓他吃了閉門羹。一次，鄭孝胥約後來當了偽滿洲國大臣的袁金鎧、孫其昌、於芷山等同訪，把白永貞堵在家裡。鄭孝胥勸白永貞出任「文教大臣」。白永貞說：「時光流逝，歷史難再，民國已近二十年，復辟帝制難得人心，我雖愚鈍，審時度勢，此官難為，恕不從命……」此時，於芷山以同鄉之誼出面圓場。白永貞冷冷地回敬說：「你為官，我修史，道不同不與謀，祝君官運亨通，多多珍重，勿失卿卿性命！」於芷山羞惱而去，此後，無顏再登白永貞的家門。日偽統治東北時期，白永貞出資修建遼陽道德會，並隱居此處，以度晚年。在此期間，白永貞常為人書寫字幅，多為楷書、行書。書寫內容大多為孔孟書中的開明語句和名人格言之類。同時還選編《開卷有益》《小兒語》，內容多為教育之言，印成冊後散發至遼陽城鄉各處。他同時還撰有《白氏家譜序》《鐵剎山志》等書。一九四四年二月中旬的一天，白永貞把印章、記事簿等物品裝進箱子，貼上封條並囑咐說：「我要走了！死後送我回故里，停放於宗祠，吾不甘葬於污垢之地，等國土收復後，大祭大奠。此可謂：待到驅除日寇時，家祭勿忘告乃翁。」二十二日，七十七歲的白永貞滿含悲憤與遺恨，淒涼地離開人世。

▲ 白永貞書法

愛國「議員」——王蔭堂

　　王蔭棠（1872 年—1934 年），祖籍山東東昌府聊城縣（今山東聊城市），乾隆年間，舉家遷往東北開原（今遼寧省開原市）。其父王憲章，字霖博，學識根底，書香世家。王蔭棠同治十二年（1872 年）出生於開原縣周家胡同。後遷至吉林下二檯子，光緒二十六年（1900 年）遷居海龍縣山城鎮。自幼隨父刻苦讀書，初科第附生，後升科第廩生。先後在葉赫梨樹園子（今吉林省梨樹縣葉赫鎮）、輝南平安川（今吉林省輝南縣平安川鎮）設童子帳（私塾），任教多年。光緒三十三年（1907 年），海龍府成立勸學所，他任勸學總董。在王蔭棠主持下，創辦了府立中學堂、師範講習所、簡易師範學校和圖書館、教育會。光緒三十四年（1908 年）抽調勸學所人員，主持編寫了《海龍府鄉土志》，這是海龍歷史上第一部由官方編撰的地方志書，為後來縣志編寫奠定了基礎。但他沒有署上自己的姓名，而著海龍府勸學所編，足見其高風亮節。

▲ 王蔭堂

宣統元年（1909 年）在東平縣（現東豐縣）被選為奉天諮議局議員，同年九月一日被選為該諮議局常駐議員。民國元年（1912 年）任國民黨奉天（今瀋陽）支部評議會主任，中華民國眾議院議員。此間，曾提出「築修奉（天）海（龍）鐵路」、「積穀備荒」等重要議案。仿早年書院課士，擬定具體辦法十三條，向縣知事湯文煥建議，凡在校學生和在家自學之士，均可應試，名列前茅者有獎。

　　民國十六年（1927 年），時任海龍縣知事的王佐才，聘請王蔭棠任海龍縣志編察館館長，附生劉晴樸、女子師範學校校長鄭康侯為協修。王蔭棠帶領編修人員，在沒有報酬全盡義務的情況下，苦心修志，克服重重困難，至民國十八年（1929 年）冬，「所編輯之縣志草稿已完，現在覓人繕清核對。繕清核對畢，即行付印」。因縣公署經費不足，所編縣志未能付印。但他編縣志的功勞不可沒。

　　「九一八」事變後，東邊道鎮守使於芷山公開投降。他多次找王蔭棠出山為其做事，日本人也出面說情，都被拒絕，誓死不當日本人的走狗。後被日本人抓去，關押四十九天。放出後，王蔭棠躲在學生王俊英（教育局局長）家中養病，病癒後回到山城鎮。許多日本「浪人」、「墨客」，見其書法仿蘇東坡體，並獨具一格，紛紛要求為之寫條幅、書畫、題字等等，他拒絕說：「我不會寫。」日本人視他為反滿抗日分子。偽康德元年（1934 年）秋天，王蔭棠再次被日本人抓去，不久，被暗殺於草市火車站（清原縣境內），死時情形極為慘烈。

儒林耆宿拔頭籌 —— 劉順則

　　劉順則（生卒年不詳），字晴樸，原籍遼寧遼陽縣人。一九三七年版《海龍縣志》卷十二「人物」中，在「鄉賢」條中記載：「學問淵博，品行端正，為儒林之耆宿。光緒初年舉童子試，得列前茅，實翰苑才也。民初創設學校充勸學所勸學員，籌款興學，盡瘁士林。省諮議局創自治研究所，公被選入所，傳習畢業後派充本縣自治研究所所長。吾縣自治基礎，先生手造之也。旋被選為臨時省議會議員，連任第一至第二屆。公備位壇坫，關心地方利弊、人民疾苦，某應興某應革，何宜緩何宜急，極力指陳其癥結，建白於當道，造福桑梓，實無涯埃。後以年老避囂田里，吟詩自遣，有時飲酒蒔花或攜筇賞雪。閒於白髮吟儔，行歌相答，並弄小舟於湖山深處，消磨歲月。公獎掖後進，以千百計，吾邑士大夫多出其門下。迄今弦誦盈庭，皆公教化之力也。晚年任道德會會長，道高德邵，遐邇同欽。道中人一聆其言，引以為快。一生力主公道，排難解紛，略理原情，人每以和事佬呼之。先生雅好吟詠，老而彌篤，易簀時猶口占不已。著有《仗藜燃草詩草》一部，現經前署理海龍知府白公佩珩從事校閱，將來出版，公諸同好公享。壽七十三歲無疾而終，足徵修行有素，抱道無虧也。子興邠，字淳然，曾充縣署科員，胸襟灑瀝，饒有父風。惜公晚年含飴一笑，欲抱無孫為可悲也。」其詩詠在《海龍縣志》卷二十二藝文志《群賢詩集》中有記載，其詠「輝南八景」的詩被收錄在民國版《輝南縣志》中。

風骨凜然寫春秋 ── 王春鵬

　　王春鵬（生卒年不詳），字湘汀。曾任海龍縣內務局長，民國《海龍縣志》（1937年版）編修主任。王公為人耿直，做事嚴謹，博學多才，尤愛吟詩。《海龍縣志》卷一序中載有其所擬「弁言」，卷二十二藝文志《鐵盒詩集》中存有其律絕二十九首，從中可窺見其對修志的態度和在修志過程中堅守正氣的風骨，以及退職後恬淡的生活情趣。

　　在日偽統治的特殊歷史時期擔任縣志編修主任，在修志過程中他卻要秉筆直書，難免要受人擺佈和制約，這在其詩作中也有體現。「千秋野史筆能傳，不愛功名不愛錢。瀟灑江湖且餬口，丈夫豈肯受人憐？」（《修縣志》）「厭倦風塵謀自安，發言罔避雪霜寒。亂臣賊子盈天下，不作春秋志不完。」（《春秋》）「吾頭可斷史難更，只為春秋大義明。秉筆若無公氣魄，微軀敢與廟堂爭？」（《董狐》）三首詩中，我們不難讀出其內心的抗爭和吶喊，以及其在修志過程中據理力爭，恪守正史原則的凜然氣度。其《哭亡友》一詩，讀之令人泣淚：「交友遍寰區，如君知有幾？常為擊築歌，不作吹簫泣。生耽一甌酒，歿無半弓地。子孫多式微，已作窮途乞。」此詩疑是寫給王蔭堂的（此時王蔭堂已被日本殺害），一個「哭」字，隱含了多少對已故摯友的懷念又不能明言的苦衷。

　　王公在其《退職後》一詩中寫道：「一自停官去，歸田願作農。愛花有奇癖，嗜酒無醉容。志欲乘黃鶴，身先訪赤松。滔滔煙水綠，洞被白雲封。」「花開花落有殘春，飄泊誰憐失路人？我性愛花情愛酒，願花長豔酒長醇。」（《自況》）其淡泊之心可見一斑。為宦多年，老守清貧，其做人做事的原則令人敬慕。《海龍縣志》卷二十二藝文志中最後部分的《鐵盒詩集》，是全志中錯字較多的部分，且有些詩中流露出了對偽滿當局的不滿情緒，因此，有理由懷疑此部分是王春鵬在付梓前匆忙加進去的。

宦海沉浮翰墨為伴 —— 王俊英

王俊英（1897 年-1970 年），字季蓮，海龍縣人。民國十一年（1922 年）畢業於國立瀋陽高等師範學校博物部，擔任吉林省第二師範學校教員。民國十三年（1924 年）轉西豐縣立師中任教，兼訓育主任。一九二五年，調海龍縣立師中學校任教，仍兼訓育主任。一九二九至一九三一年任海龍縣教育局長，一年內全縣發展官辦學校四十四所，學生五千五百六十一人。擴建學校十二所，同時開展民眾識字運動，各村普遍設立了民眾問字處。他還在縣城擴充圖書館，廣為民眾利用。通過戲曲義演，捐款三千八百元，創辦海龍縣接生講習所。一九三一年「九一八」事變後，全縣城鄉學校校舍大部分被軍隊占用，學校停課，學生學業荒廢。對此，他多方奔走，同政府幾經交涉，終於使學校恢復上課。

東北淪陷初期，王俊英繼任海龍縣教育局長。偽康德四年（1937 年）調任新賓縣總務科長。一九三八年，上調偽滿洲國文教部任職，終因厭惡時政，不堪被人驅使，便毅然棄官回故里，隱居於家中。但因家鄉百姓推崇，回家不久，就被推舉為海龍街街長。一九四本年，海龍縣人民政府成立後，應縣長王大倫邀請，王俊英出任縣長秘書。一九四六年六月，因國民黨進駐海龍縣，縣民主政府機關撤走時，他辭職回到家中。國民黨政府為利用王俊英的社會威望，幾經敦請，他不得不出任國民黨縣政府財政科長。但僅四個月時間，他就離去，從此閉門謝客，深居簡出，終日以紙墨為伴，潛心研攻書法，藉以自慰。

一九四七年六月，人民軍隊收復海龍縣後，王俊英應聘到海龍縣聯合中學任博物教員。一九五六年，王俊英被選為海龍縣副縣長，主管全縣文教衛生工作，後被選為縣政協副主席。王俊英出身於封建地主家庭，經歷清、民國、東北淪陷和中華人民共和國四個不同歷史時期。在封建社會裡，他對佃戶從不苛求，常解私囊，資助饑荒。他對海龍縣的教育事業及社會福利事業做出了貢獻。王俊英愛好體育，擅長書法，其書法功底深厚，獨具一格，為全縣和鄰縣所推崇。晚年雖身為副縣長，但有求必應。他的書法直到八〇年代，仍被人所效仿。

東北考古專家——孫進己

　　孫進己（1931 年五月-2014 年 2 月），祖籍江蘇省無錫，民進會員。曾任瀋陽東亞研究中心主任，遼寧省社會科學院研究員，一九九七年退休後任遼寧省文史研究館館員。曾任中國遼金契丹女真史研究會理事長、中國朝鮮史學會顧問、中國中外關係史學會學術委員等。

　　一九五三年，孫進己考取東北人民大學（今吉林大學）歷史系。一九五七年，即將畢業留校工作的孫進己，卻因為發表了一篇「右派」論文，被定為「右派」。一九五七年畢業後，孫進己先後在海龍師範、海龍四中任教。一九五九年，在海龍師範任教期間，孫進己利用週末到海龍各地進行考古調查，利用寒暑假到上海、北京、瀋陽等地查找有關海龍資料，寫成了《海龍鄉土史》《古代的海龍》。後來，孫進己又寫成了《吉林省輿地圖說》。他在梅河口這片大地上工作生活了二十多年，他對東北史的研究事業也起始於梅河口市。在梅河口的二十年間，他利用教學之餘的時間，致力於鄉土史和東北史的研究。他查閱了歷史文獻中所有記載海龍的歷史資料，踏遍了海龍大地的山山水水，考證了域內的所有古代遺跡，訪問了知史知情的千餘位老人，研究了海龍從古至今的歷

▲ 孫進己及其論著

史。此間主要著有《海龍沿革考》《海龍鄉土史》《海龍古代近代史》《海龍女真摩崖石刻》等。同時，他還撰寫了《東北民族史稿》，受到國內外學術界的關注。由於他對東北史的研究卓有成就，一九七八年，孫進己調至遼寧省社會科學院歷史所工作。期間，先後被評為助理研究員、副研究員、研究員。他曾主持國家「七五」規劃項目《東北歷史地理》、遼寧省「七五」規劃重點項目《東北民族史》以及《東北古史資料叢編》等三項內容的整理編輯工作。後又負責遼寧省社會科學院重點科研項目《東北亞民族史》的編撰任務。著有《東北民族源流》《東北亞民族史論研究》《東北民族史研究》等著作三十餘種，主編《中國北方歷代人物傳記（七卷本）》《東北亞研究系列》二十餘本，發表論文三百餘篇，主編《北方史地資料》《中國考古集成》《中國民族研究集成》《東北古史資料叢編》等。近著有《文明論》《俯仰天地之間（四卷本）》《東北歷史地理（四卷本）》《契丹民族史》《女真民族史》《蒙古語各族史》《文明和民族國家》等，回憶錄二十五篇，另在國外發表著作二十九部，一生著作、編纂超三億字。

二〇〇三年，孫進己患心肌梗塞，搭了七個支架，又因為患白內障和青光眼導致視力下降，到二〇〇七年時，雙目已經基本失明，又因患心力衰竭，每天大部分時間不得不臥床。然而他並未放棄工作，在與疾病頑強鬥爭中繼續書寫，他希望能夠在有生之年出版一部有關「世界文明理論」的大書。二〇一一年十月十二日，他被世界紀錄協會授予「世界上雙目近乎失明創作學術著作字數最多的人」（紀錄編號：08676-1105-01）。記錄詞為：「中國遼寧省瀋陽市孫進己先生於二〇〇九年九月至二〇一一年九月通過口述（別人代為打字）創作的四卷學術著作《文明論》，共二百萬字，創作期間雙目近乎失明，創世界紀錄協會世界上雙目近乎失明創作學術著作字數最多世界紀錄。」

孫進己在五十多年的研究生涯中，兢兢業業、辛勤耕耘，在民族史、地方史、歷史地理、東北亞史、文明史以及中外關係史等方面都取得了巨大成就，在國內外具有廣泛而深遠的影響。

中國傑出詩人——胡昭

胡昭（1933年3月-2004年2月）滿族，祖籍河北寶坻縣，吉林省舒蘭縣人。出生時屏氣不哭，被父親倒提雙腳扔入草叢，被撿回後放在溫水中反覆揉搓，得以活命。三歲時在東北軍當通訊隊長的父親病死，十三歲時母親與小弟死於非命，胡昭被土改工作隊收留後送入吉北聯合中學讀書，在校長李又然指導下讀書寫作。一九四七

▲ 胡昭

年加入東北民主聯軍六縱隊，在「北八」獨立團宣傳隊當班長。一九四八年十月從部隊調回中共榆樹縣委宣傳部，年底調入《吉林日報》副刊組任編輯。一九五〇年進北京中央文學研究所，與陳登科、徐光耀、馬烽等一批作家一同學習。在班上年紀最小，同學稱「小胡昭」。學習期間曾去朝鮮戰地生活實習，廣西參加土改。一九五三年春畢業後留校數月，秋季回吉林省，在省文聯任專業作者、《長春》月刊副主編，並開始在全國詩壇嶄露頭角，被稱作「青年詩人」。一九五五年始，詩集《光榮的星雲》《草原夜景》《小白樺樹》相繼出版。其中短詩《軍帽底下的眼睛》為詩壇所矚目。一九五七年反右鬥爭中胡昭被打成「右派」，下放到海龍縣（現梅河口市）一座營公社太平河大隊插隊。「文革」期間，他的髮妻，女詩人陶怡自殺身死。後在海龍縣文化館工作，熱心輔導文學創作，逐漸在他身邊形成了一個創作群體，開闢了創作園地——《海龍文藝》。一九七八年末，胡昭攜一子一女從梅河口文化館回歸省城時，隨身帶回的只有些劫後僅存的書本和慘痛的回憶。一九七九年撥亂反正，胡昭的右派問題得以平反，先後任吉林省文聯民研編輯、《作家》月刊主編、省作協專業作家、省作協黨組成員、副主席。出版詩集，散文集，散文詩集及隨筆集多種。其中詩集《山的戀歌》獲第一屆全國優秀新詩獎、第二屆全國少數民族文

學創作獎優秀獎；詩集《瀑布與虹》獲中國首屆滿族文學獎一等獎；兒童詩集《雁哨》獲第二次全國少年兒童文藝創作獎三等獎；《心歌》獲第一屆全國少數民族文學創作獎短詩獎；《石林歌》獲第二屆全國少數民族文學創作獎短詩獎；長詩《楊靖宇》獲第一屆長白山文藝獎三等獎；長詩《月》獲吉林省少數民族文學作品獎；詩集《生命行旅》獲吉林省第三屆少數民族文學獎；二〇〇一年獲吉林省第七屆長白山文藝獎成就獎；二〇〇二年獲首屆吉林省文學創作獎。去世前曾任中國作家協會第四屆理事、第五屆全委、第六屆名譽委員、中國詩歌學會第一屆理事。

▲ 胡昭（左）與周良沛、雁翼合影。

報告文學大家——喬邁

喬邁（1937 年 2 月- ），原名喬國范，海龍縣山城鎮人。一九八五年後任吉林省作家協會駐會專業作家、副主席。一九八三年加入中國作家協會，中國作協第五、六屆全委會委員、第七屆名譽委員。

喬邁的文學生涯肇始於六〇年代，到八〇年代才以報告文學作家而聞名。縱觀他十幾年的報告文學創作，可以看出，他的道路基本上是六〇年代的文學精神向新生活新現實的延伸、發展和調整，是六〇年代的文學精神同改革開放的新時期社會思潮的一種結合。他一以貫之地堅持文學的黨性立場，以某種新的價值觀念為尺度，積極熱情地歌頌社會主義建設，特別是改革開放事業中的先進人物、先進集體。喬邁的報告文學素以關注現實，追逐時代主旋律，積極反映重大社會問題，熱情謳歌改革開放大潮裡的新人新事而蜚聲文壇。三十年前，他的《三門李軼聞》轟動全國，因其觸及農村經濟體制改革及黨群關係等重大問題而被作為「整黨教材」。其報告文學獨樹一幟，在全國當代文壇上有廣泛影響，著有報告文學集《三門李軼聞》《愛之外》《森林大火災》《青銅少女》。長篇報告文學《亂世影劫》《風從八方來》《百年夢現》等。散文隨筆集《冬之夢》《歲月物語》等。電影文學劇本《不該發生的故事》，作品曾獲中國作協第二、三屆優秀報告文學獎，人民文學出版社《當代》文學獎，吉林省第一、二、三、四屆「長白山」文藝獎，《人民文學》創刊四十五週年優秀作品獎，中國作協所屬報刊抗戰文學作品徵文優秀作品獎。電視文學劇本《不該發生的故事》經長影拍攝成電影后獲金雞獎、百花獎、文化部獎、長影小百花獎、優秀編劇獎。《三門李鐵聞》二〇〇九年獲中國報告文學學會評選的中國改革開放優秀報告文學獎。他本人兩次獲吉林省「勞動模範」稱號；獲吉林省委、省政府授予的「吉林英才」獎章等。享受國務院特殊津貼。喬邁的作品，不僅在文學界具有廣泛影響，而且在改革開放的大潮中具有重要社會影響。

滿族民俗學者——金寶忱

金寶忱（1948 年 2 月-1994 年四月），滿族（愛新覺羅氏），梅河口市小楊滿族朝鮮族鄉人。一九六四年參加工作。中國民俗學會會員、吉林省文聯民俗協會駐會理事。

一九八〇年金寶忱整理編寫了《關於十二生肖的故事》，首次發表在省《民間文學叢刊》上，並被評為省民間文學優秀創作獎；一九八二年元宵節，金寶忱應邀列席了省民俗學會成立大會；一九八三年經省民俗學會推薦，參加了中央民族學院主辦的首屆中國民俗學民間文學講習班。一九八五年，在北京師範大學舉行的首屆「中國民俗學會議」上，他宣讀了自己的學術論文，引起轟動。一九八六年他考取東北師範大學中文系代培研究生班，在著名民俗學專家汪玢玲教授指導下，專攻民俗學、民族學專業。一九八九年調入吉林省文學藝術界聯合會。

金寶忱蒐集整理研究民風民俗數十載，東北三省的近三十個市縣、近兩百個鄉鎮的大地上留下他的足跡。他訪問過數以千計父老鄉親，積累了五百多萬字的寶貴資料。已發表了三百多篇約百萬字的作品，在省級以上刊物上發表了三十多篇學術論文，其中《試論東北運輸工具大車的傳承與信仰》獲得國家級優秀論文獎，《薩滿教神鼓研究》獲黑龍江民族叢刊優秀論文獎。編寫的《貓為何捉老鼠》《九龍口》等民俗故事分別獲省優秀作品獎、佳作獎、關東三寶獎。還出版《關東民間風俗》《中國江湖行業隱語辭典》兩部專著。與他人合著《吉林省民俗志》《長春市民俗志》。他還是《中國民風辭典》《關東文化辭典》的主要撰稿人之一。從一九八二年到一九九一年，多次受到省文化廳、總工會、民委、文聯的表彰獎勵。一九九一年被評為全國中青年業餘創作積極分子。《中國民間文藝家辭典》《中國當代名人大辭典》收入他的小傳。他被吸收為中國少數民族作家協會、中國少數民族文學協會、中國民間文藝家協會和中國新故事學會會員。金寶忱對推動全省民俗文化的發展發揮了獨特作用。

▌卓有成就的散文詩家——張詠霖

　　張詠霖（1958年3月15日-　），梅河口市一座營鎮人。一九七八年考入通化師範學院中文系，一九七九年起開始組織文學活動，並發表作品，與隋志超、李萬才發起並成立了吉林省較早的文學社團——野徑詩社，編輯出版了三十六期油印詩刊《野徑》。之後在《長白山》《中國散文詩》《作家》《天池》《東北文學》《關東文學》《世界散文詩作家》《建築與文化》《中國特產報》《吉林日報》等報刊發表作品，在《城市晚報》開闢散文詩專欄。

　　散文詩《徹夜流浪》榮獲第二屆「東方杯」全國散文詩大賽銀獎，散文詩《芳香草莓》榮獲「繁榮杯」世界散文詩大獎賽優秀作品獎，報告文學《勝利村 勝利人 勝利路》獲吉林省首屆報告文學獎二等獎，散文詩《我與祖國的記憶片段》獲吉林省作家協會、吉林日報社「情繫六十年」徵文二等獎，詩集《張詠霖抒情短詩選》榮獲中國散文詩研究會二〇一〇年年會作品評選二等獎，散文詩《懷念母親》榮獲中國散文詩研究會二〇〇七至二〇一〇年發表作品一等獎。詩集《冷雨敲窗》被吉林省委宣傳部、吉林省作家協會列入二〇一一年重點扶持作品，並榮獲吉林省委、省政府頒發的第十一屆長白山文藝獎，

▲ 張詠霖及其詩集《徹夜流浪》

他是梅河口市文學藝術界首個榮獲這個獎項的作家。作品被收入《中國詩人自選代表作》《中國新世紀詩人詩選》《中國當代青年純情詩歌散文精萃》《中國當代青年愛情詩精品》《中國當代青年散文詩一千家》《2008 年經典詩選》《2010 中國散文詩年選》《散文詩中國・21 世紀十年經典》《中國散文詩人 2011 年卷》《中國散文詩人 2012 年卷》《中國散文詩人 2013 年卷》，詩歌作品被選入《吉林文學作品年選》（2006 年卷、2007 年卷、2008 年卷、2009 年卷、2011 年卷）。他本人多次被梅河口市委命名為「優秀文學藝術工作者」稱號，二〇一一年被梅河口市委、市政府命名為「首屆十佳文化工作者」稱號。全國著名詩歌評論家、詩人張同吾先生在評價張詠霖的詩時說過：他的散文詩，大多展示了他的心靈世界的一隅，具體而不泥實，空靈而不虛率，共同構成了他豐富多彩的精神世界的掠影，就像他的心靈天宇中的群星。他的抒情詩也同散文詩的風格一樣，時有開闊的想像，時有細緻的描繪，時有坦率的抒情，時有深層次的暗示。

現為中國散文詩研究會副會長、中國詩歌學會會員、吉林省作家協會會員、吉林省文藝家企業家聯合會副秘書長、吉林省青少年作家協會常務理事、通化市作家協會常務副主席、梅河口市作家協會主席的張詠霖，為梅河口、通化市乃至全省文學事業的發展做出了巨大貢獻。曾擔任《通化作家通訊》《新詩》報執行主編，《梅河口文學》（已出版十卷）主編。吉林省作家協會第七次、第八次代表大會代表。參與主編《長白雪》（吉林通化詩人詩選）《母親河》（2012 年通化詩選）《長白山》文學雜誌等大型書刊。2012 年春，參加由吉林省委宣傳部、吉林省軍區、吉林省作家協會組織的「吉林作家走邊防」活動，採訪撰寫的兩篇報告文學收入《鑄夢邊關》一書。1988 年出版詩集《徹夜流浪》，2009 年出版《張詠霖抒情短詩選》，2011 年出版詩集《冷雨敲窗》。2014 年被評為首屆「中國散文詩作家」、2014 年十佳關東詩人之一。2015 年他又主編《梅河口文學作品選》小說卷、散文卷、詩歌卷，創辦了《梅河口作家報》。

獲過飛天大獎的劇作家——隋志超

　　隋志超（1958年十二月-　），海龍縣人。一九七六年考入通化師範學院，畢業後在海龍一中任語文教師。國家一級編劇。現任遼寧省作協會員，遼寧省戲劇家協會副主席，遼寧省朝陽市文聯主席、黨組書記。

　　曾有大量的小說、散文、詩歌作品在《長春》《鴨綠江》等報刊發表。一九八一年，他作為「閃耀在吉林上空的五十顆新星」之一在《長春》發表詩歌。由他主創的話劇《凌河影人》獲得國家戲劇專業藝術創作最高獎——中國曹禺戲劇獎劇本獎第一名；代表我國當代舞台藝術最高水平的「國家舞台藝術精品工程十大精品劇園」榮譽，並入選《中國話劇百年劇作選》；還

▲ 隋志超

獲得文化部第十一屆文華獎等。二○○三年由他主創的系列電視劇《為您服務》獲得政府最高獎「飛天獎」。二○○七年，隋志超創作了大型現代評劇《天門》和話劇《玉碎》，展現了他創作多劇種劇本的天才。二○一三年創作的四十集電視連續劇《老家門口唱大戲》，是隋志超懷著對農村深厚的感情，以遼寧省朝陽縣哈拉貴農民業餘劇團堅持六十多年為農民演出及朝陽縣北四家子鄉青年農民李春軍連續十多年自辦農民春晚的事蹟為素材，編寫而成的反映農村農民生活題材的輕喜劇。該劇展現了新時期農村新老兩代農民強烈的發展意願和更高層次的精神文化追求，全面展現了新時期新農村建設過程中全面轉型、高速發展、激烈變化的美好前景。該劇於二○一三年在央視電視劇頻道播出，深受觀眾好評。

聲名鵲起的影視編劇作家——谷凱

　　谷凱（1960 年-　），梅河口人，梅河口市作家協會副主席，吉林省文學創作中心聘任作家、影視劇作家。在梅河口市藥廠工作多年，背著行囊穿行於大西北。人生的酸甜苦辣，給他積累了豐富的生活素材。

　　谷凱是一個酷愛讀書，勤奮創作的作家、編劇。他在創作劇本的時候，會反覆在腦中演習劇中人物的對話、動作。如《清凌凌的水　藍瑩瑩的天》劇本中十二個女人，每個人物性格都不一樣，她們說話的方式及行為也不一樣，所以在寫的過程中，必須把每個人物都理得特別清楚。他力求創作貼近生活，他在《馬向陽下鄉記》這部電視劇本創作之前，歷時兩個月採訪了四十二位村官。谷凱具有豐富的農村題材創作經驗，他創作每一部農村劇都紮紮實實地深入生活。儘管谷凱創作的農村題材劇始終保持對農民與土地深厚的人文關懷，但他在創作《馬向陽下鄉記》之前很少嘗試輕喜劇風格。在《馬向陽下鄉記》創作中，他採用輕鬆、明快的輕喜劇風格突出城鄉之間從環境到觀念的反差，

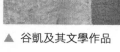
▲ 谷凱及其文學作品

▲ 谷凱及其影視作品

生動地表現村官在解決基層發展建設問題時的真情實感。谷凱坦言，在創作
《馬向陽下鄉記》時，他本著不迴避、不歪曲的創作態度，直面當代農村的深
層次問題，客觀反映當代農村的基層群眾如何實現中國夢。

　　谷凱著有長篇小說《玫瑰有毒》《花孽》及中短篇小說、詩歌、散文等作
品一百五十萬字。現為中國劇作家協會成員，已定居北京。作為編劇，二〇〇
七年完成創作電視連續劇《清凌凌的水　藍瑩瑩的天》第一部，由潘長江導
演，女兒潘陽主演，二〇〇八年三月二十日於中央電視台一套黃金檔首播；第
二部，於中央電視台一套二〇〇九年二月一日黃金檔首播。此外，他還創作了
連續劇《能人馮全貴》，還與他人合作了情景劇《笑笑茶樓》《破譯情感密碼》，
數字電影《仇家》等。他創作的四十集電視連續劇《馬向陽下鄉記》，二〇一
四年在中央電視台黃金檔熱播，引起社會各界廣泛關注，收視率大大攀升。目
前，谷凱已成為從梅河口黑土地走出的優秀電視劇作家之一。

最早北漂的影視劇作家——述平

▲ 述平

　　述平（1962 年- ），真名王述平，梅河口人。中國著名作家、電影編劇。1984 年考入大連輕工學院機電系。曾在梅河口市經協公司工作，後調任《新文化報》《大家健康》記者、編輯，吉林省作協專業作家，吉林省作協副主席。1986 年開始發表作品。1994 年加入中國作家協會。著有小說集《穿過慾望》《某》《凸凹》等。小說《晚報新聞》和《藥》先後獲 1996 年吉林省長白山文藝獎，其作品還獲 1995 年東北文學獎，1997 年《中華文學選刊》小說獎，1993 年莊重文文學獎。2011 年出版小說集《某》，書中收錄了述平的十部中短篇小說，並由著名導演、演員姜文作序。

　　述平大學期間開始嘗試小說創作，發表了短篇小說代表作《晚報新聞》。三年後，這部作品被剛剛拍完《搖啊搖，搖到外婆橋》的張藝謀看中，並視為其轉型現代城市題材電影的最好文學母本。於是，張藝謀邀請述平擔任電影編劇，姜文、李保田主演，拍攝了帶有黑色幽默色彩的喜劇《有話好好說》。該劇拍攝期間，述平結識了姜文，從此，兩人開始了十年的合作和友誼，他在姜文的三部影片《鬼子來了》《太陽照常升起》《讓子彈飛》中擔任電影劇本主筆。與姜文導演的合作使述平的影視劇本創作豐厚，並達到了巔峰。1998 年，述評為導演呂樂擔任編劇，創作了《趙先生》；2000 年創作了《鬼子來了》；2007 年，《太陽照常升起》問世；2009 年，創作了《欠我十萬零五千》《走著瞧》；2010 年，創作了《讓子彈飛》；2013 年和 2014 年，分別創作了《無人區》和《一步之遙》。《走著瞧》獲得 2009 年第二十七屆中國電影金雞獎最

佳編劇提名，還獲得 2012 年中國電影家協會主辦的第一屆中國影協杯優秀電影劇本，成為評選入圍十部作品之一。《讓子彈飛》，2011 年獲得第四十八屆台灣金馬獎最佳改編劇本；2012 年又獲得第三十一屆香港電影金像獎最佳編劇提名。述平以優秀的電影劇本創作成就，被譽為「新生代」傑出作家。

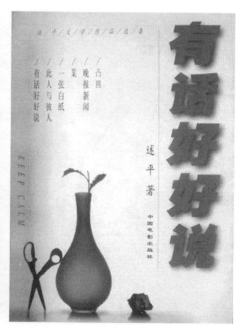

▲ 述平及其文學作品

著名公安作家——李春良

　　李春良（1965 年六月-　　），山東省沂水縣人。中國作家協會會員，全國公安作家協會理事，吉林省公安文聯副主席，吉林省作家協會和吉林省文學院首批簽約作家。

　　李春良是一位富有傳奇色彩的青年警察作家，先後工作在看守所、派出所、刑警隊、政治處、交警隊等一線實戰單位，現任梅河口市公安局政委，有著豐富厚重的生活積累。同時，作為中國作家協會會員和一名始終活躍於公安戰線上的作家，李春良不斷深入開掘生活的各個斷面，善於發現生活中人的美好，進而哺育自己的創作、激發自己的創作。著名文學評論家、中國人民公安出版社雜誌分社總編王志禎先生曾這樣評價李春良：「在十幾年的文學創作

▲ 李春良

中，李春良紮根警營文化，堅持公安文學的創作思路不動搖，創作公安文學作品三百餘萬字，不斷為廣大公安民警奉獻出一道道精神食糧，塑造了一批可歌可泣的基層民警的光輝形象，向全社會展示了新時期人民警察的精神風貌，為公安文化真正成為熱血文化、英雄文化做出了不懈努力和突出貢獻。」

▲ 小說《女子中隊》

作為魯迅文學院首屆公安作家班的班長，李春良勤於動筆，成果纍纍。報告文學《十載春秋送死囚》獲首屆吉林省報告文學獎。短篇小說《男警和女警》獲第七屆全國金盾文學獎、吉林省第三屆金盾文學獎；長篇小說《獄警與囚徒》獲第三屆吉林省金盾圖書一等獎、第二屆吉林文學獎二等獎（一等獎空缺）；中篇小說《交警和女司機的愛情》獲吉林省第四屆金盾文學獎；中篇小說《逃》獲吉林省第七屆金盾文學獎、全國公安文學大獎賽優秀獎，並於二〇一四年由中央電視台電影頻道改編成電影《一個人的追逃》，二〇一五年一月十六日首播。長篇小說《派出所長》獲第五屆吉林省金盾文學獎；長篇小說《女子中隊》獲二〇一四年第十三屆中宣部「五個一工程」優秀作品獎、第十二屆全國金盾文學獎、人民公安出版社《啄木鳥》雜誌佳作獎特別獎、全國公安文聯「劍膽琴心」文藝獎。

李春良創作的公安文學作品大多刊載在國家級大型文學期刊《啄木鳥》雜誌，也有部分長篇和中短篇小說、報告文學、散文刊載於《北京文學》《散文選刊》《光明日報》《檢察日報》《現代世界警察》《人民公安報》等報刊。長篇小說《獄警與囚徒》多次再版，在互聯網上居「大牆文學」點擊率榜首，二〇〇四年被《東西南北》雜誌列為向全國大學生推介的六本必讀書之一。長篇小說《底線》《牆裡牆外》《女子中隊》《天道人道》均在全國引起較好反響和文學評論界的廣泛關注，係全國公安文學創作領域新生代領軍人物之一。

享譽關東的戲劇作家 ── 隋守信

　　隋守信（1928 年 11 月-2004 年一月），海龍縣人，二人轉戲劇作家。曾任街道秘書，小學教師、校長，區文化站站長，鎮文化館館長，原海龍縣地方戲劇團編導，梅河口市戲劇創作室主任，吉林省曲藝家協會會員、省民間文藝家協會會員，吉林省二人轉藝術家協會理事。先後改編拉場戲《馮奎賣妻》《人參仙女》《六月雪》《爭車》，二人轉《穆桂英指路》等劇本。二人轉《穆桂英指路》參加省二人轉會演，被評為優秀劇目；拉場戲《馮奎賣妻》參加省二人轉會演獲得創作演出二等獎，成為省推廣節目；他和白萬程改編的拉場戲《六月雪》，一九八四年參加省匯報演出獲得創作二等獎。隋守信退休後，筆耕不輟，先後創作出講述梅河口歷史變遷的歌謠體民歌《話說梅河口》《十侃梅河口》，與王志明、劉廣昌合作中篇章回小說《女響馬駝龍恩仇記》於二〇一二年正式出版。

▲ 隋守信

船舶工程和船史專家──席龍飛

　　席龍飛（1930 年-　 ）滿族，梅河口市黑山頭鎮團結村人。一九五三年畢業後分配到大連海運學院任助教、講師。一九六三年調入武漢水運工程學院至今，先後任講師、副教授、教授。

　　席龍飛教授長期從事教學及研究工作。他研究的範圍較廣，涉及船舶設計原理、船型開發及技術經濟論證，船舶建築美學以及船舶技術史等諸多領域。此外，他還承擔並完成了交通部重大科技項目研究工作。由於他在交通運輸技術政策的研究中做出了重大貢獻，一九八八年四月獲得國家科委、國家計委、國家經委聯合頒發的「國家科技進步獎」一等獎。他在船舶技術史學的研究中也頗有建樹。曾經對泉州、寧波、蓬萊等地出土的古船以及韓國新安海府沉船作過考察研究。特別是對世界聞名的我國古代鄭和寶船的船型復原設計，得到了全國船舶專家的讚許和好評。他所研究的鄭和寶船模型參加了一九八五年全國紀念鄭和下西洋五百八十週年大會展出，展出後其模型珍藏於昆明、南京、

▲ 席龍飛與他的著作

太倉、長樂等地的鄭和紀念館。為了挖掘和整理我國古代造船技術，研究和發展我國現代船舶事業，他於一九八九年完成了國家自然科學基金資助的項目──中國古代典型船舶的復原研究。其中對漢代鬥艦、隋代五牙艦、明代抗倭大福船及清代抗俄雅克薩戰船等，都有精闢研究，得到國內外學者的好評。旗艦船模型，均珍藏於中國革命軍事博物館長期展出。他對船史學科的研究，推進了我國這一學術領域的發展。一九八○至一九九一年期間，他兼任《武漢水運工程學院學報》主編，《學報》在他主持下曾獲湖北省高校學報優秀編輯質量一等獎和全國高校學報優秀編輯二等獎。

自一九八四年起，他作為研究生導師，指導和培養船舶設計與製造學科學的碩士研究生，已有五名研究生獲工學碩士學位，並走上各種研究與教學工作崗位。

在四十年的教學中，他曾編寫多種教材和講義，並出版多部專著。主要著作有：《船舶概論》《艦船》《船舶設計原理》。一九九一年出版的《中國航海科技史》，他是主要撰寫人之一。他主持或參加編輯的著作有：《鄭和下西洋論文集》《蓬萊古船與登州古港》。他在國內外發表學術論文四十多篇，有多篇學術論文獲湖北省自然科學優秀論文一等獎。

現任中國造船工程學會理事、船史研究會副會長、中國太平洋歷史學會理事、中國海外交通史研究會理事、中國航海史研究會委員。

曲藝編輯、曲藝作家、曲藝理論家——耿瑛

耿英（1933年- ），筆名王英、曲平、肖雨田等。曲藝作家，曾任中國民俗文學會學術委員、中國民俗學會遼寧省民俗學會和遼寧省新故事學會常務理事，遼寧省曲藝家協會副主席、遼寧省評書研究會會長、遼寧省楹聯學會副會長、瀋陽市文學藝術專家委員會委員。一九九二年起，享受國務院特殊津貼，二〇〇九年被評為新中國曲藝六十年突出貢獻曲藝家、遼寧文藝終身成就獎，二〇一〇年榮獲中國曲藝牡丹獎．終身成就獎。作為曲藝編輯、曲藝作家、理論家獲此殊榮，在終生成就獎中全國只此一人。

他自幼受家庭薰陶，加之天資悟性，弄筆很早，小學時在校自編自演過小話劇、相聲等節目。一九四六年七月一日，自編自演了相聲《抓特務》，初露頭角，接著又自編自演了獨幕話劇《解放前夕》。一九四七年冬，參加輝南縣

▲ 耿瑛、朱光鬥、劉蘭芳、郝賀（從左至右）

中小學聯合文藝宣傳隊，下鄉到各村為土改後的翻身農民演秧歌劇和說快板。一九四八年中秋，全家遷到海龍縣梅河口鎮，一九五〇年在海龍中學讀書時，開始在北京和省級刊物上發表小說、詩歌和曲藝作品。

　　一九五二年二月，在《遼東文藝報》上發表了小說《大紅被》，接著又發表過一些小說、詩歌和曲藝。一九五三年一月，在北京的《說說唱唱》上發表二人轉處女作《小兩口》，開始了他的曲藝生涯。一九五三年八月畢業後，被選調到原遼東通俗出版社擔任見習編輯，後調至春風文藝出版社，從見習編輯、助理編輯、編輯直至晉陞為副編審。

　　一九五四年八月，東北人民出版社與遼東通俗文藝出版社合併為遼寧人民出版社，他來到瀋陽，被分配到文藝編輯室，接手編輯《新曲藝》叢刊。一九五九年三月，遼寧人民出版社的文藝編輯室改為春風文藝出版社，他組織編輯了王亞平的《百鳥朝鳳集》。接著，他又幾次進京組稿，連續出版了馬季的

▲ 耿瑛與薑昆

《登山英雄贊》《侯寶林郭啟儒表演相聲選》、劉寶瑞的《單口相聲集》等。一九五八年，他講授二人轉創作，次年出版《怎樣寫二人轉》，成為那個年代獨樹一幟的曲藝入門類讀物，許多作者就是從讀這本書走上二人轉創作之路的。一九六四年，東北局指示要重視二人轉，改革二人轉。當年黑吉遼三省聯合編輯的《東北二人轉選集》一書出版。一九六五年他又出版一大批現代二人轉唱本。一九六六年初推出了《二人轉》叢書，很受東北三省的二人轉演員歡迎。二十年後《怎樣寫二人轉》再版，他修訂擴充，以《二人轉寫作知識》出版。一九八四年二月二十一日《光明日報》頭版頭條報導了他的事蹟，「不圖名、不圖利，精心幫助作者出書」《編輯耿瑛甘為他人做嫁妝》的新聞。

幾十年來，經他編輯的圖書有五百餘種，其中有的書籍被譯成英、德、日、朝等多國文字。代表作品有東北大鼓《白求恩》，二人轉《東廂記》《寶山霞光》《包公弔孝》《火海英雄安業民》《小包公演義》《二人轉經典唱本》等，快板《科技雙全》，相聲《假灶王》《紅樓百科》，滿族單鼓《義犬救主》，評書《小包公演藝》等，《滿族民間故事選》《岳飛傳》等獲全國和遼寧省獎勵。總計發表各類評論、作品八百餘篇，在全國發表過的曲藝作品與評論文章超過千

▲ 耿英著《遼寧曲藝史》

篇。他還致力於曲藝理論研究，在曲藝理論研究和曲藝作品創作方面多有建樹，對推動和繁榮我國的曲壇事業做出了巨大貢獻。出版的論著與文集等有二十多部，主要有一九九三年的《曲藝縱橫談》，二〇〇七年的《東北大鼓漫談》，二〇〇八年的《正說東北二人轉》，二〇一〇年的《遼寧曲藝史》等，其中《中國曲藝史》等書在全國獲獎。二〇一三年《耿瑛曲藝選》由中國文聯出版社正式出版，收錄他的經典作品三十六部。他被譽為曲藝的活辭典。

耕耘在民間文學天地間的作家——馬維芳

　　馬維芳（1938 年-　），吉林省九台市人，一九五七年畢業於吉林省吉林農業學校。馬維芳參加工作後，一直從事農業技術工作，一九七九年轉入文化部門，先後任文化館副館長兼支部副書記、圖書館館長兼支部書記。現為梅河口市民間藝術家協會名譽主席。中國民間文藝家協會、中國通俗文藝研究會、中國新故事協會會員。

　　他從學生時期就酷愛文學，特別對民間藝術更是情有獨鍾。他從一九五六年開始發表作品，先後在《民間文學》《文學大觀》《民間故事》《故事報》等三十多家刊物上發表創作的新故事《神娃圖傳奇》《婚禮上的花圈》《市長發喪》等和蒐集整理的民間故事《棒槌姑娘出山》《筷子的傳說》《李連貴燻肉大餅》等二百餘篇約百萬字左右。在《社會科學戰線》《圖書館學研究》等刊物上發表學術論文二十八篇，出版了《馬維芳故事選》等專著，並參與編寫《海龍縣地名志》《吉林省民間文學集成梅河口故事卷》。他的作品曾三次榮獲國家級獎勵，多次獲得省級獎。其傳略被收入《中國現代民間文學家辭典》等多種辭書。

▲ 馬維芳

著名戲劇作家——齊鐵雄

　　齊鐵雄（1942 年- 　），海龍縣人，國家一級編劇。曾任吉林省戲劇創作中心特聘創作員，吉林省京劇院編導室主任。中國作家協會、中國戲劇家協會、中國電視藝術家協會、吉林省作家協會會員，中國民間文藝家協會吉林分會會員。

　　一九六二年考入東北師大中文系學習。畢業後，先後擔任海龍縣雙興公社中學教師，縣文化館創作輔導員。期間出版了戲曲集《槽頭紅燈》，在《吉林日報》發表了戲劇《開門紅》和單出頭《胡陽花》。他創作的《劉單子樹旗》《李貴春倒戈》《王老道設壇》發表在《吉林民間文學叢刊》上。他創作的長篇歷史小說《劉單子》由中國曲藝出版社出版。一九七八年調入吉林省劇團任編劇至退休。二十餘年來，共寫出戲劇、小說、童話、電視劇，約兩百萬字。曾創作了轟動全國的八場現代京劇《梅花案》（1979 年）、京劇《清宮小史》（1980 年）等十八部舞台戲，京劇《寒號鳥》（1982 年）獲文化部優秀劇作獎。出版長篇小說《皇帝武師》（1986 年），《康德武師霍殿閣》（1986 年），《關東胡匪傳》之一、之二（1987 年），《劉單子》和中篇小說《名優刺客十三紅》《名人保鏢紀實》等多部文學作品。

　　他擅長影視劇本創作，由他執筆編劇的電視連續劇《康德第一保鏢傳奇》走進千家萬戶。電視劇《雙槍駝龍》獲全國首屆錄像片評比優秀獎，並在香港「亞洲衛星電視」播出。電視劇《他為什麼死在中國》在全國播出，獲「東北三省第五屆電視劇金虎獎一等獎」。電視劇《花開季節》及《季節深處》《溫暖人間》在中央電視台播出。由曹穎、鮑國安等主演的電視劇《雙鳳奇案》，在全國二百六十六家電視台播出，成為全國開花的搶檔劇目。

　　他的傳略收入《中國文藝家傳集》《當代藝術家名人錄》《中國專家人才庫》《中國世紀專家》《中華兒女榮譽檔案》《中華優秀人物大典·世紀菁英版》等書。

貢獻卓越的作家翻譯家 —— 於雷

於雷（1924 年-2010 年），貢獻卓越的作家、翻譯家。原名於純厚，一九二四年生，梅河口市人。先後在東北人民出版社、遼寧人民出版社工作。曾任中國作家協會會員、中國作協遼寧省份會理事、中外文學交流委員會主任、中國翻譯工作者協會理事、遼寧省詩詞協會理事。

▲ 於雷

二十世紀五〇年代初，於雷為編輯出版建國初期的文學作品做出了卓越貢獻，工作中他為編輯人員主講編輯知識和實用語法修辭，為新中國編輯隊伍建設做出了有益的工作。這期間，他出版了與他人合寫的紀實小說《沙河橋邊的喜事》《女營業員孫芳芝》。並創作了《杜根德》《呂根澤》《孤膽英雄呂松山》等文學作品和評論文章。十一屆三中全會以後，於雷煥發了青春，他勤奮工作，奮筆耕耘。他有著堅實的文學基礎和勤奮好學的精神，近十年來，共發表翻譯的日本文學名著三百萬字。他那流暢的文筆引起了譯壇和文學界的普遍重視和喜愛。日本的一家文學刊物介紹說：「於雷的文筆為國內讀者敬重和喜愛。」加拿大作家代表團團長致函《世界文學》說，於雷「功底深厚，譯文太好了，請轉達敬意」。於雷除了翻譯外國文學，多年來還發表了大量的散文、詩詞。晚年出版了個人詩集《苦歌集》，他在文學和翻譯工作上的貢獻，已被載入《中國文學家辭典》和《中國翻譯家辭典》。

寫「十里長街送總理」的作家——吳瑛

吳瑛（1932 年- ），梅河口市人。一九五六年東北工學院建築系畢業後，分配到公安部工作，一九七〇年調入北京市革委會工作。每年有四五個月被抽調參加「五一」「十一」慶祝活動的籌備工作和中央組織的一些大型活動。期間，作為一名工作人員，參加過朱德、周恩來、毛澤東、宋慶齡治喪委員會的具體工作，特別是在一九七六年一月八日敬愛的周總理去世後，在悼念周恩來的治喪活動中，親身感受到全國人民對

▲ 吳瑛

一位全心全意為人民服務的領袖人物熱愛和懷念的深情，他寫的悼念周總理的一篇散文《在沉痛悼念的日子裡》，先刊登在《人民文學》一九七七年第一期上，以後大多數悼念周總理的文集都選編了這篇文章，散文中「在長安街上」一節，被縮寫成《十里長街送總理》的短文，一九八四年被編進小學六年級語文教科書，一直沿用至今。《十里長街送總理》是他飽含深情、飽蘸濃墨，用抒情的筆調，散文描繪似的語言，記錄下人民愛戴周總理、含悲送總理的感人場面。而今這篇散文成了經典作品，給後人留下那個特定時刻歷史的定格。後來，他又寫了《一個長了翅膀的謠言》《難忘的兩個月》等散文。而他的《十里長街送總理》一文，成了他最知名的文學作品品牌。

從軍旅記者到作家──趙蘇

趙蘇（1938 年- ），梅河口市海龍鎮人。新華社解放軍分社北京軍區記者站站長，主任記者，大校軍銜。

他在海龍鎮讀完小學和初中以後，於一九五八年入伍，在三十八軍砲兵團當戰士。由於他勤於學習，酷愛文學，在連隊中初露鋒芒。一九五七年調到三十八軍政治部做建軍三十年徵文工作。一九六〇年國民經濟困難時期，他自願申請去北大荒開荒生產，先後在三十八軍農場任生產助理員等職，經受了艱苦環境的鍛鍊。一九六四年調回三十八軍政治部宣傳處任新聞幹事，開始從事專業新聞工作。一九六七年調入北京軍區政治部宣傳部，在新華社駐軍區記者組工作，後被任命為新華社記者組負責人。

▲ 趙蘇

趙蘇是一名自學成才的新聞工作者。從一九五八年當戰士時就堅持業餘寫作，在《前進報》《長白山報》上發表過多篇新聞和文學作品。從事專業新聞工作以後，思想、業務水平進一步提高，視野更加開闊，寫出了不少質量

▲ 採訪國防部長張愛萍

高、有影響的新聞稿件，兩次在軍內十三家新聞單位舉辦的《人民軍隊忠於黨》《時代呼喚雷鋒》好新聞徵文評獎中獲優秀獎。他先後參加了華北軍事大演習、國慶三十五週年盛大閱兵、對越自衛反擊戰、唐山及大同抗震救災、引

灤入津工程等重大事件、重要任務的採訪報導。是他最先發表了《誰是最可愛的人》中的「活烈士」李玉安還活著，四十年默默無聞在平凡工作崗位上為國家做貢獻的獨家新聞，在全國引起了李玉安宣傳熱。是他最先報導了「保定軍民共建」，使這一新生事物在全國全軍推廣，起了積極作用。他在宣傳報導中善於調查研究和發現問題，採寫了一些對中央軍委指導工作有重要參考價值的內參報導。其中《大軍治水電利國利民利軍—新華社記者關於加快我國水電建設的建議》《某坦克師裝甲步兵團破除庸俗關係學，密切官兵關係》等專題調查，分別得到黨和國家領導人的重要批示。

改革開放以來，趙蘇在探索新聞改革，特別是對現場短新聞、人物新聞的寫作上取得了可喜成果。他多次受到新華社、北京軍區的表彰，榮立三等功三次。曾當選為第四屆全國新聞工作者代表大會的代表，被評為總政治部學雷鋒先進個人。

▲ 出版書籍

▲ 採訪「子弟兵母親」榮冠秀

▲ 採訪《誰是最可愛的人》志願軍「活烈士」李玉安

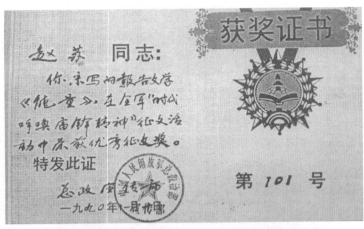

▲ 趙蘇的獲獎證書

自學成才的古文字學家——徐寶貴

　　徐寶貴（1949 年六月- ），海龍縣紅梅鎮人。自學先秦史、考古學、文字學、語音學、音韻學、訓詁學、哲學、文學、形式邏輯、古漢語、歷史學等大學課程。他和全家人節衣縮食，購買《詩經》《左傳》《十三經》《二十二史》《史記》等六百餘冊古籍和大量的甲骨文、金文、玉璽文、古幣文拓片及資料，開始古文字研究工作。

　　一九八七年七月發表《石鼓文註釋考證》，在五萬餘字的文稿中，詳實地論證石鼓文註釋。專家考證過的，重新考證提出不同見解，專家沒考證過的，提出獨創的建議。這份考證成果，在全國學術界得到承認。五年時間寫出《論文中留文考》《戰國古璽文考釋五則》《甲骨文百片釋疑》等六十餘萬字的論文、論著。一九八九年完成並出版《漢語字典訛誤舉例》；一九九〇年《石鼓文釋介集簡》在香港中文學中國文化研究所學報上發表；一九九一年，中國著名古文字學家、台灣歷史語言研究所教授李孝定，對徐寶貴的研究成果十分欣賞，破例在研究所辦的同一期刊物上發表了徐寶貴的《戰國璽印文字考》論文。他的論文和著作受到古文字學界的重視，特別受到北京大學教授裘錫圭、東北師範大學教授孫曉野、中國社會科學院歷史研究所副所長李學勤、中華書局副總編趙誠和香港、台灣有關專家、教授的較高評價。他的論文《石鼓文年代考辨》在北京大學《國學研究》第四卷上發表，《金文釋讀兩則》發表在清華大學《思想文化研究所集刊》第二輯上，《戰國文字考釋六則》被收入北京師範大學漢字研究所編《漢字文化國際學術研討會論文集》中，《石鼓文與〈詩經〉語言比較》，刊於武漢大學中國文化研究院的《人文論叢》中。一九八九年與原四平師院（今吉林師範大學）侯雲龍合作編繪了高校文科電化教材幻燈片《古代漢語》（文字部分），由清華大學電化教育中心音像教材出版社出版，並被海南大學、安徽大學、煙台大學、深圳教育學院等二十二所高等院校使

用。受聘於吉林大學古籍研究所之後，又受聘於北京大學古籍所，給知名教授裴錫奎當助手。1999 年 1 月 1 日被吉林師範大學破格聘為漢語言文字學專業副教授，2002 年 1 月 1 日破格聘為漢語言文字學專業教授，2003 年被批准確定為漢字學專業碩士研究生導師。2000 年九月被吉林師範大學評為「九五」科技工作先進個人，2001 年至 2002 年被吉林師範大學評為科技工作先進個人，多項成果在省、市和學校獲獎。曾獲得吉林省總工會「職工成才獎」獎章。

▲ 徐寶貴

▲ 徐寶貴所著甲骨文書籍資料

▍熱心群眾文化的組織者 ── 吳冰

　　吳冰（1966 年八月- ），曾用名吳鳳喜，梅河口市牛心頂鎮興隆溝村人，農民，大專文化。吉林省文化廳命名的吉林省民間藝術家（文學創作類），吉林省青少年作家協會理事，梅河口市青少年文學藝術協會主席，梅河口市民間文藝家協會主席。

　　吳冰讀小學時開始喜歡文學，高中一年級就跟同學籌備成立七星詩社，高中二年曾參加吉林省文學院文學函授。一九八七年夏高考落榜後回鄉當了農民。他對文學的痴迷，並沒有因為沒上大學而擱淺。他在農耕生活中，忙裡偷閒寫下了許多詩歌，為後來走上文學創作的道路奠定了基礎。

　　一九八八年八月，他到本鎮中學應聘教師成功，走上了三尺講台。一九九一年九月，高中時夭折的七星詩社又在他的大腦中復活，連同本校幾名文學愛好者共同發起成立山泉詩社，同時創辦鉛字打印的《山泉詩報》。經過不斷發展壯大，詩社後來成為梅河口市文聯直屬的青少年文學藝術協會，社刊也發展成享譽全國的《讀寫輔導》雜誌。

▲ 吳冰

▲ 吳冰主編的雜誌

一九九六年被市文化館聘為專職創編人員。他在文學創作上以詩歌、散文為主，以報告文學和小說為輔。自一九九○年發表作品以來，至今已在《梅河口貿易區報》《梅河口日報》《梅河口文學》《梅河經貿》《少年讀寫報》《讀寫輔導》《吉林科技報》《青年知識報》《東南作家》《當代青年作家》等媒體發表文學作品近七十萬字，作品入選《當代詩壇群星譜》《詩歌日曆》《長白女兒星》（報告文學作品集）等多部作品集，參與編輯《梅河口文學》作品選、《梅河口人民的驕子—鄭培民》《蓬勃發展的區域性中心城市梅河口》，主編《山泉詩報》《山泉文學》《少年讀寫報》《讀寫輔導》《吉林科技報·讀寫週刊》《當代校園文學》雜誌等。

吳冰在創作、編刊同時，還熱心於文學活動。一九九六年五月主持召開了「山泉詩社全國青年作家梅城筆會」，省作協副主席、著名作家許行和《詩人》雜誌副主編梁謝成等多位著名作家詩人應邀到會並做專題發言，來自全國五個省市的一百多名作者參加了筆會。吳冰在廣大青少年中有著重要影響，不少人正是在他的輔導和鼓勵下，走上了文學創作之路。

陶醉平仄填新詞的關東詩人 —— 周煥武

　　周煥武（1951 年-　），梅河口市山城鎮人，祖籍山東。中華詩詞學會會員，吉林省作家協會會員，吉林省詩詞學會理事，梅河口市詩詞楹聯學會原會長，現梅河口市詩詞楹聯學會名譽會長。

　　周煥武從小酷愛中華詩詞，剛讀二年級時，一位姓孟的校長在全校課間操後朗誦了他一時興起創作的一首小詩，儘管幼稚，卻轟動了全校，以致於多年後，當年的同學還提及此事，因而掀起了他心中的波瀾。參軍後，海洋、海島風光，艦艇、碼頭的生活激發了他的靈感，從而寫作詩詞一發不可收。為了寫好格律詩詞，先從學習入聲字入手，寫作時盡量按照平水韻的書一個字一個字地去查，不知翻爛了多少本工具書終於寫出了「海似春深浪作花，邊風入夢暖

▲ 周煥武

天涯。篷帆直掛雲濤裡，萬頃漁潮唱碧霞」的豪邁詩句。轉業到礦山，他利用工餘時間創作詩詞作品八百多首。他的寫作視野極為廣泛，各個領域都有涉獵。他用格律詩詞這種受限制的形式，不但寫出了自然，還不露人工雕琢的痕跡。他的作品或恢宏大氣，或小巧別緻，如絲路花雨一樣清新繽紛，每首詩詞都飽含著強烈的情感，反覆迴環、一唱三歎的抒情，內容和形式達到了和諧統一。他的詩詞作品得到全國當代詩詞名家周篤文、劉徵等好評。他創作的詩詞常見於《中華詩詞》《長白山詩詞》《當代海軍》《中華當代山水詩詞選》《新千家詩》《吉林日報》《吉林工人報》等書刊。著有《躍瀾飛雪》詩詞集。他本人曾榮獲吉林省優秀企業文化工作者、全國煤炭戰線優秀文化工作者稱號。二〇〇七年九月，發起成立梅河口市詩詞楹聯學會並任會長，二〇〇八年主編《梅河口詩詞》，收入梅河口市六十位詩人的詩詞作品四百五十首。

▲ 周煥武作品《躍瀾飛雪》

經過戰爭洗禮的朝鮮族音樂家——金秉甲

　　金秉甲（1933 年八月-2013 年 3 月），朝鮮族，遼寧省新賓縣人。一九四七年八月八日加入東北民主聯軍李紅光支隊獨立 166 師，在師部軍樂團當一名文藝兵，當時只有十五歲。入伍後他跟隨部隊轉戰東北的白山黑水間，參加瞭解放四平、長春、瀋陽、梅河口等戰役。抗美援朝戰爭爆發後奔赴朝鮮戰場，加入朝鮮人民軍，在朝鮮人民軍協奏團擔任副指揮。他一手拿槍，一手拿指揮棒，冒著槍林彈雨，率戰地文工團穿梭於各個戰場，利用戰鬥間隙為戰士們慰問演出，極大地鼓舞了指戰員們的士氣，為取得每次戰鬥的勝利做出了重大貢獻。因戰功卓著，他被授予二等功一次、三等功兩次。

　　朝鮮戰爭結束後，他於一九五四年一月轉業回國，任山城鎮朝鮮族孤兒院音樂教師，一九六〇年根據需要調入海龍縣第二中學任音樂教師，直到光榮離休。從教四十多年來，他在神聖的教育崗位上辛勤耕耘，嘔心瀝血，培養了一代又一代音樂人才。他利用業餘時間，深入民間發掘和整理朝鮮族民歌民謠，編輯成冊，還創作了數十首膾炙人口的歌曲。在極端艱苦的條件下，他不計報酬，不辭辛苦，組建學校文藝宣傳隊，到農

▲ 金秉甲

村、工廠、部隊進行慰問演出，贏得了廣大群眾熱烈歡迎和高度評價。「金秉甲」這個名字在當時海龍縣朝鮮族群眾中家喻戶曉。他還為梅河口市第二中學、梅河口市朝鮮族職業中學譜寫校歌，為梅河口市朝鮮族老年協會譜寫會歌。長期擔任梅河口市音樂舞蹈家協會主席、通化市音樂舞蹈家協會副主席等職，金秉甲傳略已收入《中國音樂家名人錄》。

轟動國內外的朝鮮族作家——朴善錫

朴善錫（1945 年 3 月- ），朝鮮族，集安市榆林鎮人。一九五二年隨父母搬遷到遼寧省桓仁縣，一九五六年初，搬遷到海龍縣福民街永豐村落戶。十七歲初中畢業那年，他不得不輟學務農。貧困的生活和繁重的體力勞動並未能摧垮他要當作家的執著信念，反而更激起了他的寫作慾望。他白天參加農業生產勞動，一到晚上，就在昏暗的油燈下堅持讀書寫作。從走出校門到在全國全面開展社會主義教育運動為止，短短的幾年

▲ 朴善錫

間，他居然寫出了一部長篇小說和十篇短篇小說。在此期間，他大量的閱讀，堅持寫讀書筆記，從這些書中汲取營養，努力提高自己的文學素養，為日後的文學創作奠定了堅實基礎。

十一屆三中全會後，他重新拿起筆，開始了真正的寫作生涯。「不鳴則已，一鳴驚人」，自從在長白山雜誌發表處女作《腳印》之後，他的創作如決堤的春水一發而不可收，連續創作發表了《酒鬼丈夫》《血和命運》《沒毛的狗》等一百多篇中短篇小說。其中小說《沒毛的狗》被改編成劇本，搬上舞台，在各地巡迴演出，引起了轟動。之後，又被瀟湘電影製片廠拍成電影，搬上了銀幕。反映「文革」時期東北朝鮮族農村生活的長篇小說《苦笑》（上中下）發表後，好評如潮。這部作品填補了朝鮮族文學史上的空白，其姊妹篇《災害》也已經發表，深受讀者歡迎。因他的作品語言樸實，詼諧幽默，構思巧妙，故事內容又十分貼近生活，不但深受國內廣大讀者的青睞，在韓國也有為數不少的忠實讀者。一九九九年，他作為中國朝鮮族作家代表團成員訪問了韓國，二〇〇三年，赴韓國首爾出席了世界韓民族作家代表大會。

一九八〇年開始發表作品至今，先後有一百餘篇短、中、長篇小說分別在《大眾文藝》《長白山》雜誌上發表。短篇小說《酒鬼大夫》獲《長白山》雜誌第一屆文學獎、《老丈人家》獲《天池》雜誌文學獎、《妻子的微笑》獲吉林省第二屆少數民族文學優秀作品獎；二〇〇〇年他第六次獲《長白山》雜誌「高產小說作家獎」。長篇小說《苦笑》共一百六十五萬字，反映了朝鮮族農民的生產和生活情景，語言幽默生動，被專家譽為朝鮮族文壇里程碑式作品。小說集《妻子的微笑》《快樂人生》由韓國延中出版社出版發行。他本人被吉林省文化廳授予吉林省民間藝術家稱號。

▲ 朴善錫作品

活躍梅城的評劇皇后——鄭小玉

鄭小玉（1946 年-　），祖籍遼寧省海城市，國家二級演員。梨園世家出身，八歲登台，十三歲從藝，師從評劇白派名家賀玉舫，唱腔以白派、花派為主。鄭曉玉表演功底紮實，唱腔甜潤，扮相俊美，專工青衣、花旦、刀馬旦，文武場技能兼備，表演優美、純正、深沉、凝重、悠遠，具有白派和花派的共同特點，是評劇界不可多得的人才，被當地觀眾稱為「梅城評劇皇后」。

鄭小玉經過多年專業學習，表演功底深厚。她於一九五八至一九五九

▲ 鄭小玉

年在磐石戲曲學校專業學習評劇表演，一九六〇至一九六二年赴河南省許昌戲曲學校專攻豫劇表演，畢業後到吉林省豫劇團當演員，後轉磐石、東豐、磐石鋁廠劇團任演員，一九七九年調入海龍縣評劇團任演員、演出隊隊長。曾主演評劇《茶瓶記》《夜宿花亭》《鐘離劍》《白蛇傳》《雙陽公主》《社長女兒》《奪印》《穆桂英掛帥》《破洪州》《江姐》《南方烈火》《山鄉風雲》《三鳳求凰》《花打朝》《三看御妹》《秦香蓮後傳》《馬寡婦開店》《珍珠衫》等五十多齣。一九六〇年主演《茶瓶記》參加吉林省戲曲摺子戲會演，獲表演特等獎，一九八六年主演《杜十娘》，參加全省中青年演員匯報會演獲戲曲表演三等獎。一九九一年參加國家重點研究項目《中國戲曲音樂集成·吉林卷》重點唱段錄製，她演唱的《馬寡婦開店》《珍珠衫》選段被收入《中國戲曲音樂集成·吉林

卷》。現為光明街道蓮花社區夕陽紅腰鼓隊藝術團團長，組織排演了天津快板《梅城新歌》《好日子》《校園歌聲》《中國龍》等歌舞、表演唱節目。她多次率隊參加省文化廳群眾藝術風采展示大賽，並被評為最具活力獎。

多年的藝術工作中，鄭小玉始終將承上啟下、發揚民族文化作為自己的一份責任。她在評劇團工作期間，堅持常年深入基層巡迴演出，使戲曲根植廣大群眾之中。經她培養的青年演員、後起之秀現已在評劇界獨當一面，更榮獲文化部大獎。鄭小玉為推廣和傳承評劇藝術做出了很大貢獻。

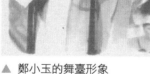
▲ 鄭小玉的舞臺形象

黑土地轉出來的戲曲家——鄭桂雲

　　鄭桂雲（1947 年七月- ），海龍縣人，中國民盟盟員，國家一級演員。中國曲藝協會會員，中國曲藝家協會吉林分會理事，吉林省二人轉藝術家協會理事。鄭桂雲一九六二年畢業於四平市戲曲學校二人轉科，後又從師董小舫、櫻桃紅等著名老藝人。她的表演尤以唱功見長，她聲音高亢、板頭齊整、字正腔圓、旋律優美，尤其擅長苦戲，以聲帶情、聲情並茂，唱腔中的「噎腔」很有代表性，被譽為「苦戲皇后」。一九八七至二〇〇四年，她本人演唱或與二人轉表演藝術家合作演唱的《接公公》、拉場戲《馮奎賣妻》《打狗勸夫》《李三娘打水》《劉翠屏哭井》、二人轉《丁香孝母》《參女鹿郎》《祝九紅弔孝》《西廂聽琴》均被全國多家出版社製成光盤或磁帶發行，並在中央人民廣播電台，

▲ 鄭桂雲

遼、吉、黑三省廣播電台播放。她的作品深受聽眾歡迎，影響力很大。尤其原創譜子戲《馮奎賣妻》（劇中扮演李金蓮）獲得了一九八三年東北二人轉會演一等獎，成為東北二人轉苦戲當中的代表作品，廣為傳唱。她還曾應中國音樂學院邀請為「中國傳統音樂資料建設講學」活動做示範演唱。老驥伏櫪，志在千里。晚年的鄭桂雲老師依然活躍於舞台，兢兢業業的、一絲不苟地展現東北二人轉的獨特技藝和魅力。她創建了「鄭桂雲二人轉藝術學校」，培養出了更多的二人轉表演人才，為推廣和傳承二人轉藝術做出了貢獻。

鄭桂雲老師用她大半生的時間詮釋著對二人轉藝術的執著與奉獻。她是一位難得的二人轉藝術家，是位唱說伴舞等四功俱全的好演員。她的表演集中了專業劇團演出和傳統二人轉的雙方面優長，既有城市化的、高雅的一面，又有原產民間的、親和力的一面，真正做到了雅俗共賞。其行腔規範、表演自如，除了過硬的唱功，其水袖功夫，也是包括其他劇種在內的演員中的佼佼者。「藝壇折桂、好戲如雲」。幾十年來，她為廣大人民演繹了一大批好的劇目，創作了一個又一個鮮活的、栩栩如生的人物藝術形象，將東北二人轉藝術，尤其是二人轉苦戲提升到了一個新的歷史高度。她的藝術影響了一批又一批的戲迷觀眾，也得到了同行和業內人士的讚許。二〇〇八年，鄭桂雲被吉林省文學藝術聯合會、吉林省人事廳、吉林省二人轉藝術家協會、吉林省文化廳授予吉林省著名二人轉表演藝術家，算是對其藝術成就的完美評價！

▌青年二人轉演員——程紅

　　程紅（1977 年-　），本名裴立斌，梅河口市人，著名二人轉演員，目前是遼寧省民間藝術團二人轉演員。台上的程紅留著兩撇小鬍子，這是他的招牌扮相。「哥們哥們」是他生活中的口頭禪。瞭解程紅的人都知道，平時的他安靜沉穩謙虛，和舞台上的喧鬧逗笑完全兩樣。

　　程紅是地地道道農民的兒子。他從小就愛說愛笑，而且天生一副好嗓子。程紅入行較晚，一九九七年開始學習二人轉，最開始在梅河口市一個二人轉劇場學習，後又從師著名二人轉演員王秋萍、關小平、趙本山，

▲　程紅

從此正式開始二人轉藝術生涯。程紅雖然入行晚，但他基本功相當紮實，榮獲過遼寧省首屆二人轉展演一等獎、十大名丑等榮譽。同時，程紅屬於創作型演員，從藝期間創作出不少優秀作品，深受百姓喜愛。程紅二〇〇六年開始接觸影視創作，出演過《關東大先生》《櫻桃》《櫻桃紅》《說書人》《收穫的季節》《爹媽滿院》等影視作品。而他在二〇〇九年央視八套播出的電視連續劇《關東大先生》中飾演的警署署長杜鎮海，給人留下了深刻的印象。目前程紅活躍於地方二人轉舞台上，成為一顆曲藝界冉冉升起的新星，為了自己的二人轉夢想拚搏、奮鬥著。

▲ 程紅的影視劇形象

▲ 程紅在《關東大先生》中飾演警署黑長杜海鎮

軍旅生涯中成長的攝影家——丁兆吉

丁兆吉（1958 年七月- ），祖籍
山東省日照市。曾任梅河口市攝影家
協會主席。他先後在《前進報》《解放
軍報》《解放軍畫報》《中國攝影報》《中
國攝影》等報刊發表作品三百餘幅。
作品《美麗的科爾沁》《三北軍演》《戰
馬》分獲全軍展二、三等獎。二〇〇
六年舉辦《生態建設丁兆吉個人攝影
展覽》。二〇〇八年攝影作品《彩練當
空舞》在《東北風》舉辦的慶奧運、
迎新春杯攝影大賽上獲銀獎。二〇〇

▲ 丁兆吉

九年，攝影作品《看春晚的歡笑》在《東北風》上獲一等獎。二〇一一年至二
〇一二年，第十六、十七屆中國吉林國際霧凇冰雪攝影展中，作品《靜謐的世
界》《鷹獵》獲銅獎。二〇一二年，在優美吉林、美好環境攝影大賽上，作品
《向海》獲優秀獎。作品《節日的祝福》獲得上海市迪派網攝影大賽二等獎。
二〇一三年，省攝影家協會、吉林市聯辦的「古韻、風情、烏拉」攝影大賽
上，作品《霧凇島印象》《漁歌唱晚》《吉慶有餘》分別獲得三等獎。

丁兆吉自小熱愛美術創作，年少時代在學校就小有名氣。他於一九七四年
結緣攝影，一九七八年參軍後曾任政治部攝影組組長，開始從事專業軍事攝
影。軍旅生涯為他的藝術創作提供了無限靈感，他常常騎著馬馳騁在美麗的科
爾沁大草原，進行千里邊疆的創作。《戰馬救護》《美麗的科爾沁》《三北軍演》
等攝影作品，就是他在這時候完成的。

他曾任梅河口市攝影家協會主席十餘年，在職期間，他不僅鑽研自己的創

作，更注重培養攝影人才，全心全意幫助其他作者實現突破與提高，不以虛言哄人，不以偽辭悅人，對作者的創作狀態、發展軌跡、風格特點都予以深思，不斷地與作者交流，為其傾盡心力。丁兆吉為梅河口攝影事業發展及家鄉的圖片宣傳，做出了較大貢獻。

為了攝影藝術的追求，丁兆吉幾乎走遍中國大江南北，至今仍保持著旺盛的創作熱情。伴隨汗水，他攝下一幅幅值得回味的畫面，留下一串串難忘的故事，在此過程中，也收到大自然的餽贈，給予他藝術上無限的靈感！

▲ 軍旅中的丁兆吉

長白山風光攝影家——趙晨宇

趙晨宇（1953年-　），梅河口市人。中國攝影家協會會員，瀋陽鐵路局攝影家協會副主席。趙晨宇一九七五年開始接觸攝影，一九九五年專注於長白山風光攝影創作。

一九八三年開始在《大眾攝影》《攝影世界》《中國攝影》《中國攝影報》《科技與經濟畫報》《人民鐵道報》《中國鐵路文學》等報刊上發表攝影作品。數十幅作品分別在《第十九屆全國藝術展覽》《斯拉維奇杯全國黑白攝影大賽》《第十屆尼康杯攝影比賽》《第七屆佳能杯亞洲風采華人攝影比賽》《第九屆佳能杯亞洲風采華人攝影比賽》《大紅鷹杯中國風光攝影大賽》《1999年度柯達杯專業反轉片優秀攝影師評選》《2001年度柯達杯專業反轉片優秀攝影師評選》《二〇〇八年美國國家地理全球攝影大賽中國賽區》《政協委員眼中的改革開放30年攝影作品展》，第三屆《佳能感動典藏》，第二屆雪花啤酒杯《中國古建築攝影大賽》《2012「絲路—長城」中國嘉峪關國際攝影藝術大展》等影賽中獲獎和入選。二〇〇四年出版長白山風光專題攝影作品集《原始的誘惑》，二〇一〇年與鄒毅合作出版《草原幸福路》西部鐵路建設紀實攝影作品集。

趙晨宇與別人不同的是，他的藝術視野非常寬闊，他的想法是要

▲ 趙晨宇

拍出整個長白山的雄渾和靈秀。他在追求一種純自然的東西的同時，更追求一種氣勢，一種靈魂，不單純追求大眾化的美，還要從美中透視出靈魂的東西來。而趙晨宇的主要功績還在於他為梅河口攝影愛好者樹立了榜樣，在他的鼓勵和支持下，梅河口湧現出一大批攝影愛好者。他熱心指導攝影愛好者學習攝影知識，提高攝影技藝。同時，他熱心攝影家協會工作，積極參與和發起協會的運作，推動協會發展，趙晨宇是梅河口市攝影事業的奠基者。

▲ 趙晨宇攝影作品《風雪養路工》

志願者攝影家——畢立新

　　畢立新（1958 年-　　），梅河口市人。中國女攝影家協會會員。二〇一〇年開始有作品發表在《旅遊縱覽》《中國攝影家》雜誌。二〇一一年參加內蒙古響沙灣攝影大賽，獲響沙灣十佳攝影師。二〇一二年參加北京地球村「十縣百村留守兒童公益工程」志願服務，負責項目攝影記錄近一年。先後在四川、雲南、陝西、貴州、重慶、河北的十多個縣市，拍攝和記錄了現實中國最底層的百姓生活，拍攝了鄉村留守兒童、留守老人、痲瘋病康復者、志願者和公益團隊的大量照片資料，並部分上傳網絡，這些生動感人的攝影作品，得到《中國攝影家》雜誌第三隻眼網站、騰訊網、華聲在線、中國古曲網的支持和鼓勵。其中留守兒童紀實組照《向虎的故事》《好學生杜慶玲》被多家網站轉載，並被推薦到騰訊《活著》、華聲《見證》、雅虎《公益》、網易《新聞》等著名

▲ 畢立新在貧困山區

欄目。因為這些紀實攝影報導，引發了全國百名摩托車網友，自發組織長途自駕摩托車隊，到貧困山區看望並資助留守兒童的熱潮，是她的紀實攝影傳遞了正能量。

　　她除了在基層拍攝記錄外，還以地球村主任廖曉義助理的身分，參加了騰訊「築夢新鄉村」論壇會議，EFG-2012「中國綠色經濟走向」電視高峰論壇會議，並作為聯合國教科文組織「為中國而教」特約人員參加了北京公益基金會資助人圓桌會議。二〇一三、二〇一四年她還參加了「消除痲瘋歧視，共建和諧社會」志願服務，對四川大涼山七個痲瘋病康復村作了深入的攝影紀錄，並以紀實攝影組照《夢想在大涼山最深處》獲第六屆「中國原生態國際攝影大展」影像故事類一等收藏獎，單幅作品《侗族大歌童聲唱》獲「多彩貴州」特別關注獎。

▲ 畢立新在攝影創作途中

飽蘸翰墨寫遊魂的書法家 —— 孫世忠

　　孫世忠（1936 年 2 月-2007 年 2 月），齋號劍蘭齋，晴雪堂，梅河口市人，生前為中國書法家協會會員，梅河口市書法家協會主席。一生從教，而精湛的書法藝術和國學影響，在梅河口書法藝術界堪稱一方泰斗。幼學束身嚴教，初學顏柳，後學漢隸、魏碑，兼學各家，走碑帖結合之路。少年時期，受海龍縣書法泰斗王俊英先生親自點傳教誨，作書善用長鋒羊毫，高執筆飽蘸墨，下筆沉實信手變化，大氣與隨意相合，雄健與細膩相含，善於伸縮、錯落變化，風凜骨峻，英氣勃發。書法多具陽剛之美，或雄秀險勁，或遒麗寬博，或肆意開張，或方俊樸茂，情思所致，任其流淌，每件書法作品都深蘊特定立意，因意求象，以象盡意，意神相成。一九八〇年始，得到前輩書家沈延毅指教，眼界頓開，漸知妙理，進而痴迷。所遇古今碑帖，無不喜歡，欲求方圓結合，歷日臨池不懈，土宜谷性，鍾愛信實，寧似「遊魂」，不做「結殼」，夢願寫出自身趣味。

▲ 孫世忠

　　孫世忠先生書法的魅力在於自然的書風，魏碑易於功力而難於性情，而性情又出於自然，故自然乃碑學之最難。他傳統碑帖功底深厚，常體味前人的意、法、情、韻，積極探求書家原本筆法，加

之以心寫性的旨趣，遺貌取神，意法兼顧，在碑體行書中增加抒情意味，於古典書風中增添浪漫色彩，自然化古出新，成為自家風格。他花甲之年患有心肌梗塞，劫後更對書法如痴如醉，時而入夢逢古人。淡泊名利，參悟人生，致力追求仁人君子之風，以其淵博的修養、卓越的才情和創新的才能，豐富了他的藝術修養，昇華了他的藝術人生。一九九三年六月，被中央電視台等十一家單位評為「優秀藝術家」稱號，作品多次入選省市及全國展覽並有獲獎；曾參加中日邦交正常化十八週年和二十週年書法展；曾贈陳香梅女士及國外友人。作品與簡介載入《當代中國書法藝術大成》《當代中國藝術界名人錄》《世界現代美術家詞典》等。

▲ 孫世忠與陳香梅女士合影

耄耋之年學啟功的書法家 —— 任程遠

任程遠（1921 年-　　），梅河口市人，中國老年書法研究會會員，吉林省老年書畫研究會會員，吉林省書法家協會會員，吉林省北國書畫社社員，通化市老年書畫研究會理事，梅河口市書法家協會名譽主席，市老年書法研究會常務副會長。

任程遠幼年酷愛書法，十七歲便開始學習楷書，從顏體入手，其後又臨習華世奎書法，在行楷和草書上以王羲之《蘭亭序》，智永千字文，孫過庭書譜為範本，臨學數年，同時瀏覽很多前人書

▲ 任程遠

帖，就這樣寫了數十年。近十年來又鑒於當代書法大師啟功先生的字別有風格，從而在原有的書法藝術基礎上研究其書體，以博采眾長，融匯筆端。學書法，不論學習古人，還是學習今人，學得再像，也總是他們的影子，而只有學其精髓，有其神韻，又有其獨創，才是真正的創作。任程遠先生畢其一生所學，所創之書，頗有啟師神韻，又有自己的獨特理解和創造，使人觀之耳目一新。他的作品充分體現出了用筆的爽利、清勁，表現出了鐵劃銀鉤應有的力度，在結字和章法上也有沉穩厚重之處，給人以堅挺端莊、儒雅深厚之印象。

任程遠曾多次參加國家及省市各書畫大展並屢次獲獎，一九八七年參加全國鋼筆美報杯大獎賽獲銀牌；一九九九年參加省紀念抗美援朝五十週年大展，書法作品獲二等獎；二〇〇〇年參加省離退休幹部慶祝建國五十週年書畫大賽，獲二等獎；二〇〇六年參加吉林省第十五屆老年書畫展，獲一等獎。二〇一二年中國老年書畫研究會舉辦的翰墨春秋永樂年華作品展中書法作品入展；二〇一三年書法作品入展東北三省瀋陽軍區第十屆、吉林省老年第二十四屆書畫展。

大柳河養育的詩書家——蔣力華

　　蔣力華（1950 年-　），梅河口市人。畢業於東北師範大學。現為中國楹聯學會副會長，中國書法家協會會員，中國攝影家協會會員，吉林省楹聯家協會主席，吉林省書法家協會名譽主席，吉林省詩詞學會副會長，省政協書畫院院長。高級編輯，國務院特殊津貼獲得者。

▲ 蔣力華

　　蔣力華自幼酷愛書法藝術，飽讀經史，是一位學者型詩書家。他的作品總是寫自己喜歡的文辭內容，是自己真情的筆端宣洩，以此抒發自己的人生態度、理想和志趣。他的書法風格是「重」「拙」「大」「雄」，偏愛「少字數」，他認為這樣可以庶免輕佻、嫵媚、纖巧之病。因此，他的書體以大字行草見長，筆飽墨足富於激情。成熟的書法家十分講究章法在書法創作中的構思和設計，並以其獨具特色的謀篇布局，彰顯其藝術匠心。他的書法從傳統中來，又不拘泥於傳統，不拘泥於碑，不盲崇於帖，如老馬負鞍，木犁翻地，似水過灌木，蛙臥平疇，頗得晚明之後文人學士自由書寫之道。他在每一幅作品的創作中，都特別注重講究疏密、錯落、枯潤、濃淡等手法的變換使用，並時時據其內容的需要而改變傳統的章法結構，使形式與內涵相連繫，使成法與變法相契合，有時在意會上藕斷絲連，在氣脈上又不絕如縷。此種玄妙常常營造出意想不到新鮮情趣和視野衝擊力。蔣力華書法在章法上的變通嘗試突破俗套而不獵奇，大膽藉助繪畫構圖美的思路而又不事雕琢，給人「錯落開張皆有致，濃妝淡抹總相宜」的深刻印象。

　　很多專家學者認為，蔣力華所擅長的行草書法有著博大精深的藝術內涵和崇高悠遠的美學境界，其風格具有柔麗浸潤雄強、沉毅融會奔放之特色。他先

後出版書法作品集《蔣力華書法集》《世紀初春之舞》《嚶鳴集》（與他人合作）《蔣力華書法作品》《靜湖荷香》，出版詩詞集《書法吟鑑》《勝蹟清吟》《浩吟偉烈》《青山依舊在》《關河俯仰中》《登高望遠岑》。通過這些書法、詩詞選集，展示了他雄厚的書法、詩詞功底和造詣。蔣力華於二〇〇四年被選入中國書法家協會藝術家名片圖冊。《書法導報》《東方藝術家》等多種報刊予以專題報導。

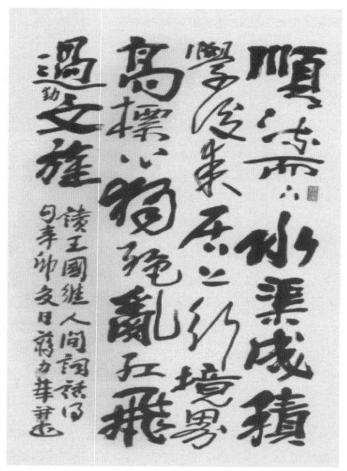

▲ 蔣力畢書法作品

名震關東的畫家——關鑑

關鑑（1941 年-　），滿族，梅河口市人。吉林省畫院專職畫家，中國美術家協會會員，中國田園鄉土畫社副主席，長白山書畫研究會顧問，中國書畫函授大學長春書畫研究會顧問，長春美協顧問，吉林省中山書畫社副社長，並被韓國美術協會聘為執行作家。

從小喜歡畫畫的關鑑沒事就「勾小人」，照著俗稱「小人書」的連環畫畫小人，後來就背著畫。初中時，一個偶然的機會，縣文化館一位同志看見了他的「小人」，覺得他畫得不錯，就和他說：「我給你編個腳本吧，你畫本連環畫。」關鑑畫了四十幅《岳飛傳》，郵給了上海一家著名的出版社。出版社竟然給他這個毛孩子回信了，「想像力比較豐富，模仿能力也不錯，但是距離出版還有一段距離」，權威出版社的回信堅定了關鑑繪畫的決心。

一九六四年，關鑑大學畢業，畢業創作，他畫了兩幅國畫人物畫，其中一幅《知心人》，畫的是縣委書記到鄉下，和身為飼養員的老農民促膝長談。同樣畫人物，關鑑的構圖與眾不同，他沒有畫人物的正面，而是精心描摹了兩個

▲ 關鑒

人物的背影，並利用細節揭示典型環境，「當時畫這樣的題材，用全背影表現，我算是很特殊的了，算是一個突破。」這幅畫後來被天津博物館收藏。剛分到出版社的關鑑，還因此得了五十元收藏費。關鑑還和同學合作創作了《楊占山家史》，該畫入選全國美術大展，其中一部分被《美術》雜誌發表。大學一畢業，就有兩幅作品在全國叫響，關鑑已經是吉林畫壇冉冉升起的新星了。

關鑑畢業後被分配到吉林人民出版社，做美術編輯。繁重的編輯工作並沒有讓關鑑放下手中的畫筆，美術創作仍然是關鑑的最愛。他負責連環畫的編輯工作，自己也畫連環畫，《林沖》《武松》《夜幕下的哈爾濱》……他自己也畫了有二十多本連環畫，上千幅插圖。就在這個階段，關鑑畫出了兩幅在吉林美術史上占有重要地位的畫作。那個階段，美術創作也講究典型環境中的典型人物，講究深入生活，歌頌火熱的社會生活。關鑑創作了一幅名為《歡樂的草原》的人物畫，畫面中，草原各族群眾和青年學生在歡樂的氣氛中忙碌著，似

▲ 關鑒的繪畫作品

乎正在奔赴美好的理想世界。畫創作出來後，兩次參加全國美展，一次參加的是中國美術館的展覽，還有一次是美術館自己展出的館藏展品。後來有關部門來函，讓關鑑又畫了一張《歡樂的草原》，用於外事工作。

　　上世紀八〇年代初，關鑑調入吉林省美術創作室，也就是後來的吉林畫院。成為專業畫家的關鑑開始大展拳腳，創作了大量美術作品，其中有工筆人物畫、寫意人物畫、工筆山水畫、寫意花鳥、山水等數量巨大的畫作。這其中，《寒凝大地》《松頌》《關東漢子》《千秋功罪》《李大釗》《錦江大峽谷》《關東風情》等都是他的代表作，也是吉林美術這一階段的重要收穫。

　　《李大釗》是關鑑人物畫的代表作，他把李大釗塑造成中國的普羅米修斯。該畫是他為新文化運動博物館畫的，見到畫後，館長不禁驚呼：「此畫將是我館的鎮館之寶。」《關東風情》是關鑑創作的超長卷系列人物畫，也是他年逾花甲後創作的總結性之作，堪稱他一生國畫人物畫的代表之作。畫卷完成後將長達三百米，刻畫人物將達到三千人以上，目前已經完成六十米。

▲ 關鑑作品《革命代代如潮湧》

名噪海峽兩岸的畫家——王善生

王善生（1942 年 3 月- ），長春市人。一九八〇年為海龍縣文聯委員，市美協主席，通化地區美協理事。同年加入吉林省美術家協會，一九八七年被評為副研究館員。現為中國美術家協會會員，國家一級畫師，吉林省老幹部書畫協會會員，通化市美協顧問，市美協名譽主席，中國書畫收藏家協會會員創作基地專業畫家，台灣現代主義視覺藝術公司經紀畫家，同澤書畫院特聘畫師。王善生是長白山畫派的代表人物，也是位名噪海峽兩岸的畫

▲ 王善生

家。一九六四年作品《接班》入選東北三省畫展；一九六七年《冬夜》參加吉林省美術展覽獲優秀獎，並入選東北三省聯展。一九六五年至一九七五年，年畫在多家出版社出版發行。一九八九年年畫《迎新娘》參加全國第七屆書畫展獲銀獎。一九九入年水彩畫《老倉新囤》參加吉林省書畫展獲特別獎；二〇〇〇年水彩畫《農家糧倉》參加吉林省書畫展，被北京畫商收購。二〇〇一年油畫《金秋鈴聲》參加全國愛我中華油畫大展獲銅獎，作品被台灣中華文化藝術基金會收藏；二〇〇四年油畫《牧歸》《山村鈴聲》參加吉林省書畫展獲優秀獎，是年創作的油畫《風和日暖》參加吉林省書畫展獲銀獎，作品被台灣商人收購。二〇〇五年至二〇一〇年創作的五十一幅油畫被台灣視覺藝術有限公司收藏。

寶刀不老的國畫家——安傑

安傑（1946 年一月　），吉
林市人，國家二級美術師。中國美
術家協會會員，吉林省美術家協會
榮譽理事，吉林省油畫學會會員，
梅河口市文化館美術部主任。在
《人民日報》《人民美術》等報刊發
表、出版各類作品一百六十八件，
部分作品收入二十餘部大型畫冊。
年畫《五福臨門》《十全十美》等
九件作品參加全國年畫展；《長白

▲ 安傑

雲雀》一九八四年入選全國年畫展；《松花江上》一九八七年入選全國年畫獲
優秀獎；《喜迎春》一九八八年入選全國年畫展獲優秀獎；《長白參娃》一九
八九年入選全國年畫展獲優秀獎。《日月同輝》一九八九年入選文化部舉辦的
全國群星展獲獎；《瓜田十里香》參加上海大東方油畫藝術展；《鄉情》二
〇〇三年入選第十四屆全國群星展獲優秀獎；《五月轟鳴》入選第十屆全軍美
術展獲優秀獎。曾二十餘次參加全國美展，《山葡萄》一九九六年入選中國畫
展獲學術獎；《爽秋》一九九八年入選全國國畫展獲優秀獎；《淡淡晨霧》二
〇〇一年入選第十屆全國美術展獲優秀獎；《北方金秋》二〇一〇年入選第十
五屆全國群星展獲銅獎；《西遷圖》《秋妹》《瓜甜千里香》《關東雪》等四幅
作品分別在二〇〇三、二〇〇六、二〇〇七年入選中國美術家協會會員展，並
有多幅作品被多家博物館收藏。

手掌蘸墨繪丹青的畫家 —— 劉晏隆

　　劉晏隆（1948 年五月- 　），梅河口市人。一九六八年九月下鄉。市老年書畫研究會名譽會長，通化市政協書畫院顧問，吉林省美協會員，中國老年書畫研究會會員。

　　劉晏隆自幼愛好書畫，學習小寫意花鳥、山水和國畫。二○○二年一次去張家界旅遊，在張家界國家森林公園金鞭溪駱駝峰景點，劉晏隆遇到一位用手掌運墨，用掌紋和指紋作畫的人，名叫馮晶彬，這位五年前來到張家界的東北漢子，被美麗的張家界所吸引，用自己特有的方式描繪張家界。用指掌作畫技藝深深地吸引了劉晏隆，別人在休息亭購物，他卻認真仔細地觀察每一步畫技，看到這位馮晶彬在很短的時間，就把張家界的山水畫得栩栩如生，得到遊人的嘖嘖讚揚，劉晏隆就下定了決心也要嘗試用指掌作畫。回來後，他備好材

▲ 劉晏隆

▲ 劉晏隆指掌畫作品

料，認真學習，仔細研究，反覆實踐。二〇〇三年初春，他把畫出的手掌畫作品拍成照片寄給馮老師，並懇請拜他為師，可能是東北老鄉的緣故，馮老師特別熱情地回了電話，歡迎他加入指掌畫的行列，並鼓勵堅持下去，必然會有成果。十年間，他經常在網上學習馮晶彬、肖增烈等指掌畫大師的技法。指掌畫是以水墨為主，用手掌、手臂、手指的共同「揮灑」下，一幅山水墨山水畫就畫成了。經過刻苦鑽研，十多年來，他的指掌畫先後在《協商新報》《吉林晚晴藝苑》等報刊上發表。二〇〇五年八月十五日，《協商新報》第六版，開闢半個版面刊登他的國畫及指掌畫小品選輯《身邊情趣筆端凝》。二〇〇六年在吉林省美展《香瓜熟了》獲二等獎，作品被吉林省老年書畫《晚霞之光》和通化市畫冊多次採用，被吉林省老年書畫研究會《晚霞之光》兩期採用，參加省、地、市畫展多次。作品曾作為紀念品贈送給美國、德國、法國等友人收藏，其作品還多次在通化市和梅河口市展出獲獎。

學白石繪晚晴的畫家——李家玉

　　李家玉（1953 年-　），梅河口人。中國同澤書畫研究院畫家，中華民族文化促進會書畫藝術中心理事，吉林省美術家協會會員，吉林省中國畫學會理事，吉林省政協書畫院院士，吉林省老年書畫研究會副會長，通化市政協書畫院副院長，梅河口市美術家協會名譽主席。二〇〇九年，《陽春》入選吉林省美術家協會成立五十週年美術作品展，獲第十九屆吉林省藝術系列大賽一等獎。二〇一〇年，《雙興山雪》入選紀念「5・12」汶川大地震四週年全國特邀書畫展，被都江堰美術館收藏；《穀雨》入選關東畫第二屆大展獲優秀獎；同時入選關東畫第二屆中國畫油畫雕塑作品創作大展，在軍事博物館展出；《聽瀑》入選瀋陽軍區紀念志願軍抗美援朝六十週年書畫展獲三等獎。二〇一

▲ 李家玉

一年《長白雪魂》入選瀋陽軍區慶祝建黨九十週年書畫展獲二等獎。二〇一二年《鷺棲磨盤湖》入選「松江風情」吉林省小幅畫展獲特別獎；《鷺鷥》入選「翰墨新象」全國中國畫作品展收藏作品集。二〇一三年《白鷺》《春水流香》入選吉林省中國畫學會畫家作品集。

在傳統積澱上構圖的畫家 —— 任傳文

　　任傳文（1963 年 2 月-　），江西豐城人，成長在梅河口市山城鎮。一九九〇年畢業於吉林藝術學院油畫系，二〇〇三年結業於中央美術學院油畫系高研班。現任吉林藝術學院教授、碩士研究生導師。曾獲中國油畫藝術作品獎，中國青年油畫展藝術作品獎，中國風景畫展鳳凰獎、佳作獎等獎項，曾入選第一、二、三、五屆北京國際美術雙年展、上海國際美術雙年展、中國油畫學會展、中國美術年鑑展等多項展覽活動。

　　他曾經說過：「對於我個人來說。在紙上或畫布上塗抹痕跡，用以梳理來自生活和自然的種種感悟，這個將眼睛和心靈的感知轉譯成一個可視的、物化情境的過程，讓我體察到觀看的自得和思想的快樂。我在自覺與不自覺之間完成了對畫面的構建，期間那些偶然和必然的因素他們自己會形成一個道場，呼喚方式和情緒的貼近，心象與物象的彌合……我執著地認定，在我和畫面相互交融的過程中，漸漸顯示出來的那個東西，當是我的本心，亦應是天心。」在任傳文的繪畫藝術語境中解讀到了他所要表達的內心精神和情感世界，這情感正是他內心世界和自然的對話，也是他在當下的油畫家中，以其獨特的藝術風格和語言樣式凸現出來，並影響了很多人

▲ 任傳文

A Collection of
Comments on Modern Chinese Arts
21st Century Edition
Ren Chuanwen
主编 戴士和

中国现代艺术品评丛书●21世纪版
广西美术出版社

▲ 任傳文作品集

的視覺思維和畫風。對於繪畫藝術，他以自由想像和即興的揮寫以及鮮明的表現個性，受到了國內油畫界的極大關注，成為當下油畫藝術的一種新的主流和語境。任傳文從生活視像的積累走向語言的嬗變，在他的藝術世界裡，形式往往是視覺映像的物化和圖式，如他的作品《浮生日記》系列（2004）、《日月平凡》（2006）、《紅房子》（2006）、《舊城寫生》（2006）、《冬山》（2006）、《金色的池塘》（2006）等作品中的形式語言傳遞出的影像已不是其本身的表徵和意義了。任傳文就是通過這樣形式語言的構建，表達出畫家的精神內涵和感情世界。近年來，多次在海內外舉辦個展、聯展，並由國內外多家出版社編輯出版，入編《20世紀中國油畫卷》《中國油畫全集》《中國美術全集》等書籍，出版《21世紀中國藝術家研究——任傳文作品集》《中國現代藝術品評叢書——任傳文》《浮生意象——任傳文作品集》《中國當代油畫家任傳文繪畫作品集》《中國油畫家——任傳文》等，作品被海內外收藏家、美術館等廣泛收藏。

教書育人兼創作的畫家——張玉東

　　張玉東（1964 年-　　），梅河口市人。通化師範學院美術學院繪畫教研室主任。吉林省美術家協會會員，吉林省書法家協會會員，通化市美術家協會理事，中國標準草書學社社員，梅河口美術家協會副主席，吉林省政協書畫院院士，中國同澤書畫院畫家。

　　多年來，張玉東一直從事美術教育工作，傳道授業，樂此不疲。教學過程中，注重結合專業的學習，培養學生良好的行為和習慣，完善學生健康的心理和人格，把美術教育從技能訓練的表層深入到了靈魂塑造的深層，在基礎美術教育人才的培養方面做出了很大的努力。

▲ 張玉東

教學工作之餘，張玉東堅持中國畫創作和書法的學習，幾十年如一日，筆耕不輟。作品多次參加全國、省、市各級展覽並獲獎。入選中國美術家協會舉辦的專業展覽有：全國第五屆（2002年）、第六屆（二〇〇六年）、第八屆（2011年）工筆畫作品展覽，全國首屆現代工筆畫作品展覽（2010年），全國當代花鳥畫藝術大展（2003年），「和諧家園」全國工筆畫展覽（二〇〇八年），二〇〇五、二〇〇九年全國中國畫展覽等。張玉東的畫作大多以工筆花鳥畫為主，主要作品有《松江水暖》《雪霽》《白翎映雪》等。創作過程中，緊緊圍繞長白山地域題材，重視寫生，堅持現實主義和浪漫主義相結合，既追求賞心悅目的形式美感，又努力挖掘題材背後的文化意義。作品構圖飽滿，色彩淡雅，製作精道，寓豐富於單純，有較強的藝術感染力。二〇一三年十二月，入選第八屆全國工筆畫展覽的作品《白翎映雪》在北京拍賣會，全國工筆畫獲獎作品專場以十九萬五千元成交，並有多幅作品入編各種畫集、在報刊發表。

　　在美術創作的同時，張玉東還積極參與長白山滿族民間美術的挖掘、整理和研究，主持省級科研項目一項，參與省、國家級科研項目多項。出版《長白山滿族草房》《關東山藝匠民俗風情》（合著）著作兩部，並有「長白山滿族草房圖論」「東北滿族習俗中的年豬」「地方高師美術學專業課程體系的建構」「長白山滿族年俗文化的意義」等多篇論文在《滿族研究》《通化師範學院學報》《北方民族》《江城日報》等刊物發表。

志存高遠的青年油畫家——楊雨

楊雨（1965年-　），梅河口市人。一九九一年畢業於浙江美術學院美術教育系油畫專業，國家二級美術師。中國同澤書畫研究院理事，油畫藝委會委員。吉林省美術家協會理事，梅河口市美術家協會主席，市文化館美術部主任。作品《歲月》獲吉林省美展一等獎，入選第二屆中國靜物油畫展；《陽光和煦的日子》入選紀念「5‧23」講話六十週年全國美術作品展覽，《流逝的歲月》獲世界華人藝術展銅獎，《山村之冬》入選關東畫派「中國畫油畫雕塑創作大展」，獲優秀獎，作品在中國書畫報、吉林日報刊登。《回望》《冬》《豔陽天》《殘冬》《秋來》《家園》《山村》《山路彎彎》等在吉林省美展中分別獲二、三等獎，另有多幅作品在省美展中入選。《家園》刊載於吉林日報，《歲月》收入《通化書畫作品》，《餘香》《冬天的風景》《殘冬》入編《魂繫長白山書畫作品集》。楊雨不僅本人勤奮創作，而且致力於美術協會的工作，有計劃地組織會員開展採風和創作活動，壯大了美術創作隊伍，提高了會員素質和創作水平，對繁榮梅河口市美術事業做出了貢獻。

▲ 楊雨

名聲遐邇的梅城微刻家 —— 沈明坤

沈明坤（1941 年-　），滿族，梅河口人，微刻藝術家。現為中國民間文藝家協會會員，中國楹聯學會會員，中國老年書畫研究會會員，吉林省書法家協會會員，梅河口市老年書法研究會副會長。梅河口市雕刻協會名譽主席，二〇〇一年十二月受聘於煙台中國文化藝術城微刻藝術家。

打開因特網，只要在百度上搜索一下「沈明坤」三個字，就可以看到有關沈明坤先生的許多條目，微刻藝術的、書法藝術的、攝影圖片的……這些信息

▲ 沈明坤

內容，不論在百度、新浪、搜狐等大的網站，還是地方性的網站，諸如東南網、吉林網、水母網、膠東在線等，都有他的專欄或專題報導與信息。沈明坤微刻藝術特點主要是以長白石、巴林石等石料為載體，經過精心加工磨製後，再根據其石料的天然色彩、紋理、畫面進行填詞補畫，使整體畫面情景交融、渾然一體，產生詩情畫意的藝術效果，其書法特徵也非常明顯，既保留了傳統的書法韻味，又顯示了金石刻寫的刀筆之功，在放大鏡下，字體顯見，不失其真。他的微刻作品多次參展並獲獎。二〇一〇年被吉林省民間藝術家協會授予「吉林省民間藝術家」稱號。

一九九六年十二月，沈明坤參加了吉林省文化廳和群眾藝術館聯合舉辦的「96 首屆菁英美術、書法、攝影藝術大賽」，作品《赤壁賦》榮獲一等獎。同年他的作品《楓橋夜泊》被梅河口市領導贈送給國際友人陳香梅女士。一九九

八年在曼谷舉辦的「第二屆世界華人藝術大賽」中，作品長白石微刻《將進酒》榮獲國際榮譽金獎。一九九九年在香港舉辦的「第三屆世界華人藝術大賽」上，作品《水調歌頭》獲特別金獎，沈明坤榮獲世界傑出華人藝術家稱號。二〇〇一年六月，沈明坤被中華當代書畫藝術研究會和香港國際畫院授予「國際銀獎藝術家」榮譽稱號。他的名字被載入《世界名人錄》《世界藝術家名人錄名家教授大辭典》《世界當代著名書畫家真跡博覽大典》，作品近千件流傳國內外。如今已年過古稀的沈明坤對生活別有一番感慨：「一個人能夠按照自己的意願去做些自己願意做的事，是非常幸運的。我能與書為友，以石為伴，終身足矣！」

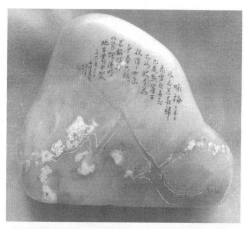

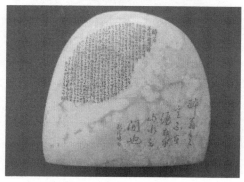

▲ 沈明坤雕刻作品

不知疲倦的篆刻家 —— 周敬文

　　周敬文（1952 年- ），梅河口市人。多年來利用業餘時間鑽研篆刻和雕刻，其作品獨具特色，自成一家，廣泛流傳。吉林省書法家協會會員，白山印社社員，梅河口書畫院院長，梅河口市書法家協會顧問。

　　周敬文自幼酷愛書畫篆書，八〇年代初受多名啟蒙老師影響，開始臨習篆刻。同時專攻小篆、金文、甲骨文等古文字研究。他從學嚴謹，一絲不苟，勤學不輟，經常請教名家大師。他雕刻作品基礎紮實、功力深厚，臨前人之作足可以假亂真，走自己創作道路又能推陳出新，自成一體。其篆刻作品厚重而大氣，顯見秦、漢印璽之淵源。其漢簡，條屏，無論是本草隸篆，均能做到渾然一體，刀筆嫻熟不失作者之真跡，為許多專家所認同。

▲　周敬文

周敬文的金石作品都被書畫家個人收藏，所刻之匾、條屏、漢簡等，分別收存在一些文人雅士之家。他曾臨刻了明代大書法家祝允明劃書詔詩（漢簡長 5.5 米），與真品毫無二致，足以亂真。其字體雋秀豪放、字跡清晰、流暢、自然，局外人初見，會堅信絕對是祝枝山真跡。

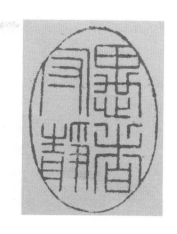

龍泉寺坐落在梅河口五奎山風景區，寺院門楣上的楹聯都出自國家書法大家，字跡飄逸，遒勁，骨感錚錚，絕非尋常書家可比。如何將原書字體成比例放大，並不失氣韻，布局到板材上，再一筆一畫地鐫刻出來，真是對雕刻家的檢驗。周敬文將那些翩若驚鴻、矯若游龍的字體，再現在宏大的門廊上時，人們無不驚異。楹聯書法雄勁，氣勢跌宕，讓觀者無不嘖嘖讚歎。周敬文熱心於藝術事業，在小小玉石的方寸之間，精湛的書法和精準的刀功交相輝映，綜合體現了書法的功力，並被省內外的書畫家們所認可。

▲ 周敬文篆刻作品

葫蘆雕非遺技藝傳承人——盧清林

　　盧清林（1955 年-　　），梅河口市人。因其擅長葫蘆雕刻，被業內稱為「葫蘆王」。盧清林出生於葫蘆雕刻世家，其曾祖盧寶厚是清代宮廷裡的葫蘆雕藝人。祖輩和父輩又對葫蘆雕刻有所繼承和發展。但由於歷史的原因，到盧清林這一代，祖傳的葫蘆雕刻傳統技法瀕臨失傳。盧清林自幼就非常喜愛曾祖留下來的幾件葫蘆雕作品，隨著年齡的增長，他漸漸萌生了重振祖技的想法。為了把幾近失傳的民間藝術傳承下去並發揚光大，盧清林刻苦學習美術知識，工作之餘全用於研究葫蘆雕刻上。特別是到了二十世紀九〇年代，他幾乎把全部業餘時間都用在發掘這門民間絕藝上。按照父親口頭傳授的葫蘆雕技術雕刻，未經炮製的葫蘆易裂易碎易腐易蟲蛀，不易雕刻也不易保存，特別是裡層硬度不夠，解決不了細部的雕刻問題，難以刻出理想的作品。於是，他就乾脆自己摸

▲ 盧清林

索配方炮製。經過多年的試驗，他終於成功地試製出一種特殊的方法，成功地解決了炮製這個難題。經他炮製的葫蘆，軟硬適度，不腐不裂不碎不蛀，走筆運刀，得心應手，可以進行鏤刻、浮雕和圓雕。

　　一九九五年，他帶著一百多件葫蘆雕作品應邀參加遼寧中華絕技藝術博覽會，首次將他的作品公之於眾。沒想到這些葫蘆雕在瀋陽引起轟動，榮獲此次博覽會特等獎，與會的專家對多年未見的葫蘆雕，給予了很高的評價。幾天時間，所帶去的百餘件作品就被搶購一空。盧清林在三十多年的創作中，逐步形成了自己獨特的藝術風格。他的作品大至鼎爐，小如珍玩。人物、花鳥、山水，件件構思巧妙；圓雕、鏤雕、浮雕，樣樣技法精湛。他的很多作品，已被日本、韓國、東南亞等地友人珍藏。痴迷於葫蘆世界的盧清林，為了提高自己作品的藝術水平，增強作品的收藏價值，有四年多時間，他閉門謝客，苦練基本功。功夫不負有心人，憑他的葫蘆雕絕技，一九九八年被省文化廳授予「民間藝術家」稱號；同年五月，他被吸收為中國藝術家協會會員。二〇一二年梅河口市文化部門為盧氏葫蘆雕申報了省級非物質文化遺產，他被授予盧氏葫蘆雕技藝傳承人。

▲ 盧清林葫蘆雕作品

微雕微刻工藝美術大師──任延生

　　任延生（1956年五月-　　），梅河口市人，高中學歷。中國民間文藝家協會會員，中國工藝美術協會會員，吉林省民間文藝家協會會員，吉林省工藝美術協會理事，吉林省工藝美術大師。

　　任延生自幼受父親薰陶，喜愛書法，拜中國著名微刻藝術家沈明坤為師，他的隸書微刻填補了國內空白。他在梅河口市站前有一家刻字社，喜歡在長白石上雕刻，除此之外，還可在象牙、金屬、玉石上雕刻。經過幾十年的歷練，任延生能在一角錢硬幣大小的石料上雕刻五百多個字。這些字跡需要憑藉著二十多倍的放大鏡才能看清楚。他以前用魏碑體刻字，後來改用隸書刻字，隸書書寫講究蠶頭燕尾，刻字難度較大，不易刻出隸書特有的風韻。很多時候他都是深夜靜下心來憑意念刻字，在外人看來他的手輕微動彈，石料上只有一層刻起來的粉塵，其實字跡已經刻在石料上，用刷子輕輕撣去粉塵，就可看到雋秀的字跡。任延生創作了作品《孫子兵法》，整幅隸書微刻作品六千一百二十九字，是用象牙為材料，只有巴掌大小，將十八塊材料打磨、拋光、打眼、微刻，最後串在一起。這幅作品他廢寢忘食地刻了三個多月才完成。在作品的設計上，有自己獨到的理念和思維，用隸書體和反刻填補微刻史上的空白，形成獨特的藝術風格。從藝隸書微刻三十餘年來，用長白石先後

▲ 任延生

創作出微刻《孫子兵法》《蘭亭序》《金剛經》《桃花源記》《唐詩》《套章微刻》《臨摹清明上河圖（局部）》等作品數百件，部分作品被國內外文化組織及個人收藏。其作品參加國際、國家、省、市舉辦的賽事、博覽會等並獲獎項，被國家和地方電視台、報刊等主流媒體多次報導。二〇〇八年獲首屆中國民間工藝精品博覽會銀獎；二〇〇九年參加第十屆中國工藝美術大師作品暨國際藝術精品博覽會獲銅獎。二〇一〇年他被吉林省工業和信息化廳授予「吉林省工藝美術大師」稱號。

▲ 任延生和他的微刻作品《孫子兵法》

青銅烈焰鑄新魂的雕刻家 —— 孟祥平

孟祥平（1958 年-　 ），梅河口市人。梅河口市工藝美術專業學校校長。中國工藝美術學會雕刻專業委員會會員，吉林省美術家協會會員，梅河口市美術家協會副主席。

他在從事少兒藝術教學的同時，創作了大量雕塑、風俗畫、漫畫和中國畫作品，參加全國和省市各類美術展覽及大獎賽，並有獲獎。其中，1981 年泥塑《牧童》入選吉林省美術作品展；鑄鐵雕塑《摔跤》獲吉林省美展三等獎；1984 年創作的木雕《篝火》獲省美展二等獎；木雕《阿姝媽妮》獲全國風俗畫大獎賽銅獎；《淚》入選反法西斯國際美展；木雕《篝火》獲吉林省美術展二等獎；1985 年鑄鐵《摔跤》獲吉林省藝術作品展三等獎；2000 年他的青銅雕塑技藝有所發展，其業績被入選《中國美術家名人大辭典》；2003 年，他為鄭培民紀念館塑造銅像，又在家鄉文化廣場塑造鄭培民銅像一尊。他創造的畫中「留白」技藝是國內首創，取名為「新中國畫」。深圳大芬盧浮宮文化藝術發展公司舉辦了他的個人畫展。而他近些年創作了大量的回憶「文革」期間社會生活的「老磚牆系列」中國畫作品，同樣引起了廣泛關注。

▲ 孟祥平

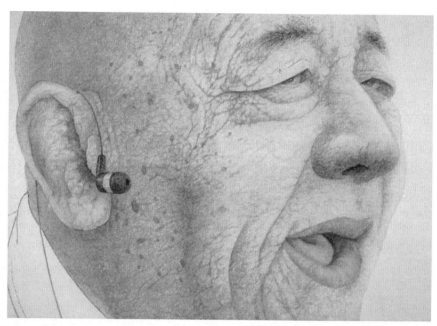

▲ 孟祥平的作品

大道至簡書法篆刻家 ── 朱希貴

　　朱希貴（1962 年-　），梅河口市人。一九八八年畢業於中國書畫函授大學，梅河口市雕刻協會常務理事。朱希貴自幼熱愛書畫篆刻，且勤勉好學，一九七四年開始在李光啟老師指導下學習繪畫，自一九八二年起先後師承孫世忠（中國書法家協會會員，原梅河口市書法家協會主席）、任程遠，全國著名書法家謝德萍、周昔非、吳自然、高新知、曹壽槐、李巍、張珍等諸多老師。

　　朱希貴的書法風格貌豐骨勁，超然獨出。形成的粗獷、豁達、明快之氣質，逐漸成就了他的老辣、古樸、蒼勁、古拙的金石氣和書卷氣的書法風格。此後受到孫世忠、任程遠教誨，懂得了學習傳統、臨習古人是書法的必經之路。從「古塔銘」「鄭文公碑」「張猛龍、爨龍顏」中找力度，從「殷墟文、金文、石鼓文、漢隸、章草」中體會古韻，不斷提高品位和境界，外師造化、

▲ 朱希貴

中得心源，以達人書合一。又潛心鑽研沈延毅大師博大精深書法藝術和蒼勁古拙的金石氣書法，得到昇華。一九八六年篆刻師承朱壽友（中國書法家協會常務理事）。一九八七年篆刻師承著名篆刻大師程與天老師學習篆刻藝術。

精誠所至，金石為開。朱希貴曾臨過漢印數百，同時涉獵古璽、封泥、秦磚漢瓦，還借鑑漢畫像石以提高悟境，夯實基礎。朱希貴力求臨習傳統和創作實踐緊密結合，力避時風。重溫秦璽漢印，注意明清風格，借鑑西泠八家，揣摩融通。故今天我們看到他的印，清晰地感到傳統功底紮實雄厚，漢印斑斕，醇古的氣息異常濃烈，樸實、大氣、老辣，化古為今恰到好處。

▲ 朱希貴篆刻作品

有魏碑筆意，增加金石韻味，從作品看上去平淡無奇，如果你再看下去，會發現內含豐富，氣象萬千，空間無限，引人入勝。王安石的詩句「看似尋常最奇崛，成如容易卻艱辛」正是朱希貴的真實寫照。

一九八六年國畫師承著名國畫大師宋雨桂先生、著名國畫家孫吉安。一九八七年字畫裝裱師承於北京榮寶齋著名高級裝裱大師郁豐年學習字畫裝裱藝術。一九八四年篆刻作品入選吉林省首屆書法篆刻大展。二〇〇〇年獲梅河口市舉辦的國慶五十一週年書畫篆刻攝影大賽篆刻金獎。二〇〇一年獲梅河口市委宣傳部舉辦的「建設杯」大展賽篆刻金獎。

竹粉有新意

松風含古韻

乙未除夕書於逸蘭軒用沈正鼓老師筆墨書之 希貴

▲ 朱希貴書法作品

第四章
——

文化景址

梅河口地處長白山西麓，輝發河上游，是松遼平原與長白山區的過渡地帶，這裡有豐富的自然資源和秀美的自然風光，還有建制前後遺留的歷史文化遺址、遺跡等。當年的文人墨客憑藉山川秀水之靈氣，勾勒出了梅河口大地絕佳景緻，集中展示了梅河口的自然風光和人文景觀。如今，這裡更是風光秀麗，如詩如畫。

杏嶺古生物化石遺址

梅河口市古生物化石遺址位於杏嶺鎮雙合村南山約一千米的採石場內。

採石場分東、西兩處，自一九八八年開採以來，曾多次開採到一些零星的古生物化石，主要有魚、蛇、蛙、蛤蜊、蜻蜓、介形蟲、蝦等動物以及一些植物圖案化石，還有至今無法確認的珍稀鱗片動物化石。據當地農民講，從石場開採後他們陸續找到了魚、蛇、龜、荷花等動植物化石，部分農民置於家中或用作房屋柱角石，但大部分已散失。

二○○二年，在開採深度達到九至十三米處的灰色沉積岩時，又發現了數量較大的魚類化石，其大小不一，大的長有三十釐米，小的長只有五釐米左

右。經吉林省自然博物館專業人員、吉林大學古生物學、地層學研究中心專家和吉林省自然博物館專家對發現的魚類化石標本的初步鑑定，認為古生物魚化石種類為狼鰭魚，石質為灰色沉積岩，年代約在一點三億至一點五億年前。

這處魚類古生物化石遺址的發現，對研究吉林省東南部地質結構及其動植物的生存年代具有重要意義，有較高的科學價值和開採價值。

▲ 魚類化石標本

輝發河上游石棚墓群

　　輝發河上游的石棚墓群，是我國乃至東北亞地區此類墓葬分布最為密集的區域之一。同時，也是東北亞地區石棚墓分布的最北界線。對研究東北亞地區這一具有廣泛分布的墓葬具有極為重要的意義，也是反映東北亞民族關係與文化相融合的最佳例證之一。

　　輝發河上游石棚墓群位於輝發河上游的梅河口市、柳河縣境內。輝發河是第二松花江流域中上游的主要支流之一，其主要流經吉林省南部和遼寧省東部。在輝發河上游的兩條主要支流——一統河、三統河流域分布著眾多的石棚墓葬，現行政歸屬分屬於梅河口市和柳河縣。據一九八三年以來文物普查結果，目前，這一區域共集中發現石棚墓八十餘座。這些墓葬大多分布於哈達嶺山脈，海拔五百至六百米高的山岡頂部或山脊上，其範圍東起新開嶺鹼水北溝，西至雞冠砬子。

▲ 石棚墓

　　構築石棚墓的石材多為沙礫岩、泥質頁岩、片麻岩，並被加工成較規整的長方形或方形石板。墓葬多呈長方形，以三塊至四塊石板半埋半裸立砌，圍成墓室四壙。兩側壁石多是一塊長石板，有的為兩塊石板相接，個別的還有兩層壁石。上面用大石板封頂，四周露出寬大的棚簷，下面鋪有底石。為了使石棚墓更堅固，有的兩側壁石的下部或一端鑿有對稱的凹槽，以便嵌入底石或端

石，個別石棚墓周圍砌有護坡石。有的石棚墓門前兩邊還立有石板成為通道，整座墓葬形體結構顯得更加嚴謹、穩定。石棚墓的大小有一定的差異，一般砌石高於地面一至一點三米，最高可達兩米左右。部分石棚墓內發現有人骨，有些經火焚燒。隨葬物有陶罐、陶紡輪等陶器。

這些石棚墓除一部分單獨聳立在山頂外，其餘多數集中分布在山脊上，有些墓地往往是石棚墓與大蓋石墓和少量石棺墓共存。在石棚墓的附近還發現有青銅時期遺址，出土遺物與石棚墓出土遺物較為接近，說明石棚墓年代大體屬於春秋戰國時期。

一九九九年，石棚墓被列為吉林省重點文物保護單位。二〇〇九年被正式列為全國重點文物保護單位。

▲ 石棚墓

方家街古城

　　方家街古城為遼金時期遺址，位於梅河口市小楊鄉古城村，經專家考證，這座古城即為遼金時期的照散城。

　　城址坐落在一條大川之中，兩側山巒起伏連綿，中間川谷開闊，楊樹河水自谷中流來，在城西南與另一條河谷匯合後注入大荒溝河，流經城之西北角，再北流匯入大柳河。沿河兩岸，土質肥沃，水源充沛，至今為主要水稻產區。這裡地勢豁達，東、北兩面連接遼闊的柳河平原，南面以群山為屏障，溯楊樹河翻山經南山城子，可至清原、新賓，向北可抵城址山城，是古往今來的一條重要通道。早年磨盤山水庫未建之際，亦為商旅往來之蹊徑。

　　古城早年破壞已甚，城牆在二十世紀二十年代前就已傾頹，後由於平整土地，修路建房，城牆已全部無存，其規模、形制也無法辨識。該古城在一九三四年《海龍縣志》中記載為：「本城西南楊樹河子界內，有土城一處，周約一里許，地名小城子。南北二門，乃輝發部落之多壁城。」一九六〇年在文物普查檔案中則記載：尚存部分城牆遺跡，面積一萬平方米。被河水沖刷的斷面上可見到瓦片。後經詳細調查，發現一東西長約八百米，南北寬約六百米的不規則台地，明顯高於周圍地表。其北部現為村莊所蓋壓，南部為大片水田地。由於稻田不斷耕耘而平整，東、南兩面凸出不高，邊緣不齊整，但西邊和北邊卻很清楚和整齊，高於地表約一米許。從種種跡象來看，此城周長約為兩千五百米左右。

　　歷年城內出土遺物較多，僅一九五八年一次就挖到鐵鏃近五十公斤。陶、瓷、瓦片、殘磚亦隨處可見，陶片多為泥質灰陶，未見完整器物。瓦多為布紋瓦，並有較薄的小瓦。瓦當皆為獸面紋飾。此外，在歷次的考古調查中還徵集到鐵鏃、鐵鎬、青花瓷器等許多遼金及後期文物，從而證明這是一座遼金時期所建的古城，元、明時期均被沿用，直至清朝對這一帶封禁後此城才被廢荒蕪。

慶雲金代女真摩崖石刻

在梅河口市西南四十公里的小楊鄉慶雲村北，有一座不高的小山叫半截山，山南坡有一塊突出的巨石，巨石兩側分別刻有銘文，這就是目前我國僅存的幾塊女真文碑刻之一——慶雲金代女真摩崖石刻。

摩崖石刻在距地表二十二米的半山腰一塊凸出的砬石上，砬石從上到下有一道裂縫，將石壁劈成為兩部分。西側碑高約兩米，寬一米，面向東南、東部刻有女真字，每行四至十五字不等。左上凸起部分還有三行十四個女真字。經專家孫進已譯釋為「我父阿台於收國二年五月五日、率領家族和部落，集合至番安兒之源。擒獲頗多，因以謀克為孛堇」。摩崖石刻東側石壁面南偏東，碑高二點四五米，寬一點一至二點五米不等。右上角刻有漢字「大金太祖大破遼軍於節山息馬立石」，右起豎書楷，字三行十五字，字跡清晰。旁註女真文二十三個字，形成漢字和女真文兩種文字對照排列。

據金史記載：收國元年（西元 1115 年），遼朝以六萬大軍來攻照散城（今梅河口小楊鄉古城）。金國將領阿徒罕率兵大敗遼軍，並乘勝由東、北兩路夾攻，輕取沈州（今瀋陽市）及東京所轄的各州縣，攻占了遼陽府，為反遼的最終勝利奠定了堅實基礎。為了紀念這場大金開國史上的重要戰事，金國後人於當年的舊戰場刻石，用最簡練的文字記述了那場戰爭。

▲ 慶雲金代女真摩崖石刻遠眺

女真碑現存的不多，而慶雲摩崖上鐫女真字七十餘個，是研究女真文字不可多得的珍貴資料。由於慶雲女真碑對研究遼金歷史有著極其重要的價值，曾任清長春知府的楊同桂在其撰寫的《沈故》一書中曾對慶雲女真石刻做了較為詳細的記載：「女真小字碑：海龍廳西

百里，山城子鎮正南小城子山上有摩崖書一，段方高，周尺三尺八寸餘，寬三尺。共字七行，前五行十三四字不一，後二行距前五行尺許，每行約四五字，其筆勢頗古勁，然結字甚奇，好古家莫能識也，嗣讀金石萃編，內有金國書碑，其中戌羊叉等字皆與碑同，知為金之國書，按金史太祖命完顏希尹制大字於天輔三年頒，熙宗天眷元年又頒小字。據麟見亭河帥鴻雪因緣宴台訪碑，以 為利色戌矢爻伏去貝羊朵與 為女真小字，則此碑亦為小字無疑，字既剝蝕，拓手又劣，有無訛脫尚當詳考。」

一九六一年，吉林省人民政府將慶雲女真石刻列為第一批公布的省級文物保護單位，同年省撥款維修原已損壞的摩崖石刻保護房，重新加以修繕復原。一九七六年，又改建摩崖石刻防護亭，建成鋼筋混凝土結構的防雨亭，周圍還設立了鐵藝柵欄，修築了從山下至防雨亭的梯級台階，設立了保護標牌，說明、標誌牌及保護規則，劃出保護範圍。二十世紀八九十年代，文物部門又對摩崖石刻表面作了兩次藥膜保護處理，以減緩石刻風化速度，並設專人看護。

二〇一三年，慶雲女真摩崖石刻被國家公布為第七批文物保護單位。

▲ 慶雲金代女真摩崖石刻

▲ 女真摩崖石刻拓片

海龍古城

海龍府地處盛京省東北部。明代為海西衛地，清光緒四年（1878 年）在海龍設荒務局，丈放鮮圍場荒地。光緒五年（1879 年）於海龍城設置圍場總管衙門，左翼協領駐朝陽鎮，右翼協領駐山城鎮。光緒六年七月四日（1880年九月十九日）旨准劃鮮圍場山城子圍等二十圍設海龍撫民廳。置撫民通判，通判衙門與圍場總管同住海龍城。光緒二十八年六月（1902 年八月），海龍升為府，隸屬盛京將軍。府治海龍，下轄海龍、東平（今吉林省東豐）、西豐（今遼寧西豐）、西安（今吉林遼源）、柳河（今吉林柳河）等四縣以及府直轄區域。

據一九三七年版《海龍縣志》記載：「海龍一古城耳，孤懸邊地，牆卑壕淺，又經年久頹圮，往來行越，幾成坦途。」清光緒二十四年（1898 年），依凌阿受任海龍府總管，時值多事之秋，四方未靖，為加強管制，整頓治安。「乃相度形勢，作未雨之謀，芟其榛莽，起積土而增築之。四角壘以短垣，置炮其上」，在原有土城的基礎上重建了海龍城。

另據縣志載：「海龍縣城為舊有之古城，設治之初，略加修茸。城垣乃土築也，高一丈五尺，厚一丈七八尺，城週四里，池廣四五丈，深五六尺或七八尺，各隨其地勢之高低以為深淺。城門舊闢有三，於光緒二十九年新闢北門，東門曰春和，西門曰靖邊，南門曰得勝，均附有甕城，新闢之北門曰順和。旋將甕城及護城池壕一併丈放，名曰城余。昔則深溝高壘，今則無，一衣帶水，倚以為固。民國十一年以地方不靖，邑候湯公勸商民輪捐，將原有城垣略事修補，於其上添築女牆五尺餘，雉堞相望，較之從前非第足以壯觀瞻。」

重新增築後的海龍城，全長兩公里，為夯築土牆，呈正方形。四門皆用青磚砌築，起脊歇山式大門三間，正中間為穿堂式門洞，置雙扇對開鐵皮木門。東西南三門寬約八米，北門寬六米。六〇年代初，吉林省博物館來海龍城調查

時，城之西北角尚存，殘存的北牆長一百五十米，西牆長三百米，高一至三米不等，黃土夯築，最寬處一點五米，十分堅固。

城內有兩條十字形大街穿城而通四門，南門裡兩條東西橫街，各兩道胡同。

古城內遺址較多，主要有：

海龍府經歷署遺址（分司衙門）　遺址在海龍城十字大街之西街路北。原有大門一間，儀門一間，內有大堂三間，東廂房二間為科房，西廂房二間為班房。大堂後為二堂三間，東西廂房各二間，二堂為內宅，石基土牆，泥瓦蓋頂。偽滿時改為教養工廠及騎警第二隊駐所。舊址在今梅河口市第三醫院西側。

海龍總管府舊址　在海龍城東關里路北。清光緒五年建，總管府大門三間，正中為過道門，門餘二間為列戟。二門外東西廂房各一間。二門內東西廂房各兩間，中廳三間，後為內宅。正房三間，東西廂房各三間。臨大街路南有照壁一座（偽滿時拆除）。偽滿時被縣立男師中學占用。二十世紀八〇年代舊舍全部拆除，現為海龍電影院。

海龍總管衙門舊址　舊址在總管府西院，門前有照壁一座，大旗杆兩根（偽滿已毀），門外施黑色行馬大門五間，中一間為門道，兩旁為門房。大門內有東西廂房各三間，東為統帶處，西為大班。二門三門中為門道，餘兩間東為梆房，西為典房。二門內東西廂房各三間，東為戶司，西為大堂。五間中三間為廳屋，東西廂房各有隔扇一間，東為書稿室，西為儲金庫。大堂後五間為小隊子官兵住室，東西廂房各三間為伏役住所。西跨院有演武廳三間，名老虎洞，為較射驗放領催甲兵之地。院東南隅為衙神三間，東北有小樓一座，為火藥庫。旗署裁撤後為地方自治研究所，後為農會占用。偽滿時由縣法院占用。現僅存大門五間，為海龍鎮勝利街道辦事處及街道綜合廠廠址。

八旗廳舊址　海龍的八旗廳半數設在海龍城內。

正黃旗官廳設在南關裡西二道胡同。正房三間，東西廂房各兩間。偽滿時

為警察馬隊占用，後為縣公署吏員宿舍，後為民宅。

正白旗官廳設在南關裡東二道胡同。正房三間，東西廂房各兩間。後為劉晴樸住宅。今為海龍鎮中心小學校舍。

正藍旗官廳設在南關里路西，正房三間，東西廂房各兩間。偽滿時為警察隊及職業學校占用，後為青年練習所及指導官宿舍，今為民房。

鑲白旗官廳設在南關里路東順城街。偽滿時被儒學衙門占用，今亦是海龍鎮中心小學校舍。

旗兵馬隊營房舊址　位於南關里偏西側，正瓦房前七間，後七間。偽滿時為職業學校占用。

旗兵部隊營房舊址　位於南關里東二道胡同，草正房七間，西廂房五間，大門一座。偽滿時為縣立第一校占用。

秀實書院（即清代學堂）舊址　在南關里路東，分東西兩院。西院有門房五間，東西廂房各三間。廂房南端各一間，左為孝子祠，右為烈女祠。正房五間，其後有左右正房兩層為書齋，每層左右各三間，最後之中間有正房三間，為文昌宮。東院前有正房四間，後則正房五間，民國、偽滿時，西院為女子初中（女高），東院為教育局占用。後改建為海龍鎮中心小學校舍。

海龍撫民廳舊址　清光緒七年（1881 年），由首任通判楊文甫建。位於城南關，有照壁一座，大門三間，稱頭門，大門東西正房各三間，東為東大封，西為西大封，西大封之西建有耳房一間，為女封。大門裡東西廂房各三間，東廂北頭一間為班封，南首二間為壯班，偽滿時改為徵收處。西廂南首一間，為班待，北首二間，為輔班，偽滿時拆除。西側磚牆高二丈有餘，上置刺針，方圓約半裡，為牢獄。內獄門內外各有廂房一間，為守牢獄者宿舍。正中有儀門三間，俗稱海門，偽滿時拆除。儀門裡東西廂各五間，東為吏、戶、禮三房，偽滿時為財政局。西側為兵、刑、工三房，偽滿時為教育局。正中大堂三間，偽滿時為縣長參議官辦公室。西五間偽滿時為總務科辦公室。東側還建有衙神土地廟三間，再東側三間為廚房，北面有正房五間，東四間為馬號。西一間為

馬神祠。大堂東院偽滿時拆除，闢為花園及球場。西側正房三間為幕賓辦公室，偽滿時作總務科。再西有正房三間為幕賓內宅，偽滿時為警務局倉庫。大堂後二堂五間，中一間為門道，餘曠間東西廂房各三間，東之北間為門丁室，南間為押簽室，偽滿時為會議廳。西之北間住管封門丁，南間為知帖家丁。偽滿時為雜物間。二堂東首一間住司賬家丁，西首一間為花廳。二堂後為內宅，正房五間，偽滿時為縣長官舍。東西廂房各三間，東廂房為內跟班宿室，偽滿時為參事官舍。西廂住乳僕丫鬟，偽滿時為副參議官舍。南三間為警務局倉庫，再南七間丁字形為警縣局辦公室。光緒十八年（1892 年）海龍通判陳國棟添修東西轅門各一處，偽滿時拆除。

▲ 龍王廟

▲ 關帝廟

另據縣志記載：「城中央有排樓二座，一列於東門里大街西口，一列於南門里大街北口。」兩座排樓於偽滿初期拆除。

當時的海龍城內「東門外有東西大街四里餘，商肆喧填，車馬絡繹。正街之南另一街與正街埒各細行在焉。惟大商最少。南門外有南北大街長里許，南端為東西街，東長百餘步，西長二里餘。東門外有南北順城街，街長與城垣埒，西長里許，上年春被焚，重新建築，異常華麗。西有海龍市場，東有萃英零賣所。東南兩順城街拐角處為最熱鬧市場，俗曰糧市。按海龍一城之商市，東關最盛，南關次之，天增當西街又次之，今奉吉路成，則西關之發達尚需相當時日也」。

另據記載，城內菜市、瓜市、肉市、糧市、柴草市、工夫市、牲畜市、賣藝場及商場等遍布城內外。一九三七年《海龍縣志》第二十一卷中記載：「古錢，清光緒二十九年建修書院文廟時開築地基，曾挖出古錢千餘串，每串百枚，徑寸餘，其端均有小錢十六枚，大如通行之制錢。文曰崇寧通寶字樣，出土時錢質極軟，須臾則堅硬如恆矣。」經查崇寧通寶為北宋徽宗趙佶崇寧年間（1102-1106 年）鑄造的銅錢。崇寧是宋徽宗使用的第二個年號，當時北方的大遼國為乾統二年至六年，也就是遼天祚帝耶律延禧在位時期。由此可見，海龍城在宋、遼時期居住人口較多，商貿量很大。由此可見海龍商貿業的繁華。

城內寺廟建築有孔廟、關帝廟、義勇祠、城隍廟、火神廟、龍王廟、青龍觀、靈神廟等，普濟庵、魁星樓、鬼王廟等，均為清末、民國時期所建，是東北地區廟宇建築最多的縣城。

城東奶子山上還有古城一座，方圓二里多。城北二里山嶺中有古塔遺址一處，為遼金建築。

▲ 海龍縣地圖

▲ 海龍縣公署

▲ 海龍市街

九龍口塔基遺址

　　九龍口塔基遺址位於梅河口市海龍鎮南緣山丘，民間稱之為九龍口處，相傳此處為古時李海龍墓。

　　據一九三四年《海龍縣志》記載，民國十六年（1927 年），縣宰李龍蒸曾奏請省府，起掘此墓。「挖掘三日，得大方古磚十餘車，其下擊之有空虛聲。適流言肆起，謂縣方得有金磚、金箭，街談巷議，言人人殊，李公悚於物議，因命止之。」依據記載看，當時挖掘得到的實為金代青磚，簡稱為金磚，而百姓不知所以，認為是真正的金磚。其後，在偽滿時也曾對此古遺址進行過發掘，但未見詳細記載。

　　一九八〇年，吉林省文物工作隊、通化地區文物辦公室人員及縣文物工作者共同對此進行了複查和發掘，清理出一座八角形磚砌壇基，並於封土中採集到許多磚、瓦、瓦當、白灰塊和各種紋布的雕磚等遺物，初步認定為建築之基礎殘跡，其年代約為遼末金初，距今八百餘年，否定了古墓傳說。

　　九龍口的建築址，是一個直徑六點五米，用九層平磚疊築而成的八角形基壇。基壇表面中部，有一個用石材圍砌的長方形石框，環繞石框，在砌築塔基的同時，留有一圈溝槽，槽內充填木炭，可能是一種防水設置。塔基石框十分規整，四壁均用十塊整琢較細的花崗岩石圍砌，底鋪二橫一豎共三排單層青磚，其上用花崗岩石條封蓋。石框內長一點五米，寬為一點零五米，深為七十釐米，呈西北向東南向的長方形，其長邊方向為一百四十度。發掘時內中已空無一物。石框之外的溝槽寬十釐米，深十六釐米，內中填存大段木炭，四面均與石框相距一磚（四十釐米）。石框四壁十塊石材，已有五塊錯動，其中一塊去向不明，兩塊完好，卻被移至石框一端。另一塊斷為兩截，分別擱擔於兩側壁上。塔基全部用深灰色大磚砌築，邊長二點七米。其結構嚴謹，磚與磚互相咬縫，層與層則相互錯角。磚縫均勻，規矩，並均以白灰勾勒。其斜邊皆以磨

▲ 專家組勘察九龍口塔基遺址

去一角的斜磚修砌，邊線整齊。其殘跡最高處有磚九層，其餘則三至六層不等，九層磚皆平鋪直砌，下面五層為一層橫磚、一層順磚的交叉砌法，兩層疊成十字形，第六層以上為抹角砌法，從上至下，一層橫鋪，二層右斜，三層直砌，四層左斜，其錯角為四十五度，兩層疊作人字形，其建築極為講究。

遺址中出土的文物主要是建築用件和裝飾花紋磚瓦。大體分為磚瓦類，包括大磚、小磚、板瓦、筒瓦、簷瓦、瓦當。雕磚類，各種花紋的裝飾雕磚，有忍冬紋磚、蓮花圖案磚、花瓣紋磚、垂雲紋磚、乳突紋磚、草葉劃紋磚。造像類，皆為陶胎，有佛像殘部、蓮花殘部、牡丹花葉殘塊等。

經過對遺物之考證，海龍九龍口遺址實為遼金時代的八角密簷式塔基遺址。從出土的明代青磚來看，元、明時期此塔還曾進行過修繕。

另據現存於市檔案館的民國十八年縣志編察館長王蔭堂給當時縣長的呈文中記載：「三十年前，該處有舊房基一處，雖已與地平而牆根皆係尺餘大青磚所為，有形跡可辨。觀其形制似一享殿遺址。」

海龍大小古榆

在國道二〇二線海龍鎮與灣龍鄉交界路段北側的千米之內路旁有兩株古榆樹，經有關部門證實，小的一棵樹齡在二百年以上，大的一棵樹齡則達三百五十年左右，堪稱梅河口市境內的榆樹之王。

大榆樹位於梅河口市海龍鎮大榆樹村境內，根部周長七米多，樹高十五米以上。自光緒年間海龍鮮圍場開禁後，當地居民便在這裡居住。這株古樹枝繁葉茂，是盛夏人們飯後乘涼的好地方。上世紀五〇年代，一個炸雷將樹的南側部分劈掉，後樹幹中間也漸漸腐爛成空，只剩北側枝杈維持生命，但仍鬱鬱蔥蔥。後來，人們用水泥將樹洞灌實，大榆樹又恢復了生機，但卻沒有小榆樹生長的快了，現在的大榆樹要比小榆樹小一些，因此人們也這樣說，大榆樹小，小榆樹大。

▲ 位於小榆樹村的古榆樹

小榆樹位於大榆樹一千多米處的灣龍鄉小榆樹村，樹高達二十多米，周長五米左右。清末，海龍一帶剛開禁時，人們在小樹旁建村立屯，便以樹為村命名。

大、小榆樹的村民都以這兩棵榆樹為榮，許多軍事地圖上還以它作為重要標誌。途經二〇二國道來往於瀋陽、長春、吉林等地的人們路過時，也常在樹下合影留念。

據記載，清王朝封禁二百年間，海龍一帶為鮮圍場，這裡河流密布，樹木繁盛，且榆樹眾多。另據《吉林通志》和楊同桂著《沈故》載，海龍一名與榆樹有著十分密切的關係。

海龍文廟

　　海龍文廟在縣城南門里路東，建於清光緒二十八年（1902 年），由旗署總
管依凌阿募資籌建。有櫺星門三間，照壁一座。左右二坊，櫺星門內建有狀元
橋，鑿泮水池並築大成門一間，左右角門二間，東西廡各三間，大成殿三間，
其後建崇聖祠三間，周圍群牆，塗以紅色，門外禮門儀路連圍牆，形式雄壯。
因年久風蝕，以致坍塌。康德三年（1936 年）募款五千元維修一新。

　　大成殿內正位供奉至聖先師孔子神位。東側供奉復聖顏子、述聖子思子。
先哲六人：閔子、冉子、端木子、仲子、卜子、有子。西側供奉宗聖曾子、亞
聖孟子。先哲六人：冉子、宰子、冉子、言子、顓孫子、朱子。

　　東廡供奉公孫僑、林放、原憲、南宮适、商瞿、漆雕開、司馬耕、梁鱣、
冉孺、伯虔、冉季、漆雕徒父、漆雕哆、公西赤、任不齊、公良孺、公肩定、
鄡單、罕父黑、榮旂、左人郢、鄭國、原亢、廉潔、叔仲會、公西輿如、邦
巽、陳亢、琴張、步叔乘、秦非、顏噲、顏何、縣亶、牧皮、樂正克、萬章、
周敦頤、程顥、邵雍等先賢四十人。供奉公羊高、伏勝、毛亨、孔安國、毛
萇、杜子春、鄭玄、諸葛亮、王通、韓愈、胡瑗、韓琦、楊時、謝良佐、尹
焞、胡安國、李侗、呂祖謙、袁燮、黃幹、輔廣、何基、文天祥、王柏、劉
因、陳澔、方孝孺、薛瑄、胡居仁、羅欽順、呂柟、劉宗周、孫奇逢、黃宗
羲、張履祥、陸隴其、張伯行、湯斌、顏元等先儒三十九人。

　　西廡供奉蘧瑗、澹台滅明、宓不齊、公冶長、公晰哀、高柴、樊須、商
澤、巫馬施、顏辛、曹恤、公孫龍、秦商、顏高、壤駟赤、石作蜀、公夏首、
後處、奚容蒧、顏祖、句井疆、秦祖、縣成、公祖句茲、燕伋、樂欬、狄
黑、孔忠、公西蒧、顏僕、施常、申棖、左丘明、秦冉、公明儀、公都子、公
孫丑、張載、程頤等先賢三十九人。供奉谷梁赤、高堂生、董仲舒、劉德、後
蒼、許慎、趙岐、范寧、陸贄、范仲淹、歐陽修、司馬光、游酢、呂大臨、羅

從彥、李綱、張栻、陸九淵、陳淳、真德秀、蔡沈、魏了翁、趙復、金履祥、陸秀夫、許衡、吳澄、許謙、曹端、陳獻章、蔡清、王守仁、呂坤、黃道周、王夫之、陸世儀、顧炎武、李塨等先儒三十八人。

崇聖祠正位供奉孔子高高祖肇聖王木金父、孔子高祖裕聖王祈父、孔子曾祖詒聖王防叔、孔子祖昌聖王伯夏、孔子父哲聖王叔梁。東側配祀先賢孔孟皮、顏無繇、孔鯉；西側配祀先賢曾點、孟孫激。東廡供奉先儒周輔成、程珦、蔡季通。西廡供奉先儒張迪、朱松。

各供奉的先人位前按祭祀規格設有豆案、香案。

樂品：西側為鎛鐘一、編鐘十六、特磬一、編磬十六皆懸掛。東側為應鼓一、祝一、麾一、敔一。東西分列琴六、瑟四、簫六、篪六、篴四、排簫二、壎二、笙六、搏拊二、旌四、節四、干戚羽籥各六十有四。

文廟於每年孔子誕日還舉行祀孔典禮。

▲ 文廟大成殿

▍海龍境內的船口

　　船口，也稱渡口、河口，主要是以擺渡江河兩岸的人員、貨物為主的運輸工具，在古代，它與陸路運輸一樣，對社會發展起著重要的作用。

　　海龍境內河流眾多，其中以大柳河、一統河為主，從西到東，貫穿全縣。主要河系有橫道河、白銀河、楊樹河、柳樹河、梅河、灣龍河、東沙河、西沙河、大亮子河、小亮子河、鴨綠河等，這些河流都流經縣境一併流入九河下哨的輝發江。

　　舊時，這些河流上都沒有橋梁，人員及貨物運輸全靠渡船往來，因此在人員往來密集的河岸就逐漸形成船口，當時的船口多在大柳河、一統河水系沿岸。船口名稱有的以船主姓氏為名，有的以船口所在地為名，據不完全統計，在民國時期比較有名的渡口就有近二十處。

　　據偽康德四年（1937年）版《海龍縣志》載：「海龍東境朝陽鎮東關門外，即三通河口，每屆夏令河水漲發，有吉林省松花江之帆船逆水而上，經輝發河而至三通河口販運糧食，如水大能行駛至縣城南門外之柳河岸，凡赴吉林省城辦事者即可乘此帆船順水而下矣。」

　　依據有關資料，現可考的船口主要有：

　　南門船口。位於山城鎮西南門舊時的花子房附近，渡河即為楊樹河子大道，是通往小楊、吉樂等地的必經之路，船家姓名不詳。

　　張船口。位於山城鎮東門外，由原花園公社譚家店過河可達中和鄉東下村，船主姓張，有木船一隻。

　　曹船口。位於原花園鄉東勝村曹家店，光緒開發初和民國時期，一戶姓曹的住在大柳河西岸，他家有一隻船，常常在河裡擺渡，由此渡河可去往中和鄉三八石村等地。

　　邵船口。位於黑山頭鎮自強村，過河可達三八石、四八石等地，船主姓

邵，有木船一隻。

張船口。位於李爐鄉邱鳳村，光緒中期，鄉民張永祥在這裡開荒種地，他居住在大柳河南岸，家中有一條船，每年從春到秋，擺渡過往行人渡河去往灣龍、蓮河等地，由此得名張船口。

任船口。位於曙光鎮六八石村，由此渡河可達黑山頭等地，船主姓任。

唐船口。位於灣龍鎮小榆樹村六隊南，過河便可去往海龍等地，船主姓唐。

李船口。位於原城南公社大榆樹村，光緒初年，鄉民李向林在此開荒種地。因屯位於大柳河岸邊，每當汛期，李向林便在此處擺船送過往行人，有木船兩隻，故得名李船口。

王船房。位於原城南公社先進村大柳河岸邊，光緒初年，村民王晨發在此用木船擺渡行人。形成自然屯後，人們習慣稱之為王船房。

劉船口。位於進化鎮通河村，清末和民國時期，劉國俊在一統河上游擺船，得名劉船口。後來，因屯中姓劉的多，改為劉家趟子。因在一統河邊上，「統」與「通」諧音，一九四七年土改時期改為通河村。此船口是進化與梅河口的主要通道。

修船口。位於杏嶺鎮強勝村一統河岸邊，由此渡河可達支前村（王家村）及雙合村等地，船主姓修，後由小城子村田姓人家擺渡。

黃船口。位於原義民鄉義民村附近，過河可達保林村四組等地，開始由一姓黃的擺渡，後改為無人擺渡的「櫓梗船」，即用一條繩索聯結兩岸，船繩用環套在繩索上，過河時自行拉動繩索使船移動到對岸。

尹船口。位於原義民鄉保林村一隊，過河可達殷家店等地，船主姓尹。

雙勝船口。位於新合鎮新民村至馬家村、雙勝村一統河岸邊，船家姓氏不詳。

另外，在大楊樹河流域還有一處季節性船口，位於花園鄉東花園至小楊鄉方家街村的楊樹河邊。平時水淺，行人趟水而過，汛期水深則乘擺渡船過河。

在船口擺渡的船分三種。一種是舵船，適用於河深水穩的船口。第二種是用長桿支船，適用於水淺流急的船口。第三種是撐船，到汛期，河水不平槽時，多用此種擺渡方法。一隻船一老一少倆人擺渡。老頭在船頭撐船，青年人持篙。水穩時可平渡對岸，到汛期，河心水流湍急，一般衝不過去，船在岸邊逆水上行，持篙在船頭插下一篙，還要用肩頂著篙尾，踏著船舷往後走，腳推著船往前走，直走到船口再拖著篙定向船頭。也有用縴繩拉著往上遊走的，走到一定角度猛然掉頭，斜著俯衝過激流。

船匠的收入。舊時船匠有用自家人的，也有外雇的。有進城賣農副產品的，去時不收錢，回來一起算。但在一般情況下，還是按著「不打錢不過河」的習俗，在擺渡過河之前把錢收齊。那時有三種人不收錢。一是送信的郵差（也包括給人送信的），二是奔喪的，三是同行的船匠。船家除收現錢外，主要是靠到秋齊「船糧」。一到打場時，船家就套上大車到各家各戶去齊糧，數量不定，各家根據自己家的人口多少、收成好壞等具體情況，有給幾斗的，也有給幾升的。船家和農戶也不計較多少。據說，船家大多不是靠擺渡去發財的，只是把它看成一種為人造福的善事。

據《海龍縣志》交通卷載：「縣境三區牛心頂子村居民王國山住臨沙河口，目睹來往行人船家索錢過多，怒然憂之，於清光緒元年自願出資置船僱夫擺渡車馬行人，分文不取，王國山現已年屆古稀，因施捨善船，所費不貲，已將房產售盡，並有侄無孫。善能毅力主持始終不輟，二十年如一日，洵為末俗中不可多得者也。」這件事也曾在當地傳為佳話。

隨著社會的發展，交通運輸的發達，往昔的船口擺渡，如今都已成為歷史了，只有在個別地方尚能見到擺渡的船隻。

▲ 一統河渡口

中和燒鍋遺址

　　始建於光緒十四年（1888 年）的中和燒鍋，是海龍最早的釀酒作坊。遺址位於海龍鎮東街，遺址面積東西長八十米，南北寬六十米，分為發酵池、灶台、古井、地下酒海、存儲庫等。

　　現存有三處重要遺跡和兩類文物：一為古井，位於現梅河酒業北廠區東北角。該井的井壁分上下兩部分，井底為碎石鋪成，上部為毛石圈砌而成，殘高三點三米；下部採用方木咬合併垛成六邊形，共十三層，高三點九米，井壁通高七點二米。井內曾清理出提水用的鐵鉤、鐵鏈鉤、清代磚瓦等。二是古發酵窖池，位於北廠區院內中心地帶。發酵窖池東西長七米，南北寬四米，深二點

▲ 古井之底

五三米，用七釐米厚的紅松板材鋪底並鑲四壁，再用同樣規格的紅松板每一點二米一個隔段，四角用三楞木方豎向固定，共隔成五個窖池。發掘時窖池內仍保存著大量酒糟，厚度達一點七至一點八米。該發酵窖池始建於清光緒年間，一直沿用到二十世紀六〇年代後期，因更新生產設備而廢棄。三是酒海窖藏，位於北廠區院內偏東側，西距發酵窖池五十米。窖藏採用地穴式埋藏方式，即由地表向下挖一長方形深坑，然後將木質酒海放置其內，酒海頂面一側有一方形封蓋，旁邊有一鍛造鐵扣可上鎖。其頂面距地表約三十釐米。二〇〇二年六月發現時，酒海內尚存原酒一千餘公斤。四是木質酒海群，現存二十二個木酒海，仍可使用。按規格可分為三類：最大的長二百二十九釐米，寬一百二十七釐米，高二百釐米，壁厚七釐米；中型長二百二十釐米，寬一百二十五釐米，高一百三十釐米，壁厚四點五釐米；小型長二百一十五釐米，寬八十八釐米，高一百一十八釐米，壁厚三點五釐米。五是二〇〇二年清理倉庫時發現一箱古舊賬簿，為建國初營業執照以及稅金憑證、調酒配方、流水賬、各類憑證等文獻資料。部分資料已被定為國家一級文物，較為完整地記錄了該酒業創建以來的生產經營情況，對研究東北釀酒技藝具有重要價值。另在酒廠北側廠房前東西各有一石碑，

該處遺址先後經歷了中和燒鍋、寶盛長東記燒鍋、大眾燒鍋四代傳人，一九五二年實行公私合營，成立海龍縣釀酒廠，變為國營企業。二〇〇〇年，梅河大高粱酒釀造技藝被列入吉林省非物質文化遺產保護名錄。二〇〇五年企業重組，更名為吉林省梅河酒業公司，現任公司董事長兼總經理陳明學為梅河大高粱酒釀造技藝的第十代傳承人。

東北商埠重鎮「小奉天」

山城鎮，也稱北山城子，位於梅河口市西南二十九公里，因方圓百里內有三座古城遺址，其南四十五公里是清原縣南山城子，中部有楊樹河子附近的照散城，而山城鎮位於三座古城的最北部，故名北山城子。

在山城鎮北城址山西坡現存有一座遼金時期古城遺址，證明遼金時期這裡就有人口聚集。

清初，努爾哈赤徵服輝發部後，所有城池均被毀滅，人煙無存。康熙十六年（1677 年）山城鎮被劃入圍場成為禁區，順治十八年（1661 年）清廷將長白山視為祖宗發祥地，以保護祖宗陵寢為由，明令封禁長白山區。說是封禁，其實許多時候是封而不禁，圍場內不但有守兵，也有一部分為清朝皇室提供乾鮮物品的人員。同時也有人私自進入，一些流民偷入禁區進行狩獵，挖參或採集山貨，甚至開荒種地，開礦淘金，往來頻繁。所以，在咸豐、同治年間，長白山區弛禁後，山城鎮就已形成一個商品、貨物的集散地。光緒四年（1878年）盛京將軍奏請開放圍場，人煙逐漸稠密，各行各業興旺發達起來。到光緒五年（1879 年 2 月）設海龍廳時，山城鎮是海龍圍場總管的右翼佐領衙門所在地，設有翼長衙門，恩慶、董強、雙寶、寶春等先後任翼長，是地方最高行政長官。鎮內還設有兩個武官廳，正紅旗官廳設在中街，有正房廂房各五間，鑲藍旗官廳設在中街路北。翼長兼任旗官佐領，也就是本地最高武官，轄領兩名武官，分別為保衛管正紅旗，驍騎校管鑲藍旗，駐紮城內的兩旗兵丁負責保衛和維持地方治安。清光緒六年（1880 年），隨著圍場全面解禁，人口增多，商貿更加興盛。

光緒十年（1884 年）一位法名叫澄蓮的道士來此，化緣修建了龍泉寺，此後逐年發展，僧侶眾多，香火鼎盛。

民國十七年（1928 年）奉海鐵路通車，山城鎮設火車站，往來人員和商

▲ 山城鎮老照片

品流通更加便捷。同年，於芒山出任東邊道鎮守使的衙署由安東（今丹東）移至山城鎮。

由於東邊道首府的遷移，山城鎮不僅成為政治、經濟、文化中心，同時也成為遼寧、吉林一帶農副土特產品集散地的商貿中心。

當時的山城鎮沿街全是青磚小瓦，老式起脊房屋，整齊劃一。城內車水馬龍，鬧市人潮鼎沸，十里長街，店鋪林立，旗旆招展，一家挨著一家。有雜貨店、糧米行、飯館、酒樓、旅店、妓院、藥材鋪、當鋪、估衣莊、綢緞莊、裁縫鋪、洋貨店、煙麻店和書鋪等，手工業廠坊穿插於各鋪店行間。說書、唱戲等文化娛樂場所也有許多家。放眼望去，那金碧輝煌，高拔古雅的商號「洋門臉」（即大商號修建形似牌樓，約二層樓高的「洋門臉」）。門市一面高牆，似樓非樓，

亦有假的門窗，彩繪各種圖案，形成假臉，帶西洋風味，俗稱「洋門臉」），爭雄鬥豔，各展宏圖。那迎風招展，各有千秋的店鋪門幌，比比皆是，一派生機。長城內外客商雲集，東北邊陲屈指可數，曾一度贏得小奉天之美譽。《奉天通志》也曾載：山城鎮為奉省東北商業中心，市面頗為繁盛。

由於這裡交通方便，公路四通八達，西通西豐、開原、鐵嶺，南通清原、

撫順、瀋陽、通化，北通東豐、遼源、四平，東通海龍、輝南、延吉，為形成商埠提供了有利條件，更可發揮商品流通的樞紐作用。當時，一些大商號從周圍鄰縣、長白山區大量收購糧食及土特產品運往外地，又從外地購進日用工業品及生活必需品，迎來各方商客，商貿十分活躍，是長白山區東南部商品集散地。在眾多的店鋪中，形成了遠近馳名的老字號，聲譽較高的有經營山海雜貨、油酒米面、糧豆煙麻、綾羅綢緞，光緒十三年（1887年）開業的源恆店；經營山海雜貨、糧食、布匹，光緒十六年（1890年）開業的慶源當；經營雜貨、糧麻、綢緞，民國七年（1918年）開業的振興厚；經營雜貨、糧食、布匹，光緒五年（1879年）開業的萬全豐；光緒五年（1879

▲ 山城鎮老照片

年）開業的雙成當；經營絲綢、布匹和日用百貨，民國十九年（1930年）開業的慶增福；民國十年（1921年）開業慶和成；經營日用百貨和食品、蔬菜，光緒八年（1882年）開業萬發慶等八大商號。

由於這八大商號擁有將近十七萬元的雄厚資金，占山城鎮商業全部資金的百分之四十以上，加之店鋪龐大，從業人員眾多，經營範圍廣，所以，當時他們控制了山城鎮的商業貿易命脈，操縱著整個市場。

除八大商號外，還有義順號糧棧、萬發莊糧行、興隆豐、興盛源等較大的商號和各種中小商鋪、貨棧、代理店等商家一千多戶，占當年海龍縣商業總數的一半。商品多由奉天（瀋陽）、營口進入，山裡貨物又從這裡分流各地。買賣興隆，通宵達旦，繁華一市。

當年進入長白山區除靠鴨綠江、渾江水路外，東南部主要靠山城鎮通往通化和臨江的這條陸路。一九二七年奉海鐵路通車後，這條公路運輸情況也沒有根本改變。從山城鎮出來，經過柳河到通化的公路上，每天大小車輛絡繹不絕。當時路面分為兩邊用，一邊走大車，一邊跑汽車，每天有山城鎮至通化的往返客運班車。直到一九三六年九月，梅通鐵路開通後，才有所改變，但山城鎮仍然是溝通周圍各縣商業和物資交流比較繁華的集鎮。

從清朝末期到民國中期，山城鎮、海龍鎮、朝陽鎮是東邊道中西部的三座重鎮，是長白山區西南部的商品、物產集散地。山城鎮在三鎮中的政治、經貿地位顯得更為突出、更為重要。

解放後，百貨、醫藥、食品等國營三級批發站應有盡有，商貿流通活躍。一批國有二輕企業如輕工機械、稻鐮、服裝、毛皮、造紙、製藥應運而生，二十世紀六七十年代也曾一度輝煌。「山城一號」大白菜遠近馳名，山五」牌稻鐮曾進入國際市場。

山城鎮也是中國著名報告文學作家喬邁的出生地。

▲ 20世紀80年代的山城鎮街市

海龍的古碑

據一九三七年版《海龍縣志》記載，海龍原有古碑十五塊，分別是光緒十三年所立通州楊公清頌之碑、城隍廟碑、于府君學富之碑、龍王廟碑、龍母聖祠碑、海聖宮碑、海龍文廟翻修記碑、關帝廟碑、歌功頌德碑、天堂宮碑、龍泉寺碑、海龍總管依公德政碑、海龍城總管衙門碑、常森先生紀念碑等。除龍泉寺碑在山城鎮外，其餘碑刻均在海龍城內。

二〇一三年六月，海龍城總管衙門碑上半部在舊城改造時被發現，碑文經與 一九三七年版《海龍縣志》中文字對照，完全一致，只是碑的下半部至今沒有找到。海龍總管依公德政碑建國後被毀，現埋於海龍西燒鍋屯附近，具體地點已經確認，待時發掘。其餘碑刻均不知所在。

二〇一三年，在梅河口市小楊鄉還發現一通家族墓地碑，上半部文字清晰，下半部漫漶嚴重。據市文物管理所做的拓片辨識，此碑是一戶人家為紀念先祖在此地為清朝皇室種植御用稻米而立的紀念碑。碑為青石材質製作，碑高一百二十釐米，寬六十釐米，碑頭上刻有二龍戲珠圖案。立碑人姓趙，立碑時間為一九二一年。

碑文中還出現了「同治元年」和「光緒三年」等年號，從中可以看出海龍作為清朝鮮圍場解禁前後的歷史狀況。此碑也印證了海龍很早就已成為清王朝皇室御米的主要生產地的歷史，對研究梅河大米的發展史和今後水稻的種植和發展都有極其重大的意義。

此外，日偽時期，康大營警察署還為偽警察署長赫壽天立有紀念碑，記載了一次戰鬥經過。此碑現埋於康大營村南道邊水泡附近，也是抗聯南滿游擊隊當年反日除奸、艱苦鬥爭的歷史見證。在山城鎮的東邊道鎮守使於芷山死後，曾立碑於大北門外公路旁，此碑後存於山城鎮文化館。

日俄戰爭戰跡地遺址

　　遺址位於山城鎮西玉井，小楊鄉宮家街，磨盤山一帶十幾個連綿不斷的山頭上，有數十條全長近千米的戰壕、工事，尤以宮家街、保民村附近較為密集。戰壕多修築在山頂，隨山勢而曲折，寬一米至一點五米許，有的山頭上甚至修築了兩道或三道。這些戰壕就是當年日俄戰爭的遺跡。

　　一九○○年，沙皇俄國先於其他帝國主義列強侵入我國東北，攫取了旅順港、中東路和森林、礦業開採的種種特權，並且妄圖把我東北的大好河山歸入俄國版圖。沙俄這個獨吞東北的陰謀引起了英、日等國的不滿，清光緒三十年（1904 年），日本在英美的支持下，突然向駐停在旅順口的俄軍艦隊發動進攻，日俄戰爭爆發。清光緒三十一年（1905 年）夏，沙俄在瀋陽一帶戰敗，節節敗退於清原、伊通一線，後在美、英調停下，於同年九月雙方簽訂了《樸茨茅斯條約》，結束了這場狗咬狗的戰爭。這次戰爭，日本從沙俄手中奪去了遼南的南滿鐵路；俄國則鞏固和確定了其在吉、黑兩省的統治地位，而中國生靈塗炭，國土淪亡，遭受莫大損失，無端災難。

　　據《海龍縣志》卷十七「日俄戰事記略」載：「清光緒二十八年（應為三十年之誤），日俄戰事起。劃我遼河以東為戰場，日鑒於俄經營旅大，別具野心，乃本唇亡齒寒，大義起而與抗，茲略梗概，俾海龍後起，稍知巔末。當戰事之初起也，始則金、復、海、蓋，繼則遼、沈、鐵、開。我海龍猶但聞其事，未見其人，蹂躪尚未受也。翌年春，俄人敗退海龍境，日軍追至英額門，海龍西部遂為戰場，戰地居民或受俄人之淫污或受敗軍之擄掠，種種慘況，筆難盡宣。而海龍東部雖未遭此浩劫，俄人充斥，亦難免不法之行為。察是役自二十九年（應為三十一年）三月起至十月，俄人退出我海龍，人民所損失之財物約值億萬元。而俄人掘戰壕、築炮壘所荒蕪之地不下數百畝。今則戰壕之舊跡猶存，炮壘遺址尚在，令人睹之不勝今昔之感。」

據當地居民回憶，當年俄軍退至西玉井至宮家街一線，構築工事，並在西玉井建築兵營，準備拒守（營房現已無存）。日軍則進至保民村至大安屯一線，開挖戰壕，兩軍隔著楊樹河相互對峙兩個月之久，戰事較為激烈，直到九月初，俄軍才退走。海龍水庫西側的保民村東山腳下，曾有一處「毛子墳」，埋葬著一名沙俄軍官。據當年見之者介紹，墓穴很深，屍體立葬其中，上有封土，並立有木質十字架，今已平為耕地。此外，整個當年戰場範圍內，經常有日、俄槍枝出土。六〇年代初曾有人在磨盤山水庫庫區裡發現了一批子彈，另一農民也在河裡撈出過兩支洋槍。這些遺物、遺跡，作為歷史的見證，有力地揭露了清朝政府腐敗賣國的面目，控訴著帝國主義列強蹂躪我大好河山，殘殺我無辜百姓的滔天罪行。

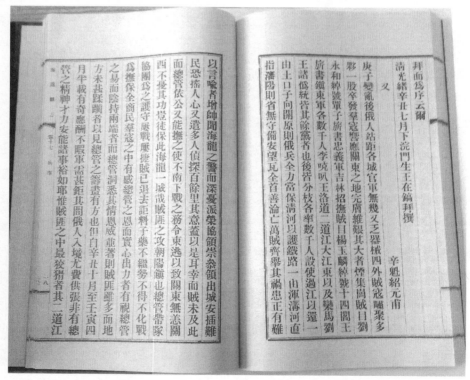

▲ 海龍縣志中有關記載

東邊道鎮守使及兵營遺址

遺址位於山城鎮城內大街中部道南，兵營位於北城牆外，火車站南。

據一九三七年版《海龍縣志》「東邊道鎮守使行署」欄記載：「民國十七年十二月五日，因東邊鎮守使原駐之安東縣於東北各縣有鞭長莫及之虞，遂設行署於本縣之山城鎮，暫住街中舊有兵營內。十八年九月請准，就所駐之舊兵營及舊翼長衙門後半院，建修東邊道鎮守使行署。」「該行署曾於該鎮車站南部建築兵營一所，共營房二百餘間。所需建築工料各費由縣城、朝陽、山城三鎮商會分擔。」

東邊道是個歷史地理概念，是東北東南部的一個地域。東邊，是清朝修築興京、盛京柳條邊後產生的特定地域名稱，泛指柳條邊東部邊疆地區。清朝末期，清政府對東邊外採取弛禁政策，於光緒三年（1876年）增設通化、寬甸、懷仁三縣後，九月便設置了東邊道，初名為「分巡關邊兵備道」，後改為「分巡奉天省東邊兵備道」。當時東邊道統轄的區域為：安東、鳳城、寬甸、懷仁（今桓仁縣）、興京、撫順、本溪、金縣、復縣、莊河、通化、輯安、臨江、長白、撫松、柳河、海龍、輝南、安圖等二十三個縣。東邊道初設時道府設在鳳凰縣城（今鳳城市），光緒三十二年（1906年）十一月遷到安東縣金湯街四十號。

民國三年（1914年），北洋政府公布法令，將東北劃為三個省，下設十個道，東邊道則是十道之一。其範圍大致與清時相同，轄二十個縣。民國十七年（1928年）東北軍第三十軍軍長於芷山出任東邊道鎮守使，鎮守使衙署由安東移至山城鎮，修建了衙署和北大營。鎮守使署設有參謀處、副官處、軍法處、軍需處、軍醫處共五個。其所屬部隊奉天陸軍步兵第一團駐鳳城縣、奉天陸軍步兵第二團駐通化縣、奉天陸軍步兵第三團駐朝陽鎮、奉天陸軍騎兵第一團駐東豐縣、東邊道鎮守使衛隊營駐山城鎮。當時所掌管的東邊道的地域範圍乃是

寬甸、東豐、西豐、磐石、輝南、柳河、海龍、蒙江、臨江、撫松、長白、通化、輯安、桓仁、安東、鳳城、蓋平、岫岩、本溪、清原、撫順、復縣、興京等縣。

東邊道地處東北地區東南部的長白山區。不僅沈吉鐵路從境內通過，交通方便，而且撫順、西安兩大煤礦和臨江、撫順、長白、蒙江及鴨綠江沿岸的無數森林、礦產亦在其中，物資資源極為豐富。這裡地勢險要，山高林密，退可據守於長白高山的密林之中，進可威脅一些重要的軍事設施、交通動脈和政治經濟中心。有利的地理位置決定了東邊道地區是各代兵家爭奪的戰場及重要的活動基地。

山城鎮位於海龍西部，東達吉林，西通瀋陽，是來往東北和關內的咽喉。外國侵略者也一直把維持東邊道的治安，開發東邊道的富足資源作為一項重要的戰略方針。同時，東邊道也隨之成為我黨南滿一帶進行活動，抗擊日寇的根據地。出現了許許多多像楊靖宇那樣的英雄及可歌可泣的事蹟。

東邊道的廣大人民，近百年來在抵禦外國侵略者的過程中，有著光榮的鬥爭傳統。這裡曾是反清抗俄的忠義軍、義和團活動的主要地帶，是反滿抗日的義勇軍、大刀會的發源地，是中國共產黨領導下的抗日聯軍反抗日本侵略者的重要戰場和根據地。特別是「九一八」事變以後，日本帝國主義的鐵蹄踐踏了東北各地，東邊道一帶的人民在中國共產黨的組織和號召下，掀起了浩大的抗日救國鬥爭，在數十萬大軍中，有自發組織抗日的唐聚五的遼寧民眾自衛軍，也有黨領導的抗日聯軍，聲勢之浩大，前所未有。

▲ 省防一旅於芷山部

張學良興辦海龍新民小學

民國十四年（1925年）夏，張學良帶兵住在新民縣農村，於鳳至陪他在村外散步。張學良指著一群拾柴火的孩子說：「這些天，我總在想，咱們這麼大的國家怎麼總受外國人欺負呢？不就是因為咱們的老百姓沒文化，國家太落後了嗎？」此後，他對教育的重要性有了更深的理解。民國十五年（1926年）十一月，他講到「教育繫乎國本」，並且提出「而尤以中小學為青年人德之基」。

民國十六年（1927年）以後，張學良先後在祖籍大窪縣駕掌寺和黑山、台安、新民、綏中、鐵嶺、海龍，以及於鳳至的原籍吉林懷德等縣創辦了一批小學。與此同時，張學良又先後創辦了瀋陽同澤男子中學、同澤女子中學和海城同澤中學。為了起到提醒、鞭策和示範作用，張學良創辦的小學都稱之為「新民小學」，中學都稱之為「同澤中學」。他原計劃在東北的遼、吉、黑、熱四省一百幾十個縣，每縣辦一所小學，以帶動全民教育。為了辦中小學教育，張學良還一次性捐私銀五百萬銀圓，成立了中小學教育基金會。但由於日本占領東北，只創辦了三十六所小學。

海龍的新民小學創辦於民國二十年（1931年）春，原址位於海龍縣城南門外路東張麟閣的房舍（原海龍鎮木工廠）。校長唐繼堂，教員有吳玉新和金貴令。學校共招收八十名學生，分為甲乙兩個班，教材使用的是公立小學的課本。學校的教育經費從奉天省教育廳直接撥付。學校辦起後，遼寧省教育廳督學曹德宣曾兩次來海龍新民小學視察，回奉天后向張學良將軍匯報時，還誇獎海龍新民小學辦得好。

「九一八」事變後，日寇飛機轟炸了海龍縣城西關的張家油房，縣城的大部分商號都關閉了，當時的公立小學被迫停課，奉海鐵路交通也中斷了，新民小學也只好暫時停辦。這樣，由於時局的變化，這所小學以後再也沒有恢復。

這所學校辦的時間雖短，但張學良將軍熱衷於教育事業的宏圖卻在海龍人民的記憶中留下了難忘的印象。

辛亥革命黨活動地

在梅河口市山城鎮南四公里處的山坳中，有一個三四十戶人家的小村，村因河而名，叫楊樹河子。

宣統三年（1911年），辛亥革命黨人王樾仁在此創辦鄉軍，準備進行武裝起義，後因事洩，被清廷殘餘勢力鎮壓，慘遭殺害。王樾仁，原名王樹棠，字樾仁，光緒十一年（1885年）農曆五月初八生於吉林下二檯子一個書香世家，幼年熟讀《四書》《五經》，十幾歲便隨父在平安川（今屬輝南縣）興辦私塾，光緒二十六年（1900年）十月遷居山城鎮。後在北京的「東三省中學堂」求學，再後就讀於北京大學。

宣統三年，王樾仁同張榕一起返回東北。在奉天積極聯絡同盟會會員柳大年、張根仁等，組織了「聯合急進會」，決定在奉天、興京、海龍府所屬一些地方，以防禦匪患、捍衛國家為名，訓練鄉軍，準備起義。十一月，王樾仁被派回海龍，他以創辦「東三省保衛公所」為名，建立革命「關東獨立自衛軍」，積極購置槍械。很快發展鄉軍數百人，遂在楊樹河子村晝夜兼程加以訓練，只待時機成熟，便在滿清「龍興之地」舉行武裝起義，以聲援南方，牽制北軍。一九一二年（壬子年）正月初八晚，在同一時間內，急進會會長張榕被張作霖的特務殺害於奉天，鄒大倫、楊再興在安東殉難。王樾仁領導的「關東獨立自衛軍」也遭到駐紮在山城鎮的巡防副左路第五營清兵的突然圍擊。兩軍接仗，清軍敗退，鄉軍轉移。嗣聞清帝遜位，宣布共和，鄉軍解散。王樾仁、田豐年、關慶祥、關慶麟等鄉軍將領，馳赴大連繳令。行至開原東大弧家子時，不幸被捕。於民國元年（1912年）正月二十日未時許，四人被殺於山城鎮西門外。

二道崗戰績紀念地

　　二道崗是海龍東北部康大營境內的一個較大村落，地處哈達嶺南麓的丘陵地帶，東鄰磐石，西接東豐，為三縣交界之地，自海龍通往伊通的公路縱貫村中。

　　日本占據海龍後，相繼在海龍東北各區村派駐警察署，建立「自衛團」，二道崗村便成了兩軍對峙的前哨。二道崗村的自衛團有步兵、馬隊共四十餘人，經常「掃蕩」侵擾危害當地百姓，影響阻礙了游擊隊的工作和活動。抗日武裝經過前敵偵察，決定進行突襲。民國二十二年（1933年）農曆癸酉年四月十八，游擊隊四十餘名騎兵衝進了二道崗，直撲村北自衛團駐地。後由於敵外部增援，紅軍游擊隊撤回到五塊石根據地。民國二十三年（1934年）夏的一個深夜，游擊隊百餘人第二次衝進了二道崗進行突襲，斃傷敵人十餘名，繳獲了大批武器彈藥和糧食備品，並開倉分糧，召開村民大會，控訴日偽漢奸罪惡，宣傳抗日救國道理。

　　紅軍游擊隊二進二道崗，震撼了敵偽的統治，大長了人民武裝抗日的士氣，不少覺悟了的青年紛紛加入游擊隊。現原自衛團和村公所的兩棟土房已改建作民房，在吉林省革命博物館館藏中，一九三三年楊靖宇將軍和南滿游擊隊隊長劉明山在穆家粉房一同吃飯使用的飯桌，就是五塊石游擊隊的。

康大營戰績紀念地

康大營位於梅河口市北部，是偽滿洲國海龍縣第四區所在地，今為康大營鎮政府所在地，是海龍至伊通公路之要沖，人稱海龍北大門。

民國二十年（1931 年）以後，這一帶就有抗日遊擊隊的活動，因此，偽警察署由一座營遷此，占據了街中心的一座鄭家地主大院。大院圍牆高築，四角建有炮樓，院內還有三丈多高的瞭望台，晝夜設崗，戒備森嚴，他們以此為據點控制著抗日活動，給游擊隊帶來很大的不利影響，成為抗日遊擊隊活動一大障礙。

民國二十一年（1932 年）五月，活動在五塊石一帶的南滿游擊隊決定敲掉這顆釘子，擴大游擊區的影響。鑒於警察署的防禦情況，南滿游擊隊隊長劉明山便找了一個與警察有關係的游擊隊交通員，利用關係進到警察署。這個交通員的父親和警察署長赫文昌是把兄弟，於是這個交通員便來到警察署的西院一戶人家住下來。沒用多長時間，他便瞭解到警察署下設一個分所和區中隊，共有警察三十多人，配有一挺機關槍，住在大院五間房裡。官長住在西間，警察住在東間，槍枝全部放在東牆根的架子上。農曆五月二十六日早晨，交通員將警察署住處圖及人員、槍枝等情況轉給了游擊隊。下午，游擊隊又把行動和暗號轉告了交通員。

當天晚上，交通員按規定的暗號，表示情況正常後，為了不引起懷疑，便回到住處裝睡。深夜一點多鐘，天下起了大雨，游擊隊長劉明山帶領二十多人，扛著梯子趕到警察署院外，架梯越牆，迅速切斷電話線，摸到警長赫文昌的屋子，擊斃赫文昌與住在對面炕上的王所長。住在東屋的警察也被游擊隊員們包圍，全部束手就擒。

這次戰鬥只用了十幾分鐘，便乾淨利落地結束了。游擊隊共繳獲長槍三十多支，還有彈藥、電話機、洋刀、軍衣和各種物品等。

這次行動是抗日遊擊隊一次組織得當、計劃周密的戰鬥，極大地鼓舞了抗日軍民的士氣，沉重地打擊了敵人，也迫使偽警察署從康大營又遷回一座營。

梅河口鐵路歷史及遺跡

　　民國十六年（1927 年），奉海、吉海鐵路修築前，梅河口只是一個一十多戶人家的小村。原海龍府所在地海龍以及山城鎮、朝陽鎮、保安鎮等都已發展成為政治、文化、商貿的重鎮。當瀋陽至吉林鐵路、梅河口至四平鐵路、梅河口至輯安（今集安）鐵路全部通車後，梅河口成為四條鐵路的交會點和重要交通樞紐，這時的梅河口才得到了快速發展，商業逐漸興盛，由鄉變街，戶口驟增。偽滿洲國新京民政部對此地也頗感興趣，深為重視。於偽康德二年（1935年）派員來此測量、勘查，擬辟該處為東邊大都市。依都市計劃，其面積以東西十五滿里，南北各以八滿里為限，派款二十四萬元作為建築之用款，並做出五年建築計劃，有其大興土木之勢而未果。康德三年（1936 年）梅河口鄉居民已達一千七百多戶，人口近萬人。康德四年（1937 年）將梅河口改為梅河口街，設街公所、警察署、特務機關、憲兵隊、鐵路警護團等，梅河口街日漸繁榮。康德五年（1938 年），梅河口街有雜貨、煙麻、糧米、鮮貨等店鋪七十二家，飲食服務行業十五家。解放後，梅河口設有五個省級二級批發站和四個地區所屬公司、省金屬中轉站等。後隨著海龍縣政治中心遷移到梅河口和梅河口鐵路分局及各鐵路站段的設立，才使得這座城市始終行進在經濟發展的前列。因此說，梅河口的歷史與鐵路的發展是分不開的，更為確切地說，沒有鐵路的修建就沒有梅河口的發展。

　　從民國十四年（1925 年）開工修建奉海鐵路至今，梅河口鐵路留下了眾多的歷史遺跡，從中共中央東北局梅河口會議會址的紅樓到被國民黨飛機炸燬重建的梅河口火車站，從鐵路職工的住宅區到存留在各處的街名舊事，都永遠銘記著那段歷史。

　　光緒二十九年（1904 年），日本和沙皇俄國為了爭奪在中國東北的勢力範圍，在中國國土上發動了戰爭。日俄戰爭的結果，使日本在中國東北南部地區

取代俄國，並攫取了東滿鐵路支線長春至大連的鐵路及附屬地，改稱南滿鐵路。光緒三十一年（1906 年），日本設立「南滿洲鐵道株式會社」（簡稱滿鐵），代替日本政府「管理」在東北的「權益」。滿鐵通過南滿鐵路及其附屬地掠奪東北資源，對東北進行政治、經濟、軍事、文化等方面的侵略。

張作霖主政東北後，為了擺脫日本的控制，便開始籌劃在南滿鐵路東側鋪設奉天至海龍的鐵路，以便使鐵路運輸擺脫滿鐵的控制，爭取更多的資源流動和軍事運輸的自主權。

從民國十一年（1922 年）開始，張作霖就聽從總參議楊宇霆和代省長王永江等人的意見，制訂了修建縱貫東三省的鐵路東、西幹線計劃。即在南滿鐵路之外，修建中國人做主的鐵路，與日本人抗衡。計劃的西幹線是由大虎山起，經通遼、洮南、白城子到齊齊哈爾，連接奉黑兩省；東幹線是由奉天起經海龍、吉林到呼蘭，連接奉吉黑三省。

民國十一年（1922 年）下半年，楊宇霆建議首先鋪設東幹線南段的奉海路。王永江積極支持和籌備這條鐵路的修築。可是，奉海路幹支線全被日本不平等條約限制，張作霖就責成王永江與日本交涉，收回修築權。民國十二年（1923 年）一月，王永江開始與滿鐵談判。經過兩年的交涉，終於取得了奉海鐵路修築權。

民國十三年（1924 年）十月，王永江在省城八王寺設立奉海鐵路建設籌備處，進行了實地測量。一九二五年五月十四日成立奉海鐵路公司，以奉天省政務廳廳長王鏡寰為公司經理，原四（平）洮（南）鐵路總務處長、技師陳樹棠為技術長，開始籌劃奉海鐵路建設。

奉海鐵路幹線於民國十四年（1925 年）七月二十八日開工建設，民國十五年（1926 年）末修到撫順，民國十六年（1927 年）四月修到山城鎮，九月六日修到海龍，奉海鐵路全線告竣，全長二百三十六點七公里。民國十七年（1928 年）八月五日延長至朝陽鎮與吉海鐵路接軌，九月十五日開始營業。全線長二百六十一公里，設十九個車站。

吉海鐵路幹線於民國十六年（1927年）6月25日開工，民國十八年（1929年）5月15日全線完工，9月六日臨時營業，全線長一百八十三點九公里，設十八個車站。

偽康德元年（1934年）4月1日，沈海、吉海鐵路合併稱為奉吉線。

奉海鐵路修建過程中，日本人強占了撫順煤礦，為了不受日本人對煤炭資源的控制，奉海鐵路公司決定同時修建沙西支線，即由沙河（蓮河）至西安（遼源）的鐵路，以充分利用西安煤礦的資源。沙西支線於民國十六年（1927年）7月2日開工，12月28日完工，全長六十六點七公里，設車站五個。第二年延長至礦山。

四（平）西（安）鐵路於偽大同元年（1932年）10月進行測量，偽康德二年（1935年）3月12日開工建設，12月25日開辦臨時營業。偽康德三年（1936年）9月1日正式營業。全長八十二點五公里，設八個車站。偽康德四年（1937年）3月9日，沙西、四西線合併，改稱平梅線，合併後全長為一百四十九點二公里（至梅河口為一百五十六點一公里）。

奉海、吉海乾線及其支線平梅線，是用中國人的資金、中國人的技術、由中國人管理的鐵路，展示了中國人的志氣和能力。

梅（河口）輯（安）鐵路是日本人於偽康德三年（1936年）2月24日開工建設，偽康德六年（1939年）2月1日開始臨時營業，10月一日正式營業。全線長二百五十一點七公里，設二十一個車站。該鐵路是溝通我國東北地區通往朝鮮的一大幹線，是日本掠奪東北資源的大通道。

團（林）杉（松崗）鐵路，偽康德十年（1943年）9月開工建設，偽康德十二年（1945年）6月建成通車，全長四十點七公里，設車站五個。

民國二十年（1931年）九一八事變後，奉吉鐵路及其支線完全落入日本侵略者之手。10月15日，沈海鐵路局成立。1934年初，成立新京鐵路局，偽康德二年（1935年）9月15日，新京鐵路局遷址吉林，改稱吉林鐵路局。偽康德四年（1937年）12月，在梅河口設鐵道監理所，並設梅河口機關區，工

務區，檢車區，電氣區，列車分區等基層鐵路站段。

1945 年 9 月 8 日，日本投降後，成立吉林鐵道維持會，梅河口設鐵道管理部。

1946 年 1 月 21 日，東北民主聯軍東滿軍區司令部於梅河口成立東滿鐵路管理局。

1946 年 3 月 1 日，東滿鐵路局在梅河口成立梅河口鐵路分局。並在梅河口設工務段、檢車段、機務段、列車段、電務段、梅河口車站（一等站）。

1946 年 3 月，中共中央東北局在梅河口鐵路一座日偽樓內召開了會議，彭真、林彪、伍修權、林楓、呂正操、李富春、張聞天、高崗、羅榮桓、陳正人、周桓等參加了會議，會議由彭真主持。

1946 年 5 月 23 日，國民黨占領梅河口，東滿鐵路管理局遷往吉林，梅河口鐵路分局隨之撤銷。

1946 年 6 月，國民黨政權成立梅河口鐵路特派員辦事處。

1947 年 5 月 28 日，東北民主聯軍收復梅河口，6 月 4 日，東北鐵路總局在梅河口設立鐵路辦事處。

1948 年 9 月 1 日，吉林鐵路局成立。1949 年 2 月 4 日，吉林鐵路局發布通令，決定成立梅河口鐵路分局。

1953 年 2 月，吉林鐵路局將梅河口鐵路管理分局改為梅河口鐵路運輸分局。

1956 年 2 月，吉林鐵路局又將梅河口鐵路運輸分局改為梅河口鐵路管理分局。

1958 年 1 月 1 日，梅河口鐵路管理分局撤銷。成立梅河口鐵路辦事處，組織各站段的聯勞協作和協調與海龍縣及周邊政府之間的關係。

建國後，梅河口鐵路設置的站段和鐵路單位主要有：梅河口鐵路分局、梅河口鐵路辦事處、機務段、車務段、工務段、電務段、車輛段、列車段、車站、水電段、建築段、建築工程段、建築工程二段、材料廠、林場、裝卸作業

▲ 梅河口車站

所、集裝箱修配廠、行車公寓、土地收費站、公安段、鐵路乘警隊、押運隊、醫院、衛生防疾站、分局黨校、高級中學、初級中學、第一小學、第二小學、第三小學、幼兒園、俱樂部、地區老幹部活動室、地區離退休活動室、鐵路招待所、職工獨身宿舍、鐵路採購供應站、鐵路供應商店、山城鎮石油液化氣供應站等幾十個單位。

梅河口鐵路分局及主要站段歷史遺跡：

梅河口鐵路分局　原址位於梅河口鐵路車務段。八個科，二百四十五個股，二十四個站段及三、四、五等車站七十一個。管轄干支線共計七百三十三點六公里。1958 年梅河口鐵路分局撤銷後，為梅河口鐵路辦事處駐地。

梅河口站　位於梅河口市梅河大街中部，始建於民國十四年（1925 年），當時建有三十平方米簡易站舍。1929 年建歐式屋頂二層樓房，候車室一百七十點五平方米。1938 年新建了梅河口車站跨線天橋一座。

1946 年 4 月 18 日至 5 月 18 日，四平保衛戰期間，梅河口為東北民主聯軍主要供給基地之一，接收轉運作戰物資，補給參戰部隊。梅河口地區鐵路與後勤兵站合署辦公，通過五條鐵路兵站，實施運輸保障。從各地運輸到前線的彈藥有二十多列，僅子彈即達八千五百萬發，其間，國民黨軍多次派飛機轟炸襲擊梅河口，1946 年四月 27 日車站及建築被國民黨飛機炸燬。1949 年重建修復為四百一十二平方米。1975 年擴建後有候車室、母嬰候車室、軟席候車室、貴賓候車室、售票處、行包房等。

2004 年，梅河口站有雙向橫列式二級四場，站場全長五萬六千二百九十二米。曾是全國鐵路四十八個一級編組站之一。

梅河口車務段　位於梅河口市和平街，1948年9月成立。管轄沈吉線長山堡到團林十三個車站、四梅線東豐至哈福十一個車站和團杉線三個車站，營運里程二百八十二公里，跨及遼寧省清原、西豐，吉林省遼源、梅河口、輝南、東豐、東遼、梨樹等縣市。

　　梅河口列車段　位於梅河口市解放街。始建於1937年。為中等客貨運段，乘務區段總延長一千六百公里。擔當列車乘務途經遼寧的丹東、本溪、瀋陽、撫順，吉林省的吉林、遼源、四平、通化。柳河、輝南、海龍、東豐、梨樹、東遼、磐石、永吉、撫松、清原、新賓各縣。2002年撤銷，改為乘務中心。

　　梅河口機務段　位於梅河口市福泰路，1936年成立。曾運用的機車有日產的蒸汽機車及解放、勝利、人民、建設、前進型蒸汽機車，內燃機車有東方紅、東風4A、4B、4C、4D、東風5、東風7、東風8、東風11型、和諧HNX3、HXN5內燃機車。

　　2003年8月20日，通化機務段撤銷，連同1999年被撤並的泉陽機務段一起併入梅河口機務段。合併後的機務段占地面積十七萬四千七百四十三平方米，擔任梅河口至瀋陽、沈西、沈南、沈北、通化、四平、杉松崗，通化至集安、鴨園至臨江、渾江至白河七條線路客貨車運輸。同時擔當梅河口、通化、遼源、渾江、松樹鎮等多個車站調車任務和集安至朝鮮滿浦間國際聯運機車交路，區段總延長一千一百四十六點六公里。2006年3月18日撤銷，2011年11月28日恢復。

　　梅河口車輛段　位於梅河口市和平街，1937年成立。擁有一座總面積為三千九百三十四平方米，十二個台位的修車庫。

　　2004年8月24日，通化車輛段合併到梅河口車輛段。合併後占地面積五萬八千九百八十平方米，房屋建築面積一萬五千八百六十九平方米。擔負客貨車運用、定期檢修和通過修。安全保證區段總服務里程一千六百九十九公里。2005年3月18日撤銷，分別併入吉林、長春車輛段。

梅河口水電段　位於梅河口站前，1949 年 7 月成立給水廠，1950 年 1 月設梅河口配電廠。1960 年 1 月成立梅河口電水段。1962 年 4 月，通化電水段合併到梅河口電水段。1979 年 4 月 8 日改稱水電段。

占地面積六千二百五十五平方米。轄區範圍沈吉線清原到團林間，四梅線梅河口到平東間，梅通線、通集線、通白線。負責七十四個供電站，二十三個給水站的供水供電及水電設備維修養護。2006 年 3 月 18 日撤銷，併入吉林水電段。

梅河口工務段　位於梅河口市和平街，1936 年 9 月成立工務區，1948 年六月改稱梅河口工務段。

管轄範圍跨吉遼兩省四市十縣，段管內正線、站線、岔線、段管線和特殊用途線累計總延長六百三十六公里。2006 年 3 月 18 日撤銷，併入通化工務段。

梅河口電務段　位於梅河口市和平街，1937 年 10 月滿鐵在梅河口設電氣區，1945 年改稱梅河口電務段。

擔負沈吉線、四梅線、團杉線、梅集線、鴨大線、渾白線七十四個站（含兩個輔助所）的信號設備養護維修。轄區跨兩省的通化、渾江、江源、梅河口、遼源、西豐、梨樹、東遼、東豐、清原、輝南、集安、通化縣、撫松、靖宇等十五市縣。2006 年 3 月 18 日撤銷，併入吉林電務段。

梅河口建築段　位於梅河口市和平街，1952 年成立。

主要承擔梅河口至哈福，梅河口至杉松崗，梅河口至長山堡，梅河口至五道溝房屋、站場、公共建築設備的管理維修和冬季採暖焚火工作。2006 年 3 月 18 日撤銷，併入通化建築段。

梅河口建築工程段　位於梅河口市和平街，1951 年成立，1981 年 6 月 1 日昇格為梅河口建築工程段。

主要擔負管內住宅和辦公房屋基建任務。同時承攬路外工程和民建工程。1999 年 9 月 14 日撤銷，劃歸通化建築總公司。

梅河口林場　位於梅河口市和平街，1937 年 11 月成立苗圃，1943 年 4 月改為造林所。1954 年 1 月成立中心林場，1985 年通化林場撤銷，合併到梅河口林場。

主要負責管內鐵路沿線綠化造林、鞏固路基，提高線路質量，保證行車安全。占地面積八萬七千二百五十平方米。

梅河口材料廠　位於梅河口市梅河大街，1951 年 3 月始建，占地面積四點一萬平方米，廠內建築面積三點六萬平方米。負責供應梅河口、遼源、朝陽鎮沿線地區共十三個生產單位的運輸生產、大修所需物資。2006 年 3 月 18 日撤銷，併入長春材料廠。

梅河口職工生活供應段　原址位於梅河口市和平街，1948 年成立梅河口鐵路供應商店，1952 年撤銷。1954 年 1 月成立梅河口職工生活供應段。1957年 12 月撤銷。1965 年六月，通化、梅河口生活供應段合併，成立梅河口職工生活供應段，1974 年 4 月遷往通化。

梅河口鐵路醫院　位於梅河口市和平街，1937 年成立診療所。1942 年為梅河口鐵路分院，1950 年改為梅河口鐵路醫院。

醫療管區沈吉線的長山堡至團林，團杉線、四梅線的哈福至梅河口，梅集線的梅河口至五道溝。共擔負著三十五個站區五萬多鐵路職工家屬的醫療保健工作。2004 年 7 月 28 日，移交梅河口市管理。

梅河口鐵路衛生防疾站　位於梅河口市和平街，1949 年 7 月 1 日創建梅河口鐵路衛生檢疫所。1953 年 3 月撤銷，成立梅河口鐵路衛生防疾分站，同年 10 月升格為梅河口鐵路衛生防疾站。擔負三十五個站區三百八十公里，五萬多職工、家屬的防病、防傷工作。1999 年 12 月 1 日撤銷，併入通化鐵路衛生防疫站。

梅河口公寓　位於梅河口市和平街，日偽時期設立梅河口乘務員宿泊所，解放後更名為乘務員公寓。1969 年擴建，2004 年移地重建。

梅河口職工宿舍　位於梅河口市和平街，偽滿時，南滿鐵道株式會社設

立，1945 年改稱獨身宿舍。主要是為解決職工家庭不在工作單位本地的人員和駐勤人員所設立。

梅河口鐵路招待所　位於梅河口市和平街，1954 年設立。主要是接待鐵路職工因公出差、開會、因公傷轉院治療及護理人員、調入等待分配人員等。2000 年，劃歸通化鐵路分局經濟開發總公司管理。

梅河口鐵路職工食堂　位於梅河口市和平街，1950 年建立，六〇年代擴建。2000 年，劃歸通化鐵路分局經濟開發總公司管理。

梅河口鐵路浴池　位於梅河口市和平街，1951 年設立，1991 年重建。2000 年，劃歸通化鐵路分局經濟開發總公司管理。

梅河口鐵路幼稚園　位於梅河口市和平街，1979 年成立，建築面積兩千七百平方米，室外面積兩千四百五十平方米。2004 年 7 月 28 日，移交梅河口市地方管理，更名為梅河口市第二幼兒園。

梅河口鐵路第一小學　位於梅河口市和平街，1950 年 3 月建立，有教學樓一座，科技樓一座，平房教室兩棟。2004 年 7 月 28 日，移交梅河口市地方管理，更名為梅河口市第三實驗小學。

梅河口鐵路第二小學　位於梅河口市和平街，1958 年建立，有教學樓兩座，校辦工廠一處。2004 年 7 月 28 日，移交梅河口市地方管理，更名為梅河口市第四實驗小學。

梅河口鐵路第三小學　位於梅河口市和平街，1961 年 10 月建立，有教學樓一座。2004 年 7 月 28 日，移交梅河口市地方管理，更名為梅河口市第五實驗小學，於 2008 年併入第四實驗小學，統一管理。

梅河口鐵路第一中學　位於梅河口市和平街，1965 年創辦，1971 年改為大栗子鐵路中學分校。1972 年改為梅河口鐵路職工子弟學校。有教學樓一座，科技樓一座，學生宿舍樓一座，辦公樓一座。2004 年 7 月 28 日，移交梅河口市地方管理，更名為梅河口市實驗高中。

梅河口鐵路第二中學　位於梅河口市和平街，1972 年 10 月成立，有教學

樓一座。2004 年 7 月 28 日，移交梅河口市地方管理，更名為梅河口市第二實驗中學。

梅河口鐵路工人俱樂部及圖書館　位於梅河口市和平街，偽滿時建厚生會館，1949 年改建為工人俱樂部。1981 年 3 月 9 日失火焚燬。1983 年改建成遊藝館，後改為梅河口老幹部活動中心和離退休職工活動中心。1981 年 11 月，移址新建，1984 年 10 月 31 日竣工，改稱梅河口地區俱樂部。建築面積三千五百七十平方米，座位九百三十一個。

梅河口鐵路圖書館　1985 年五月建，使用面積六百二十四平方米。二〇〇六年，梅河口鐵路俱樂部劃歸梅河口車務段管理。

梅河口鐵路公安段　原址位於梅河口市站前，1925 年成立路警隊，1929 年改為警務總段。1948 年 9 月成立梅河口鐵路公安段。1964 年 5 月 5 日撤銷。

梅河口鐵路地區指揮部　位於梅河口市和平街，1969 年戰備時修建，1970 年竣工。建有坑道式地下室二百二十八平方米，「文革」後撤銷。其地下建築遺址現作為倉庫使用。

梅河口鐵路地區曾建立過的其他機構　梅河口乘警排、吉林鐵路人民法庭梅河口分庭、梅河口鐵路分局運輸檢察分院、吉林鐵路運輸法院梅河口分局派出庭、吉林鐵路局梅河口專業消防隊、梅河口鐵路分局防空指揮分處等。

梅河口鐵路區域內其他主要建築　水塔，分別建於民國和日偽時期，梅河口車站附近建有水塔兩座，一座為機車上水用，另一座為站段及職工住宅用水使用。後又在機務段內建有水塔一座，專門負責機車上水。站內水塔於九〇年代拆除，機務段水塔於 2000 年後拆除，站外水塔於 2014 年 7 月拆除。

住宅，1937 年日偽時期，日本人為其職工修建的住宅，每棟建築面積 146 平方米，每棟住兩戶，有兩個居間。條件優越，寬敞明亮。其結構為磚混結構，水泥瓦蓋，木地板，室內電燈，上下水道，廚房、浴室、廁所、壁櫥，用「別拉搭」（當時的室內取暖設施）取暖。

而當時滿鐵的中國職工住宅，低矮窄小，陰暗潮濕，每戶居住面積十平方米左右，最大的也不過二十二平方米，只有簡陋的火炕和土坯鍋台，1947年5月，東北民主聯軍收復梅河口後，將修復後的日本員工住宅分給鐵路職工居住。1952年，梅河口鐵路地區存有住宅五百五十九棟，九萬六千九百七十九平方米，矮小房屋二百七十一棟，四萬七千八百二十九平方米。1953年新建八十八棟簡易職工住宅，毛石基礎，土坯牆，1957年改修為磚瓦結構，設上下水道，每趟九十九平方米，每棟住四戶職工。此後又相繼建成了二十棟、高密莊、白房等幾處較大的職工住宅區。加上原有的大居宅、小居宅、天津式等房屋，鐵路職工住宅居住條件有了較大提高。1970年後，梅河口鐵路住宅開始向樓房過渡，前期為火炕取暖方式，八〇年代後期均採取了集中供暖方式。梅河口鐵路職工住宅占據了整個鐵北區域，是當時梅河口市最大的居民住宅區。老式平房住宅均在後來的房屋改造中被拆除。

　　到2006年，梅河口鐵路各站段被撤銷時，梅河口鐵路職工約有兩萬餘人，鐵路職工家屬約有一萬餘戶，五萬多人。鐵路職工及家屬人數占梅河口城區的四分之一左右，絕大部分住在鐵北街鐵路家屬區。

雞冠山抗聯活動地

　　雞冠山屬長白山餘脈龍崗山脈，位於梅河口市西南部，山高林密，地形複雜，山北坡一帶被稱作大荒溝。這裡是楊靖宇領導的東北抗日聯軍下屬的任志山部游擊根據地。

　　任志山，光緒二十六年（1900年）生於山東省黃縣，為尋求生路，曾投奔山東軍伐張宗昌部當兵。民國十五年（1926年）逃荒來到東北，落腳在海龍縣大荒溝老虎頂子屯，給地主扛活，由於地主賴賬不給工錢，任志山一氣之下，組織七八個跟他一樣扛活的長工，奪了地主家的槍，搶了錢財上山，投奔了當地有名的土匪「占九山」。後發現「占九山」不講義氣，獨吞財物，欺男霸女，任志山打死了這個土匪頭子。「匪眾」擁任志山為首領，報號「四海

▲ 雞冠山抗聯活動地

山」，活動在清原、海龍、柳河、金川一帶。後隊伍發展到四五百人，活動範圍也擴大到東平、西豐、臨江、濛江、通化等地。

一九三一年「九一八」事變後，他毅然舉起了抗日旗幟。民國二十二年（1933 年），任志山在海龍縣倒木溝村加入了東北義勇軍第四軍，被任命為步兵第七旅少將旅長。翌年，任抗日聯一軍一師八團團長。任志山的抗日活動在「東邊道」影響巨大，當時的《盛京時報》曾刊登過他的活動，偽南滿株式會社《大事記》中也有記載。

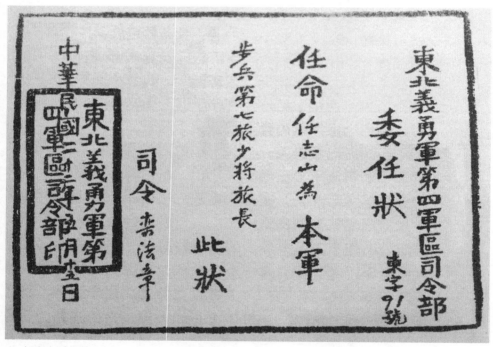

▲ 任志山委任狀

中共中央東北局梅河口會議舊址

　　中共中央東北局梅河口會議舊址，坐落在梅河口市和平街，是一棟建於1936年，磚混結構的二層樓房，面積一千六百二十二平方米。

　　1945年9月8日，吉林鐵道維持會在此設立梅河口鐵道管理部，1946年3月，東北民主聯軍東滿軍區領導的東滿鐵路管理局在此設立梅河口鐵路分局。1946年5月23日，國民黨軍隊進犯梅河口後，設立梅河口鐵路特派員辦事處。1947年5月28日，東北民主聯軍收復梅河口後，設立梅河口辦事處。1949年2月4日，設立梅河口鐵路分局，1958年1月1日梅河口鐵路分局撤銷後，梅河口鐵路辦事處駐此，人們也習慣稱之為「梅鐵工委樓」，現為瀋陽鐵路局梅河口車務段辦公樓。

▲ 中共中央東北局梅河口會議舊址

1946 年 3 月 13 日，由彭真率東北局東總從撫順移駐梅河口，到 4 月 21 日，在這棟樓房二樓一間不到二十平方米的房間裡共召開了十次歷史上有名的會議，統稱為「東北局梅河口會議」。參加會議的人員有：彭真、林彪、伍修權、林楓、呂正操、李富春、張聞天、高崗、羅榮桓、陳正人、周桓等，由彭真主持會議。東北局梅河口會議主要是決定攻打長春和四平的策略，是我黨、我軍歷史上一次極其重要的會議，東北局梅河口會議不僅敲響了與國民黨爭奪東北的開場鑼鼓，打好了解放全東北的基石，同時也為解放全中國拉開了序幕。

　　現會議舊址已闢為展室，展室由四部分組成，分別是會議會址、戰略轉移、偉大轉折、回顧歷史。1984 年 7 月 28 日，全國人大常務委員會委員長彭真從長白山返回途中，專程視察了梅河口會議舊址和他當年工作、生活的地方，並在此合影留念，同時親筆題寫了「中共中央東北局梅河口會議會址」十四個蒼勁大字。

　　1987 年，這裡被列為省級重點文物保護單位；1993 年，通化市委、市政府批准為愛國主義教育基地，1992 年 8 月 1 日正式對外開放。2005 年在保持共產黨員先進性教育活動中列為中共梅河口市黨史教育基地，並被省、通化市列為紅色旅遊景點之一。

▲ 中共中央東北局梅河口會議會議室

邵雲庭、祁福生殉難地

　　邵雲庭，光緒二十七年（1901年）8月2日出生於海龍縣興業村一個貧農家庭。1937年春在東北抗日聯軍第一路軍第三師隨楊靖宇司令轉戰於撫松、濛江一帶。1938年加入中國共產黨。1939年冬，邵雲庭所在的游擊隊，在一次與多於幾十倍的日軍激戰中被包圍，衝出重圍後潛入深山密林，與組織失去了連繫。1945年9月中旬回到家鄉，11月被派到連山村工作。1946年2月初，邵雲庭隨同中共梅河口中心區委書記王鴻業、區長李樹山等人，回到梅河口開展工作，負責中心區委的群眾工作。1946年3月，被選為海龍縣參議會參議員，並任參議會辦公室主任和連山村農會主席。5月23日，積極組織人

▲ 邵雲庭、祁福生殉難地——梅河口南大橋

民群眾支援東北民主聯軍阻擊國民黨軍隊進犯梅河口的戰鬥。國民黨占領梅河口後的 5 月 30 日夜，邵雲庭同王鴻業、祁福生等一起執行任務時，被人告密，遭到襲擊，在突圍中不幸被捕。

　　祁福生，原名祁振福，祖籍遼寧省遼陽市，民國元年（1912 年）生於海龍縣林家街村一個農民家庭。1932 年冬投身革命，參加東北抗日聯軍，翌年加入中國共產黨。1941 年冬，祁福生隨全家遷回海龍縣邱鳳村。1946 年 3 月，時值我軍撤出梅河口，祁福生被編入縣大隊，堅持武裝鬥爭，後被國民黨俘獲，1946 年 6 月 3 日，邵雲庭、祁福生一起被活埋在大柳河上的和盛堡橋下。

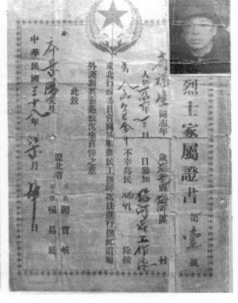

▲ 邵雲庭畫像與祁福生烈士家屬證書

梅河口市烈士陵園

　　梅河口市烈士陵園，原名梅河口西山烈士墓。始建於一九五三年，是為紀念一九四七年五月，東北民主聯軍四縱隊十師和三縱隊七師、九師的各一團，以及其他兄弟部隊在解放梅河口所犧牲的烈士而修建。一九八六年在原址進行重建，更名為梅河口市烈士陵園。

　　陵園位於梅河口火車站西四公里的西山崗上，東西長一百四十五米，南北寬八十五米，占地面積一萬八千七百平方米。陵園內兩側蒼松翠柏，花草蔥鬱，莊嚴肅穆。正門為四柱石牌坊，門內影壁上鑲嵌漢白玉浮雕的解放梅河口戰役中人民解放軍的一組人物雕像。廣場中聳立著一座烈士紀念碑，碑周圍有漢白玉雕刻護欄，碑面正中刻有彭真同志題詞「革命烈士永垂不朽」，一層底座正面鐫刻著蕭勁光同志題詞「萬古千秋」。

▲ 梅河口市烈士陵園

紀念碑後側為紀念館，建築面積五百二十平方米，內設兩個展室，東側展室陳列著在抗日戰爭、解放戰爭時期為國捐軀的革命烈士遺物、照片、展板等；西側展室擺放著為社會主義建設獻身的革命烈士事蹟、圖片、展板。

　　烈士陵墓位於紀念館後部，正中有一座大型的無名烈士合葬墓，安葬著在抗日戰爭、解放戰爭和在解放梅河口戰役中英勇獻身的數百名革命烈士，共九百二十七名，其中署名烈士二十四名。曾指揮梅河口戰役的遼東軍區司令員蕭勁光為墓碑題寫了「萬古千秋」四個大字。

　　這裡也是省級廉政教育基地、省級重點烈士紀念建築物保護單位。一九八七年六月二十八日正式對外開放。

▲ 梅河口革命烈士紀念館外景

雞冠山國家森林公園

　　雞冠山國家森林公園是國家 AAA 級旅遊景區，其地理位置在遼寧吉林兩省的梅河口、柳河、清原三市縣交界處的龍崗山脈中，距梅河口市五十八公里，距沈吉高速公路山城鎮出口和黑河至大連國道二〇二線二十公里。

　　雞冠山國家森林公園占地面積一千九百公頃，呈西南、東北走向，有十二座山峰。海拔高度五百至九百米，最高峰雞冠砬子海拔九百六十九米。公園內地形起伏多變，群山綿延，溝壑縱橫，一般坡度在 25。-35。，部分地段在 40。-80。以上。

　　雞冠山素以其雄、奇、秀、幽而著稱。其山勢險峻陡峭、山峰秀麗挺拔、自然生態原始。公園內有杜鵑花海、冠山紅葉、古粗榆群、古油松群等多種生物自然奇觀。

　　杜鵑花海。由於公園內地形複雜，形成了變化多樣的氣候，在雞冠山海拔七百五十米以上的山地上，每到初春時節，在山坡、山脊、崖壁上，以山杜鵑、小葉杜鵑、牛皮杜鵑、高山小葉杜鵑、毛皮杜鵑為主的各式杜鵑呈現出壯麗的花海景觀，面積達數千畝。滿山姹紫嫣紅，燦爛奪目，如雲錦似彩霞鋪展在青山峻嶺間。

▲ 梅雞冠山遠眺

　　冠山紅葉。雞冠山中的楓樹有十多種，尤以五角楓為最多。每到中秋，山巒層林盡染，橙黃橘綠，五花溢彩。秋霜點染的楓葉由青變黃，由黃變橙，由橙變紅，有時還呈現出淺絳、金黃、橘黃、橙紅等色彩，構成了一派「丹楓爛漫錦裝成，要與春花鬥眼明」的佳麗美景。

古粗榆群。在雞冠山海拔七百米以上的懸崖峭壁上，生長著一片百年古樹群—粗榆。樹幹彎曲遒勁，樹冠鬱鬱蔥蔥，根紮於岩石峭壁之上，飽經風霜雨雪，頑強生長。

古油松群。在雞冠山海拔七百米以上的十二峰頂和山脊上，生長著形態各異的油松群，百年以上的油松有五十七株，它們或昂首挺立，傲視蒼穹，給人以力量；或老態龍鍾，盤根錯節，給人以滄桑；或小巧纖細，楚楚動人，給人以美感。

天象景觀。雞冠山由於季節變換，氣候變化，常有雲海、霧海、日出、飛雪等天象自然景觀出現。

雲海景觀。登臨雞冠山頂峰，就能見到山腰至峰頂之間的雲海，時而似裊裊輕煙，時而似縷縷輕紗，時而把山體包裹得嚴嚴實實，時而又猶抱琵琶半遮面。「雲來山更佳，雲去山如畫。山因雲晦明，雲共山高下。」觀賞雞冠山雲海，春夏秋三季都可以看到。

霧海景觀。雞冠山霧海是雞冠山特有的奇觀。因為雞冠山臨近磨盤湖，湖水蒸發，使雞冠山春夏秋三季雲霧繚繞，湖山相連，霧海渾然，成為公園內奇特的景觀。

日出景觀。登雞冠山觀日出，有著另一種神韻。晨曦時分，遙望東方，天

▼ 雞冠山霧海

▲ 雞冠山秋日

際間一線亮色隱現，繼而雲霞映襯，一輪紅日躍出雲海，瞬間染紅了山巒峽谷樹木，構成一幅絕美的雞冠山晨曦圖。

飛雪奇觀。由於太陽輻射、地理環境、季風及大氣環流的影響，公園內氣溫相差較大，有山裡山外不同天的景象。每到冬季或初春，飛雪漫天，此時登山，瑞雪飄飄，銀裝素裹，峰巒皚皚，滿樹銀花，分外妖嬈，可令你陶醉在銀色雞冠山的美景之中。

雞冠山國家森林公園春夏秋冬皆有景，一年四季山水鮮。尤以春之杜鵑花海、夏之雲海日出、秋之滿山紅葉、冬之飛雪霧淞景色最為壯觀。景區內有怡情園、思鄉亭、抗聯宿營遺址、玉龍泉、昂日星官洞、天途驛站、天仙四姐妹、同袍三兄弟、夫妻恩愛、跨官石、雲龍望月、人參仙女、狀元台、晉陞台、攬月亭、正冠台等三十多處景點，還有百丈峽、龍王澗、雞冠古松、萬卷岩、天王塔等自然景觀。景區內，還分布著高句麗時代十二處石棺古墓群，抗日義勇軍「四海山」跳崖處及抗聯游擊隊遺留下的磨盤等人文遺跡，是研究東北亞文化、東北人類活動發展史、中國抗日戰爭抗聯史，進行愛國主義教育的基地。

磨盤湖國家濕地公園

　　磨盤湖是建於一九五八年的人造湖，位於梅河口市西南五十多公里小楊鄉境內，為松花江水系輝發河流域大柳河上游楊樹河上。

　　湖區南北長三十六公里，東西寬二十二點五公里，正常水面十七點五平方公里，控制流域面積五百四十八平方公里。平均水深二點五米，最大水深二十一米，設計庫容量為三點一六億立方米，它整個形狀像個平放的丫丫葫蘆，主要以防洪、灌溉為主，以漁業、林業、養殖、發電等為輔的綜合性水庫。二〇〇八年引龍入梅工程全面竣工，這裡便成為梅河口城區的主要飲用水源地。二〇一〇年磨盤湖被批准為國家濕地公園，國家級水利風景區。

　　磨盤湖上有一條長五百五十二米，高三十點一米，頂寬六米，用普普通通

▲　磨盤湖國家濕地公園

黃土築成的大壩。它雖然用普通黃土築成，但它卻承受住了數億立方米水的巨大壓力，這在水利建築史上也是輝煌的傑作。設計者巧妙地利用了自然山勢，將壩築在水流的拐彎處，使大壩受到的壓力只是整個湖區存水量壓力的餘波。

　　磨盤湖國家濕地公園群山環繞、兩岸山巒疊翠，山清水秀、松綠柏翠，形態各異，林木茂盛，天然造化，植被保護完好。森林資源以針闊葉林為主，國家一二級保護稀有樹種有椴樹、曲柳、黃檗、蒙古楊、長白落葉松、核桃秋、山杜鵑等二十餘種；國家一二級野生植物有野山參、刺五加、細辛、貝母等三十餘種。豐富的森林資源，完好的生態環境，棲息著狍子、貉子、野豬、野貓、山狸、山兔、松鼠、飛鼠等動物一百四十多種。距碼頭五公里的鷺島，每年有數千隻鷺鳥在這裡繁衍生息，是中國北方獨特的生態景觀。中央電視台、吉林電視台都曾來鷺島拍過專題片。庫區及島上還有灰鶴、貓頭鷹、鴛鴦、野

鴨等珍稀鳥類，是一座名副其實的百鳥園。濕地公園裡草叢沼澤、灌木沼澤及河流縱橫交錯，並有蓮花池、蘆葦塘等景觀。

　　磨盤湖的東側有磨盤山、蛇盤山，北岸有碧龍潭、陰城山、蓮花泉、蓮花灣等，湖區還有龜島、鷺島、釣魚台、濕地生態長廊等許多自然景觀。並有狐仙洞、觀湖亭、天江亭、度假村、望鷺亭等人文景觀，這些奇特的景觀共同構成了一幅秀美的水鄉澤國和鳥語花香、魚躍鹿鳴的天然樂園。

　　據《海龍縣志》載：光緒二十九年（1899 年）三月至十月，沙俄在瀋陽

▲ 磨盤湖國家濕地公園全景

一帶被日軍打敗後，退至清原、伊通一線。為了防禦沙俄軍隊在西玉井至宮家街、磨盤湖一線構築工事，修築戰壕進行抵禦，「我海龍人民所損失財物約值億萬元，俄人掘戰壕築炮壘所荒蕪之土地不下數百畝，今則戰壕之舊跡猶存，炮壘之遺址尚在，令人睹之不勝今昔之感。」現磨盤湖東山頂上仍有當年遺留的戰壕遺跡。六〇年代湖區內還曾發現過一批子彈和兩支洋槍。一九四七年五月，解放戰爭時間，遼東軍區縱隊在磨盤山谷設下伏兵，成功堵截了從南山城子前來增援的國民黨六十軍十八師兩個團兵力，阻擊戰打了一天一夜，全殲增

援之敵。小說《高粱紅了》就有這次戰役的真實記載。

　　春夏之交，磨盤湖面猶如一面粼粼閃光的寶鏡，鑲嵌在翠綠的峰巒之中，水面上時有白鷺翱翔。待到秋霜過後，滿山遍野五彩繽紛，紅葉似火，越發令人神往。登上遊艇，遊覽磨盤湖全景，當駛到「二丈五」，好像磨盤湖到了盡頭，可轉過山腳，豁然開朗，又一片寬闊的碧水展現在面前。氣勢磅礴的磨盤群山，充滿生機的「遊艇飛舟」，幽雅寧靜的「釣台月夜」，水鄉風韻的「漁村星火」，春意奔放的「萬朵梨花」，構成了磨盤湖絕妙的畫卷。一年四季，佳景變幻，令人流連忘返，回味無窮。

▲ 磨盤湖國家濕地公園秋景

五奎山風景名勝區

　　五奎山風景名勝區為國家 AAA 級景區，位於梅河口市城區東北九公里，東西長兩公里，南北寬一點四公里，占地二點八平方公里。山巒起伏，五峰聳立，狀如龍飛鳳舞，泉水淙淙，洞穴砬石隨處可見。樹木繁茂，蒼松挺立，植被優良，綠化覆蓋率百分之九十以上。東起第二峰為最高峰，海拔四百四十四米，峰頂矗立著八角九層內梯外廊樓閣式祥雲塔。第三峰南坡，背風向陽，視野廣闊，群山環抱，坡內東有龍泉，西有鳳眼。恢宏、壯觀、金碧輝煌的龍泉寺就屹立在此坡上。五奎山下，田疇阡陌如織，河流池塘星羅棋布。公路、鐵路縱橫交錯，周邊田野一望無垠，景色優美。

　　五奎山原名五盔頂子，是原海龍縣老八景之一，稱為「五奎星拱」。古人詩雲：煙水低迷望五奎，群峰高與眾星陪。夜深北斗文垣拱，不屈寅春杓不

▲ 五奎山龍泉寺

回。寓意此地山靈人傑，人才輩出，文曲星降，可參北斗。五奎山附近也的確出了不少名人賢士。此外，這裡還有清康熙大帝東巡閱邊，到此山射獵的史實和傳說，《盛京通志》《奉天通志》等書籍均有記載，並有許多關於清朝皇帝東巡的傳說。

五奎山南有西沙河匯入輝發河，以前河水氾濫，經常改道，老河身自然形成泡澤，泡澤內盛開蓮花，因此這段河流就被稱作蓮河。也是原海龍老八景之一，稱為「蓮渚夜虹」，曾有詩贊曰：接天蓮葉田田碧，出水芙蓉面面紅。雲散渚頭垂晚釣，夜深天半起長虹。後因蓮河是公路、鐵路通往吉林、遼源、瀋陽的必經之地，這裡便逐漸形成村落，定名為蓮河村。

五奎山上的龍泉寺為易地重建，原址位於號稱「小奉天」的山城鎮西街路北。始建於清光緒五年（1879 年），係五台山龍泉寺分支，千山龍泉寺下院，擁有山地二十萬平方米，街基近百米，廟宇五十四間。一九六六年「文革」期間，龍泉寺被視為四舊產物，房屋被占、佛像被毀、法器被砸、經書被焚、僧

▲ 祥雲塔在月夜燈火輝煌

人四處離散。

一九九二年十月十日，龍泉寺在五奎山重建，一九九四年十月三十日竣工，總投資八百萬元。建有十三米高牌樓一座，鐘鼓樓、山門、天王殿、觀音殿、大雄寶殿、六個配殿等廟宇建築群五十二間，依次向上建有三重大殿，兩側六個配殿、四個平台，將龍泉寺建築群劃分出十二個區域，紅牆黃瓦，富麗堂皇地掩映在五奎山翠雲峰、祥雲峰之下的蒼松、翠柏、綠櫟之中。

一九九四年六月，又在五奎山的祥雲峰上，建起一座仿明清建築風格的祥雲塔，總建築面積一千五百八十八平方米，塔高五十九米，八角九層，塔外建有迴廊，簷上琉璃瓦覆蓋，簷角掛有風鈴。具有明清皇家廟宇的建築風格，是五奎山風景名勝區地標性建築，塔下並設有地宮一層。為新的龍泉寺及五奎山風景名勝區增添了一道靚麗風景。

每年一度的龍泉寺大型廟會在農曆四月十七至十九舉行，四月十八這一天達到高峰，龍泉寺山上山下，人頭攢動，摩肩接踵，人山人海。眾多善男信女和遊客、商人從四面八方趕來，感受民俗文化，購買商品，品味特色小吃。

▲ 龍泉寺廟會

梅河口輝發河景觀帶

梅河口輝發河景觀帶位於梅河口城區輝發河兩岸張家大橋到季家大橋間，內有十四大園區，二十二個主要景觀，是集遊玩、休閒、觀賞、健身、娛樂等為主題的帶狀公園。

育仁園　寄意於仁、孝、愛、善，以「天行健，君子以自強不息」為主題。融健身、娛樂於一體，讓市民飽覽無限的溫馨和美好享受。園中有健心、集賢兩個廣場和「天琴撥浪」「丹台瞻秀」兩處景觀。

蓮馨園　用天下歸心，萬民連心為寄意。集中表現青荷映日，馨香四溢，石弧抱月，溪瀑涓涓的景緻，極富詩情畫意。園中有「石溪流韻」「荷苑巡幽」

▲　梅河口濱河公園

兩處景觀。

　　淩波園　融時代腳步，踏浪而歌於園中，一展平湖金波，魚跳銀星，色彩多變，奇姿百態的悠閒場景。園中有踏歌廣場和「撥雲戲水」、「遊廊追夢」兩處景觀。

　　臥虹園　以古渡情思，遊子思歸為寓意。橋懸虹霞，帆銜波影，一泓碧水中輕舟蕩來，櫓聲依依，河水悠悠，時光遠去，鄉情難忘。園中有「古渡歸帆」一處景觀。

　　蓬瀛園　融神山仙島於園中，將德善仁寓於園內。園中三座拱橋連通蓬瀛雙島和仙湖，如夢如幻，如仙似畫，乃一絕佳去處。兩島間有橋三座，以修心，布德，施仁而名。園內有「三橋拱月」「仙島夕照」「方壺勝鏡」三處景觀。

　　綠汀園　以回歸自然，舒心養性為主題。盡觀溪流環繞，石雜兩岸，水草

繁盛，蘆葦搖曳，香蒲修長，林掩石橋，風拂楊柳，鶯棲林蔭，蛙鳴池塘，恬淡而幽靜。園中有晨曦廣場和「葦岸嚶鳴」「玉橋擷靜」兩處景觀。

百薈園　集多種奇花異草於園內，融萬千芬芳於園中。但見百花爭豔，姹紫嫣紅。果墜枝頭，幽香沁腑，荷葉舒翠，蓮蓋滴露。園中有荷花培育基地、沁香橋、覓芳廊和「尋芳戲蝶」「銀漢聽濤」兩處景觀。

崇德園　以崇德、尚禮，揚善，誠信為基，以曲徑欄橋、祥禽瑞獸、邀月亭，賞月亭，追月亭為點綴，古樸而典雅，含蓄而內斂。園內有海龍、輝發兩廣場和「魚獅吐瑞」、「曲徑觀魚」兩處景觀。

攬翠園　以新綠萌發象徵美好的願望與發展前景。園中樹木繁多，鵝黃嬌嫩、驕楊松柏，槐榆雜陳，高台橫於樹冠，盡可覽蒼翠、天光、金波、街市、樓閣。園內有牧雲台、得月亭和「回欄漫步」「柳蔭聞鶯」兩處景觀。

植物園　以展示長白山植物為主題，兼具科普教育。園內分為多彩、水生、彩葉、本草、蒼翠五個功能區，有「河口攬勝」「仙鳥戲荷」「百草競香」

▲ 百薈園

「幽林蘊秀」四處景觀和地標建築。

　　一水透迤秀兩岸，九園錦簇勝江南。天外移來十八景，宏圖盡展太平年。濱河公園匯聚了人們無限的期望和美好嚮往，也昭示著美好的未來與無限希冀。

▲ 晨曦廣場

▲ 崇德園

▲ 蓬瀛園

▲ 蓮馨園

▲ 方壺勝境

▲ 觀光閣樓

第五章 ──

文化產品

梅河口具有深厚的文化底蘊,從梅河口走出了諸多優秀的詩人、作家、書畫家等藝術才俊。一部部裝幀精美、內涵厚重的文學作品付梓印刷,給文學淵藪增綺添色;一幅幅丹青畫卷漂洋過海,洋溢著輝發河的水色鄉音;一幀幀工藝奇葩躋身京華,引發文藝殿堂上由衷喝采……生活在梅河口的智士才人,正以自己的天資聰穎和豪邁氣概,昂然匯入祖國從容奮進的文藝隊伍中。

《梅河口文學》

　　《梅河口文學》原是一張內部准印的小報。主編寧鴻升，副主編張詠霖。作為報紙，共刊印十六期。首印出版後，得到了省作協原副主席、報告文學名家喬邁關注。他是梅河口人，祖籍山城鎮，對家鄉的文學發展一直十分關注。特地為報紙寫了一篇熱情洋溢的覆信，對梅河口文學事業寄予了殷切期望。這一覆信極大地鼓舞了作家和作者，讓讀到的人們極其振奮，促進了梅河口文學創作。

　　第二屆作協為有利於作品長期保存，遂將梅河口文學由報紙版式改為書籍版式，由作家協會主辦。這種不定期文學輯籍，主要收集和刊登本地作家作者的精短作品。

　　梅河口文學由在梅河口的十幾位省作協會員為主幹，輔以三十幾位通化市會員，小說、散文、詩歌精品薈萃，內容廣泛，主題健康，形式多樣，廣受歡迎，讀者交口稱讚。文集基本上每年一本，到目前已經結集出版了十集。內容廣泛，主題健康，形式多樣，受到讀者的充分肯定。在志願者的支持下，計劃將出版一套建國以來梅河口作者的文學精品卷，分為三冊。這將是對梅河口市作家協會成立十年來的一次隊伍檢閱，在梅河口文學史上可謂前無古人的壯舉，也對今後文學創作隊伍的鍛鍊，有著不可多得的鼓舞和激勵。

▲《梅河口文學》

《十里長街送總理》

「天灰濛濛的，又陰又冷。長安街兩旁的人行道上擠滿了男女老少。路那樣長，人那樣多，向東望不見頭，向西望不見尾。人們臂上都纏著黑紗，胸前都佩著白花，眼睛都望著周總理的靈車將要開來的方向。一位滿頭銀髮的老奶奶拄著枴杖，背靠著一棵洋槐樹，焦急而又耐心地等待著。一對青年夫婦，丈夫抱著小女兒，妻子領著六七歲的兒子，他們擠下了人行道，探著身子張望。一群淚痕滿面的紅領巾，相互扶著肩，踮著腳望著，望著⋯⋯」這段文字相信很多人都非常熟悉，它出自小學語文課本中的一篇經典散文《十里長街送總理》。

《十里長街送總理》是作者吳瑛寫的一篇悼念周總理的散文《在沉痛悼念的日子裡》中截取的一章縮寫成的，這篇文章發表在《人民文學》一九七七年一月號上。《十里長街送總理》在小學課本中曾被編輯為必修精講課文。文章客觀而真實地為小學生講述了這一感人事件。一九七六年一月八日，周恩來總

▲《十裏長街送總理》

理因病在北京逝世。三天后，當總理的靈車駛經長安街，駛往八寶山的時候，首都百萬群眾自發地聚集在長安街兩旁送別周總理的靈車，出現了十里長街送總理的感人一幕。這次送別是世界最大的、自發參與人數最多的悼念活動。

　　《十里長街送總理》全文共分三段，生動形象地描寫了人民群眾對周總理的深切懷念和依依惜別的深厚感情。從第一段寫靈車到來前人們的神情動態，到第二段寫靈車經過的瞬間，直到第三段寫靈車開過後人們的依戀之情。作者把群眾急於向敬愛的周總理表示最後敬意的迫切心情和人們對痛失總理的無限悲痛，昇華到對周總理的無限敬愛之情表達得淋漓盡致，將全文推向高潮。文章的字裡行間無處不流露出人們對敬愛的周總理的無比崇敬，對總理逝世的無比沉痛，寫出了億萬人民的心聲。

▲《十裏長街送總理》

《文明論》

　　二〇〇七年，孫進己所著《文明論》正式出版。本書內容包括：文明的概念，文明的內涵，對人類文明以往分類的討論，實踐是人類文明發展的動力，勞動是文明形成、發展的基礎等。

　　孫進己一生從事民族史、地方史、歷史地理、東北亞史、文明史以及中外關係史等方面的研究，在這些方面都取得了巨大成就，做出了巨大貢獻。他著有《東北民族源流》《東北亞民族史論研究》《東北民族史研究》等著作三十餘種，主編有《中國北方歷

▲《文明論》

代人物傳記（七卷本）》《東北亞研究系列》二十餘本，發表論文三百餘篇，主編資料《北方史地資料》《中國考古集成》《中國民族研究集成》等近三億字。近著有《文明論》《俯仰天地之間（四卷本）》《東北歷史地理（四卷本）》《契丹民族史》《女真民族史》《蒙古語各族史》《文明和民族國家》等。

　　在創作《文明論》時，他由於身體健康每況愈下，雙目已經基本失明。二〇一一年十月十二日孫進己被世界紀錄協會授予「世界上雙目近乎失明創作學術著作字數最多的人」。

報告文學集《三門李軼聞》

　　報告文學集《三門李軼聞》是作家喬邁非常具有代表性的一部報告文學集。喬邁的報告文學素以關注現實，追逐時代主旋律，積極反映重大社會問題，熱情謳歌改革開放大潮裡的新人新事而蜚聲文壇。三十多年前，他的《三門李軼聞》轟動全國，因其觸及農村經濟體制改革及黨群關係等重大問題而被作為「整黨教材」，並於二〇〇九年獲中國報告文學學會評選的中國改革開放優秀報告文學獎，中國作家協會第二屆優秀報告文學獎。

▲《三門李軼聞》

　　喬邁的報告文學獨樹一幟，在中國當代文壇上有著廣泛影響。《希望在燃燒》獲中國作家協會第三屆優秀報告文學獎及《當代》文學獎，《失去了永不再有》《森林大火災》《講不完的故事》和《關東第一店》分別獲吉林省第一、二、三、四屆長白山文藝獎，電影文學劇本《不該發生的故事》經長影拍攝成片後獲金雞獎、百花獎、文化部獎、長影小百花獎、優秀編劇獎，《失去了永不再有》《中國之約》均獲《當代》文學獎，散文《歲月物語》獲中國作家協會所屬報刊抗戰文學作品徵文獎，《世紀寓言》獲《人民文學》創刊四十五週年優秀報告文學獎。

長篇小說《女子中隊》

　　小說《女子中隊》刻畫了一群年輕的女交警在工作與個人，工作與家庭以及與市民之間錯綜複雜的愛恨糾葛的故事。

　　雖然小說的背景是警察生活，但在處理人物關係上，作者刻意迴避宏大話語。全書沒有一句標語口號式的豪言壯語，更沒有一處出現硬性的宣傳語，而是從人物出發，描摹事態萬千。小說尤其注意發掘女交警身上超乎尋常的職業價值和相互關愛，以及她們與普通市民之間的相互包容與愛心，既洋溢著鮮活的時代色彩，又不乏讓人對傳統社會的

▲《女子中隊》

人際關係充滿追憶與敬意。女交警們有著普通女人的雞零狗碎，但她們更有著超越男性對於原則問題的堅守。

　　女性對權利和特權的發聲，也是這部小說的特色之一。富商陳易鳴不惜花費大把罰款換得死皮賴臉追求女交警麗茹的機會，中隊長景莉對陳易鳴充滿感性而又合情合理的忠告，展現了當代女交警在面臨複雜社會生活考驗時的清醒與睿智。

　　作為一組群像，《女子中隊》還刻畫了其他來自各地和各種性格的女子，比如來自省城藝術專業畢業的麗茹，來自農村的曉婷。高超的是作者放棄普通的筆法，並沒有在她們之間建構起巨大的地域矛盾，而是將她們之間出身的差異徹底捨棄，將所有的目光都對外，通過外界的視角來看她們內部。

在這部具有濃烈社會特性的小說中，作者大膽採用了唯美的敘事語言，女交警的形象柔美而堅定，體現了當下女性的中國形象。

作者李春良是一名警察作家，他懷著深厚的戰友情來書寫女子中隊。小說的結構就像是抒情詩篇，從「春之蘭」到「夏之雨」再到「秋之葉」，再到「冬之雪」，循著季節的時序，把主要情節鑲嵌在裡面。

《女子中隊》實現了作者的初衷：用美的語言、美的結構講述一個一群美麗姑娘們從事的美麗事業的故事。

《女子中隊》也成為了梅河口長篇小說創作的一個里程碑，首次奪得全國大獎—中宣部「五個一工程」獎。《女子中隊》為全國獲此殊榮的三部長篇小說之一。此獎填補了吉林省長篇小說「五個一」大獎的歷史空白。

▲ 作者李春良

長篇小說《牆裡牆外》

　　《牆裡牆外》是中國第一部以監獄為背景，平實再現司法腐敗及反腐狀況的長篇小說。該長篇小說於十幾年前出版發行，原名為《獄警與囚徒》，十年來多次再版。獲第二屆吉林文學獎，曾被媒體列為向當代大學生推薦的六本必讀書之一，至今仍占據著圖書市場一角。

　　反腐敗，是一個敏感的熱點話題。嚴格地講，這個故事並不是反腐敗一類題材的，它只是在當今社會反腐敗大背景下的一個言情故事。小說講述了一個領導幹部看似偶然實則必然地淪為囚徒後，通過與警察之間與囚徒之間的接觸，促使他不斷地進行著回憶和自省，反思著自己是怎樣在不知不覺中背離了為官初衷，給百姓帶來了災難，最後完成了良知的回歸。本書中的言情僅僅是個載體，這個故事深層次的意義在於告訴人們：「人，最大的敵人還是自己。」特別是當你擁有了權力時，面對著唾手可得的金錢與美女，能不能抵禦住誘惑？若稍有動搖，靈魂的嬗變往往就在不經意間開始了。評論家對該書這樣評價，這本書「是新時期墮落官員的良知的復活，具有普世的價值」。

　　於沉鬱中看待人生要樂觀，看待我們這個社會、這個時代也要樂觀，這是作者寫這個故事的初衷和態度。作品是作家的孩子，孩子當然都是自己的好。然而作者李春良卻能一直冷靜地審視著自己的創作，儘管其他的長篇小說和中短篇小說也有一些得到評論家和讀者的肯定，獲了一些獎項，但對一些朋友和廣大讀者，他始終保持最初的創作宗旨，秉承自己始終如一的社會責任感，繼續埋頭創作，為讀者帶來更多的文學作品和正能量。

▲ 《牆裡牆外》

短篇小說《晚報新聞》

　　《晚報新聞》是金牌電影編劇述平所著的一部短篇小說。一九九四年，大學期間就嘗試小說創作的述平發表了他的短篇小說代表作《晚報新聞》，該作品獲得了當年吉林省長白山文藝獎。二〇一一年小說《晚報新聞》被述平收錄進小說集《某》中，二〇一一年十二月十五日出版發行。

　　《晚報新聞》曾被改編成電影劇本，並拍攝成電影──《有話好好說》。時值導演張藝謀剛剛拍完《搖啊搖，搖到外婆橋》，他看到了這篇出色的小說，並視為其轉型現代城市題材電影的最好文學母本。於是，張藝謀邀請述平擔任電影編劇，姜文、李保田主演，拍攝了帶有黑色幽默色彩的喜劇《有話好好說》。張藝謀曾對記者稱：「最初我們想把述平的五部中篇小說改編成三部獨立的故事片並一次性拍攝完成，但不幸發現老虎吃天──無處下口；然後又企圖將其中的兩部小說改編成兩部電影湊成姐妹篇，結果還是無法完成；最後只好將他的《晚報新聞》改編成了電影《有話好好說》。」

▲《某》

長篇小說《玫瑰有毒》

　　《玫瑰有毒》是作家谷凱的第一部長篇小說。小說以作者家鄉梅河口為故事背景，將許多實有的商場、人物當作劇中人寫了進去。不但敘述了故事，也使得梅河口的地域風光都由此而揚名遠近。

　　谷凱擅長寫小說，同時也兼及其他，著有長篇小說《玫瑰有毒》《花孽》及中短篇小說、詩歌、散文等作品一百五十萬字。他的作品在全國著名雜誌上發表多篇。他的中篇小說頻繁地在全國各地刊物嶄露頭角，廣州的《花城》是全國很有影響力的期刊，谷凱的小說在《花城》發表的時候，他才剛過而立之年。詩歌在《詩刊》發表，給梅河口當地的詩文作者一個很大的震撼。目前，谷凱作為從梅河口黑土地走出的優秀人才，已成為名噪京華的優秀電視劇作家之一。

▲《花城》

▲《玫瑰有毒》

電視連續劇《清凌凌的水　藍瑩瑩的天》

作家谷凱以不惑之年進軍京華，在電視劇圈子裡承擔起合寫的角色，給大編劇寫段落，由此摸索了編劇的路子途徑，為自己進一步開拓進取奠定了基礎。

谷凱第一部獨立主筆的電視劇本是《清凌凌的水　藍瑩瑩的天》。該劇是央視二〇〇九年的年度大戲，由潘長江攜潘陽、孫寧等主演。這部年度大戲有別於以往電視觀眾看到的農村劇，該片從創意階段就把目標鎖定要打造一部經典的農村電視劇，延續了環保主題的劇情，無論從故事情節上的引人入勝還是角色形象的時尚新穎，都將把中國螢屏上的農村戲帶上一個新台階。

隨後，谷凱更為勤奮，筆耕不輟，又在二〇〇九年推出《清凌凌的水　藍瑩瑩的天》第二部，再次在央視一套播出。第二部延續了大獲成功的上一部幽默搞笑的風格，並且依舊能讓觀眾在笑聲之餘得到啟迪。

而男主角潘長江和女主角孫寧也憑藉在這部電視劇裡的出色表演，分別獲得了二〇一一年第二屆新農村電視藝術節「金牛獎」最佳男、女主角稱號。

▲ 編劇谷凱（左一）與主演潘長江接受網站採訪

▌電視連續劇《能人馮天貴》

《能人馮天貴》是編劇谷凱繼《清凌凌的水 藍瑩瑩的天》之後與著名笑星潘長江的又一次合作。它於二〇一一年四月十一日在央視一套首播，二〇一二年獲得第三屆「中國新農村電視藝術節」優秀農村題材電視劇一等獎。

農民工馮天貴，本來做著一份本分的工作，卻因為一次意外事件，使得他平穩的生活發生了重大轉變。故事著重講述了他如何帶領一群農民工的媳婦在城裡艱苦創業，幾經周折，最終讓城裡人另眼相看的奮鬥歷程。

《能人馮天貴》之所以能夠吸引觀眾，首先在於編劇谷凱創作的這個故事與現實生活緊密相連。該劇濃厚的生活氣息能很快地拉近電視劇和觀眾之間的距離，這也是編劇深厚的創作功底的體現。城市人和農村人在現實生活中已經慢慢融合，雙方都彼此需要，彼此影響。因此，不僅是農民工本身，就是城市人對劇中所表現的生活狀態也感同身受。其次，谷凱創作的主人公馮天貴所傳達出的，那種以小人物為代表的勞動人民身上積極向上、勤勞實幹的精神，正是當今時代所需要的，它鼓勵社會中的每一個人勇敢地面對生活的挑戰，去開創自己的天地，起到了激勵人心的作用。

▲ 編劇谷凱（左一）與主演在拍攝現場

▲《能人馮天貴》海報

▍電視連續劇《馬向陽下鄉記》

《馬向陽下鄉記》是電視劇作家谷凱，於二〇一四年創作的一部描寫農村生活題材的長篇電視連續劇。電視劇講述了農村經濟發展滯後現狀中，城裡人如何扶助農村發展致富，共圓中國夢的故事。該劇通過「洋」與「土」的碰撞，引發了一系列啼笑皆非的故事，令人耳目一新。

主人公馬向陽以城裡幹部的身分到村裡當村官，遭遇了種種意想不到的情況。劇情真實地反映出一個城裡小公務員是如何與農民為伍，既有秀才遇到兵的尷尬對壘，也有城裡人和鄉下人互相猜疑和排擠的磨合，這些衝突和矛盾架構了該劇的看點。

該劇首先從惡劣的居住環境入手，接著將馬向陽植入農民紛爭的矛盾中，到最後馬向陽信心十足帶領大家奔小康，整個過程是一個周詳而獨到的漸進過

▲ 編劇谷凱（中）參加《馬向陽下鄉記》劇組宣傳

▲《馬向陽下鄉記》海報

程。從完全陌生到知之甚少，再到逐漸深入愛上農村，馬向陽的情緒變化不突兀，也不做作，這樣刻畫馬向陽作為新時代村官的形象是非常到位的。

該劇還塑造了一群很典型熟悉的農村形象，比如自視過高的宗族大佬劉世榮，唯唯諾諾的馬屁精梁會計，精明算計刀子嘴的村主任媳婦等等，真是人上一百，形形色色，林子大了什麼鳥都有。這些人都是生活原味的農村人，圍著自己的一畝三分地打轉，精於撥弄自己的小算盤，粗糙中見刁鑽，蠻橫中見情義，大槐樹村活脫脫就是一個縮影的小社會。

土地似乎是最近幾年來人們關心的頭等大事，無論是城裡人還是鄉下人都為土地揪心不少，而土地在農村更是他們吃飯的來源。所以圍繞著土地的事，該劇並沒有迴避，特別劉二叔占了寡婦丁秋香兩壟地的是是非非，勾勒出農村宗族大爺那種耍盡心機謀私利棉裡藏刀的嘴臉，這種人非常具有普遍性，讓人感到既熟悉又陌生，所以說該劇非常具有現實意義。

該劇不像那些蓄意製造喜感的電視劇，《馬向陽下鄉記》很真實很寫意，喜點都藏在細節中，予以自然地流露，不做作，不矯情。這部劇是近年不可多得以現代農村題材為主的主旋律大戲。和許多的農村劇不一樣，它更真實地反映出農村的侷限和發展中存在的諸多弊端，城鄉交流融合是大勢所趨，唯有如此，才能共同繁榮進步。

《馬向陽下鄉記》由山東影視傳媒集團、中視傳媒股份有限公司等多家傳媒公司聯合製作。在中央電視台播出以後，省級衛視也重複播出，在社會上收到良好反響。

▌電視劇《為您服務》

二〇〇四年在央視八頻道播出的電視劇《為您服務》於同年獲得政府最高獎項「飛天獎」。電視劇《為您服務》劇情搞笑幽默，通過講述一群「為您服務」公司的職員在該公司中工作所遇到的趣事，向我們展示身邊百姓的生活和他們的喜怒哀樂。電視劇《為您服務》演員陣容強大，由著名喜劇演員李連義、姜超、句號、閻學晶、范明領銜主演。該劇思想健康向上，內容豐富多彩，劇情幽默風趣，人物個性鮮明，風格獨樹一幟。就其獨特的題材定位和劇本彰顯出來的品位而言，該劇是近年來系列室內喜劇的上乘之作。而這部精彩的電視情景劇正是出自著名作家、國家一級編劇隋志超之手。他創作的另一部彙集范偉、閻學晶、李靜、白恩、吳紫彤等眾多演員參與的新型農村題材輕喜劇《老家門口唱大戲》，二〇一三年九月二十六日在央視八套黃金檔播出，同樣深受觀眾好評，更有媒體稱該劇把「話題性農村劇」推向了一個新高度。他作為編劇的話劇《凌河影人》獲得國家戲劇專業藝術創作最高獎——中國曹禺戲劇獎劇本獎，文化部第十一屆文華獎。

而他也有大量的小說、散文、詩歌作品在《長春》《鴨綠江》等報刊發表。

我們所處的時代是一個迅捷而又繁雜的時代，匆匆忙忙的腳步和眼花繚亂的世相常常讓我們反應不及。面對瞬息萬變的生活我們應接不暇，日復一日的奔波又使我們總是疲憊不堪。所以，一部好的喜劇產品就像一縷清風，吹進我們繁雜枯燥的日子，給我們的身心帶來難得的輕鬆和愉悅。

▲《老家門口唱大戲》海報

散文《吃粥的歡樂》

　　散文《吃粥的歡樂》的作者陳學德是深受讀者歡迎的作家，作品在讀者群中獲得廣泛好評，影響很大。他發表過一些小說，更有很多膾炙人口的散文。作品語言簡潔，描寫生動，風格恬淡舒緩。散文以知識性和東北地域特色取勝，注重以情感人，在娓娓道來的記敘中，將深刻的人生道理寓於平實的語言，洇入讀者的心田。潤物無聲，見微知著，在給讀者閱讀愉悅的同時，讓人增長見識，感受生活真諦，潛移默化中提高個人道德修養。

　　作家參加革命較早，歷經人民政權在建立和保衛過程中的風風雨雨，他十分珍惜百姓今日的生活和社會進步，感慨多多，有許多話要說。這也是他散文

▲ 作者陳學德

蘊含的深沉情結。

《吃粥的歡樂》是陳學德的一篇佳作。面對人世滄桑，充滿了喟嘆，也蘊蓄著理想和夢幻。《吃粥的歡樂》曾在吉林省散文學會的刊物上發表，後收入作者文集《忘不掉的往事》。作者以親身經歷和獨到的視角，娓娓道來，曆數我國民間各種粥品的熬製和食用習俗，

我國食粥者可謂人口眾多，大江南北，長城內外，黃河上下，塞外邊疆，凡有人煙的地方，差不多均有食粥的習慣。吃粥的人，不光是平民百姓，官宦帝王之家也不例外。《史記》載：「膳夫掌王之食、飲、膳、饈，以養王及後、世子。」「掌王之食」的「食」，指的是飯，飯又有乾飯與稀飯之分，可見帝王之家也是要喝粥的。

吃粥是我國人民日常生活中的一種攝食習俗。居家旅遊，一日三餐，粥食都是不錯的選擇。飢寒日子吃不飽，喝粥是為了省糧，為了活命果腹。富足的日子不愁吃喝，喝粥是為了養生保健，延年益壽。

作者對喝粥習慣鋪陳其妙。從多角度和側面，解讀和詮釋這一社會習俗的豐富內涵。從保健補益，藥粥療養，日常品味，民風民俗，地域差異，粥品特色，一一細數，將這種普通的民間食品，洋洋灑灑，分析入微，幾乎無一遺漏，讓人歎服。

文中列舉中國各地的粥名和特色，地域不同，取材不同，因地制宜，各種蔬菜、果品、特色作物、山珍、瓜果、水產品皆可入粥，真是品種繁多，五花八門，套用一句作者原文的話，真是「色彩紛呈，令人歎為觀止」。

通過粥這個日常食品，吃粥這一日常現象，作者從細微處動筆，見微知著，揭示出普通百姓到帝王官宦的飲食起居，將芸芸眾生熟視無睹的生存常態，層層揭開，曬給人們看。

文章語言洗練，不飾辭藻，以廣博的知識性取勝，作者豐富的閱歷，穩健的風格，形成了沉穩別緻的文風，讓讀者在閱讀中增長見識，獲得極大的精神享受，並留下無窮的回味。

▌散文詩集《冷雨敲窗》

「我的許許多多的夢想與熱情，昨天還燦爛在夏日繁盛的枝條上，就像湖水的浪花，曾經有過熱烈的追逐。

遠去的帆影，是一次次親切的召喚！泛黃的樹葉，是一片片美好的記憶！」

如此優美的詩句就出自十佳關東詩人之一的作家張詠霖二〇一一年出版的詩集《冷雨敲窗》中。詩集《冷雨敲窗》被吉林省委宣傳部、吉林省作家協會列入二〇一一年重點扶持作品，並榮獲吉林省委、省政府頒發的第十一屆長白山文藝獎。而詩人本人被評為首屆中國散文詩詩人、二〇一四年十佳關東詩人之一。

▲《冷雨敲窗》

作家張詠霖在一九八八年出版詩集《徹夜流浪》，二〇〇九年出版《張詠霖抒情短詩選》，二〇一一年出版詩集《冷雨敲窗》。而其他多部作品也分別被收入《中國詩人自選代表作》《中國新世紀詩人詩選》《中國當代青年純情詩歌散文精萃》《中國當代青年愛情詩精品》《中國當代青年散文詩一千家》《二〇〇八年經典詩選》《2010 中國散文詩年選》《散文詩中國·21世紀十年經典》等書中。

散文《故鄉的蛙鼓》

　　寧鴻升的散文《故鄉的蛙鼓》是一篇回憶以往經歷的淒美文字。在深沉的回憶中，鄉土環境的變化，蛙聲的消失，使作者對環境的不堪污染殷憂不已。

　　青蛙的鳴叫無疑是鄉村夏夜最尋常的天籟。作者對年少時的回顧，寄予了深沉的眷念和痛悔。既是對蛙鳴的沉醉，也是對殘害青蛙的反省和懺悔。時過境遷，明確環境保護意義的作者，對無知的少年往事產生了強烈的逆反心理。環境的日漸破壞和污染，使具有環保意識的人們逐漸警醒，人類的生存問題已經受到嚴重威脅。環境問題需要重視，需要改觀，時不我待，迫在眉睫。環保共識已經形成：對環境的破壞，等同對人類生存空間的毀滅，即是人類對自己的戕害和自殺。

　　人類的短視行為導致了自然條件的破壞。過量施用化肥，大量使用農藥，使得這些難以降解的農藥毒素滯留土壤，殘留並集聚。當代的土地，已不再是歷代祖宗留下的那些肥沃的土壤。有害物質的不斷增加，被作物吸收集聚，越來越多有害健康的元素進入人體。與此同時，自然界裡一部分昆蟲獲得了抗藥性，一部分生物則適應不了環境而瀕臨滅絕。

　　蛙聲的日漸稀少就是一個活生生的實例。

　　寧鴻升的散文文采斐然，更以情真意摯感人至深。《故鄉的蛙鼓》被叢書《致故鄉》卷收入，叢書由中國散文學會推薦，被冠以「世紀經典，今文觀止」的讚詞。以總書名「零距離—名家筆下的靈性文字」，發行全國。

▲《致故鄉》

　　文中對夏夜的蛙聲有獨到的描寫：

　　「蛙聲由一兩聲前奏起鳴，猶如交響樂團先行定音和領奏，隨即引出各音部的伴鳴，然後才

是此起彼應的合奏。那蛙聲或渾厚，或尖細，或高亢，或圓潤，形成天籟似的音樂。這聲音波動著朦朧月色，洇潤著泠泠水汽，激盪著沉沉夜色中的蒼莽帷幕，在廣袤的田野間滾滾轟鳴。猶如敲擊起萬面鼙鼓，金聲玉振，動地驚天，從遠遠近近時弱時強地傳來，形成夏夜中最具共鳴的主旋律。」

蛙聲的稀疏從側面表明了青蛙數量的銳減。而青蛙的「減員」則是受人類超極限活動的影響。誠然，在我們的生產活動中，過度使用有毒有害的肥料和藥劑，給生物帶來了致命的危害，人們是該反省自己的行為了。改過自新，是醒悟的人類義無反顧的實際行動。

因此，散文超越了一般懷舊的情感界限，使主題得到了新的昇華。

▲ 作者寧鴻升

散文《捻亮心燈》

　　《捻亮心燈》是女作家李雪菲一九九八年創作的一篇優秀散文。吉林電視台發現散文原作後，著意拍攝成電視散文，於是及時連繫，徵得作者同意，在梅河口現場拍攝，電視散文拍成後，隨即於吉林電視台綜藝頻道播出，並引發強烈的反響。

　　電視散文是一種新興文體。因其音畫結合的藝術效果，使作品具有更強的感染性。視覺和聽覺的雙重作用，讓作品更加深入人心，在觀眾和讀者心中產生強烈共鳴。

　　《捻亮心燈》雖然存在大量美麗的畫面，主題卻並非在描寫景緻，而是一篇描寫一個年輕人在對人生、事業的執著追求中遇到困惑，以及內心與困惑抗爭的、具有時代鮮明個性的散文。作者以清麗深邃的筆墨，寫出了一代努力向上的年輕人內心的獨白。文章把生活中遇到的一些事情，加以簡要概說，那些對良知、道德、正義拷問直指人的內心，觀眾彷彿能看到：一個充滿正義感的年輕人站在面前，對醜惡和自私陋俗鞭撻憤棄，讓人們內心瞬間清涼乾淨。

　　這是一段非常值得觀賞的音畫美文。屏幕上迭現出雞冠山景區、磨盤湖流韻，風光秀麗旖旎，展現出湖光山色的迷人景緻。在青山綠水畫面變換中，一張年輕美麗的臉，悠然於山水之間，一個俏麗的女性身影，背襯著樓群車流，樹影花壇，獨自叩問著內心世界，探索著現實與理想之間的矛盾和困惑，努力尋求她精神世界的歸宿。

　　這篇作品聲情並茂，以女性特有的敏感，抒寫著對理想和事業的無限熱愛，孜孜不倦地嚮往和追求。表達了作者對人生的漸悟和對生命的認知，同時更伴隨著時代脈搏的律動。

　　電視散文在吉林衛視播出以後，收看了作品的梅河口觀眾大為驚異。而看到熟稔的身影和熟悉的風景在省台播出，作者的朋友們極為振奮，幾乎奔走相

告，為李雪菲的散文而興奮而共鳴。

　　電視散文這種新的傳播形式，音畫文字相結合，做到了情景交融，增加了作品的感染力和震撼力。電視這種科技手段令感人的散文作品更動人心弦，加之畫面和音樂的完美結合，抓住了觀眾的心靈，產生了震撼的效果。

　　散文寫作優美，拍攝精美，風光秀美加上人物柔美，諸美畢具，給欣賞電視散文的觀眾和讀者以耳目一新的觀感，宛如享用了一道精神世界的美餐。

▲ 作者李雪菲

▎散文隨筆 《杜鵑》

　　《杜鵑》是女作家高健男的一篇隨筆。作品立意很新穎，描寫也很具特色，是一篇言物詠志的佳作。

　　作者從歷史上的傳說，到著名詩人的吟誦，對杜鵑的習性展開了描寫，肯定她的品格，昇華她的天性。

　　高健男的散文善於撿拾身邊經歷，普通事件，從中提煉主題，抒寫生活情感。對事物的感悟凝結成簡練的文字，娓娓道來，蘊含著獨特的立意，揭示出人生的深刻道理。

▲ 高健男作品

在《杜鵑》中，作者寫道：

「觀賞杜鵑花，細品杜鵑花，你會被它那種駕馭春光的氣勢、那種爭妍鬥麗的氣質、那種樂於合群的氣派所感染。年事漸高的長者，通過品賞此花，培養和鍛鍊自己的振作、豁達、灑脫、快樂的素養，像坦蕩的彌勒佛那樣『大肚能容，容天下難容之事；開口便笑，笑世間可笑之人』。年輕人品賞此花，學習和歷練杜鵑的品格，讓青春和人生像杜鵑一樣競相綻放，把世界裝點得更美好！」

女作家行文簡潔，富含美感、以情動人，通過議論傳達自我感悟和時代正能量，發揮了積極的勵志作用。

作者善於觀察生活，寫出的東西語言樸實，情感真摯。《杜鵑》這篇散文，語言精練，篇幅短小，從冬天室外的白雪飄飄，描寫到室內杜鵑花開得正豔，溫馨如畫。聯想到杜鵑花頑強的品質與超凡脫俗的氣質，雖然明豔動人，卻又不驕不躁，給人們帶來無限的快樂。

作者希望自己和身邊的人也能夠具備這樣的品質。

至此，一篇散文完成了自己的主題。作者也借此抒發了對人生處世態度的更新認識。

▲ 作者高健男

▎小說《集體戶的鳥窩》

作品採用詼諧、幽默的語言，調侃的筆觸再現了「文革」期間知識青年上山下鄉的經歷。講述了一群東北知青在廣闊天地裡「接受貧下中農再教育」，只有在史無前例的「文革」當中才會發生的，他們所遇到的一些荒唐可笑的故事。如「割資本主義的尾巴」「學大寨，修梯田」「計劃生育」「抓賭」等政治生產活動，以及知青們在實際生活中經歷的艱難困苦（如挨凍、偷柴、打狗）等，折射出的無奈，讀來既啼笑皆非，又耐人尋味。小說以真實細膩的景物和心路

▲《集體戶的鳥窩》

描寫，跌宕起伏的故事情節，把那個具有時代特色的知青生活展現到讀者眼前，特別引起了老知青的強烈共鳴，成為一幅不可多得的歷史畫卷。

作者尹丹是吉林省作家協會會員、瀋陽鐵路局作家協會會員。先後創作百餘篇散文、報告文學、詩歌、相聲、山東快書、數來寶、小品等各類形式的文學文藝作品。一九八二年在《吉林日報》發表處女作山東快書《勇擒逃犯》，一九九二年在《吉鐵工人報》首發散文《燈》，一九九二年詩歌《列車已經啟程》在《遼寧青年》雜誌上發表。小說《調解》於一九九一年獲瀋陽局第一屆曲藝小品比賽二等獎。詩歌《傘》於一九九三年在魯迅文學院「大連文學創作培訓班暨文學筆會」上獲二等獎。

長篇小說《苦笑》

　　長篇小說《苦笑》共一百六十五萬字，反映了「文革」時期東北朝鮮族農民的生產和生活情景，語言幽默生動，一經發表，便好評如潮。這部作品填補了朝鮮族文學史上的一塊空白，被專家譽為朝鮮族文壇里程碑式作品。作者朴善錫被吉林省文化廳授予吉林省民間藝術家稱號。

　　其姊妹篇《災害》發表後也深受讀者歡迎。因他的作品語言樸實，詼諧幽默，構思巧妙，故事內容又十分貼近生活，不但深受國內廣大讀者的青睞，在韓國也有為數不少忠實的讀者。一九九九年，他作為中國朝鮮族作家代表團成員訪問了韓國，二〇〇三年，赴韓國首爾出席了世界韓民族作家代表大會。

　　朴善錫是一位多產作家，從一九八〇年開始發表作品至今，先後有一百餘篇短、中、長篇小說分別在《大眾文藝》《長白山》雜誌發表。創作了中短篇小說《酒鬼丈夫》《血和命運》《沒毛的狗》等一百多篇。其中小說《沒毛的狗》被改變成劇本，搬上了舞台，在各地巡迴演出，引起了轟動。之後又被瀟湘電影製片廠拍成電影，搬上了銀幕。短篇小說《酒鬼大夫》獲《長白山》雜誌第一屆文學獎，《老丈人家》獲《天池》雜誌文學獎，《妻子的微笑》獲吉林省第二屆少數民族文學優秀作品獎。

▲《沒毛的狗》

鐵板畫

鐵板畫屬於工藝美術的一種，與工藝美術美化生活用品和生活環境的造型藝術宗旨相同，鐵板畫是在光滑的鐵板上施展功夫，搬弄技巧，讓鐵板上出現意想不到的圖畫和效果的一種藝術。

劉宏偉作為工藝美術家，其鐵板畫藝術堪稱梅河口一絕。他最早的鐵板作品，當數為梅河口作家協會製作的獎牌。獎牌上的行草字跡與書法家原作分毫不差，行草如龍飛鳳舞，正書似鐵劃銀鉤。之後他不懈地鑽研鐵板畫，不斷創作出令人嘆絕的藝術佳品。他的名

▲ 鐵板畫

聲逐漸被社會所認知，在參加過幾次藝術展後，其作品屢屢獲獎，更令人刮目相看。

鐵板不同於宣紙，又異於絹帛，工具不再是墨和筆，中國畫中的許多技法無法應用。不能暈染皴擦，無法著色勾抹，完全是一種新的創作技法。每一筆都要講究力道、準確，總體布局和形像要事先掌握，把握分寸，輕重得當，深淺相宜。以鏟為筆，大而化之，皆在於心。在僅有一毫米厚的鐵板上，使用

▲ 鐵板畫

大小不同的多個白鋼扁鏟，掄動手錘，敲敲打打，一幅幅栩栩如生的畫面便躍然其上：翱翔天宇的雄鷹、撲翼水濱的白鵝，振翅欲飛的小鳥、屈曲靈動的昆蟲，還有若思若痴、似傲似懦、如立如僂、形象各異的古今人物。各秉姿態，各具神情，衣袂飄飛，如夢如幻，體現出迥異於紙帛的另一種情趣。

▲ 劉宏偉的鐵板畫

▌微刻

　　微刻是指用刀等工具在載體上刻出微小的字體或線描出具體畫面，是一種微小精細雕刻技法。微刻是十分講究畫面和章法的藝術，這使得微刻刀法尤為重要，就好比書法、繪畫中的筆觸，它能起到加強、豐富作品藝術效果的作用。以彩石為材質的微刻作品更講究書法效果，不僅單字結體要整齊平正，長短合度，疏密均衡；若用行書則要字字聯貫，游絲牽引；行氣敬正呼應、血脈暢通。而整體布局需呈現出變化錯綜，起伏跌宕，才能受到眾多書法和微刻愛好者所喜愛。

▲ 沈明坤的微刻作品

▲ 微刻

名聲遐邇的梅城微刻家沈明坤，其微刻藝術特點主要是以長白石、巴林石等石料為載體，經過精心加工磨製後，再根據其石料的天然色彩、紋理、畫面進行填詞補畫，使整體畫面情景交融、渾然一體，產生詩情畫意的藝術效果，其書法特徵也非常明顯，既保留了傳統的書法韻味，又顯示了金石刻寫的刀筆之功，在放大鏡下，字體顯見，不失其真。他的微刻作品有兩大藝術風格，其一是他的意念微刻作品，不藉助任何光學儀器和電子設備，完全依靠自身的視覺、感覺，心動手應，自然刻寫，在刻製過程中，不是追求越微越好，而是在微觀的基礎上追求金石味和碑帖感的書法效果，故稱之為微觀書法。其二是他的紋理畫作品，即利用石材的自然紋理、色彩、屬性，構圖、填詞、補畫，產生天人合一、詩情畫意的藝術效果。在製作過程中，他概括了三句話：細緻觀察，順勢勾畫，視覺定型。

他的微刻作品多次參展並獲獎。一九九六年，作品《赤壁賦》榮獲吉林省文化廳和群眾藝術館聯合舉辦的「九六首屆菁英美術、書法、攝影藝術大賽」一等獎。同年，作品《楓橋夜泊》被梅河口市領導贈送給國際友人陳香梅女士。一九九八年在曼谷舉辦的「第二屆世界華人藝術大賽」中，作品長白石微刻《將進酒》榮獲國際榮譽金獎。一九九九年在香港舉辦的「第三屆世界華人藝術大賽」上，作品《水調歌頭》獲特別金獎。他的作品近千件流傳國內外。

篆刻

　　金石篆刻是一種古老的傳統工藝美術品，屬於中國石文化中的重要組成部分。金石篆刻行業範圍內，權威當數西泠印社。多年來金石大家雲集，堪稱國家篆刻藝術的殿堂。而在梅河口雕刻圈裡，周敬文即是那個執牛耳者。

　　周敬文自小愛好刻石，年屆而立即聲名鵲起。書畫家們想刻一枚隨手可用的印章，首先會想到周敬文。由此可見，其技藝和名望已被名家們普遍認可。雕刻不僅僅看刀工，還要有很高的書法藝術和知識，僅僅會刻不夠，還要擅寫。真草隸篆精通，才是一個好的篆刻家。周敬文對書法的鑽研，給了他藝術想像力的迴旋空間。他的篆刻越來越精彩出眾，在各級展覽中一次次奪得獎項。

　　篆刻對雕刻家的要求很高，需要雕刻家針對每一方印石的質地、形態，因勢就式，確定書體、印式、布局，將這些都了然於胸後，隨即大膽下刀，刀工遒勁，或楷或篆，或陰或陽，製作出一方方精美的印石。行成於思，業精於勤。周敬文在自己的藝術天地間正孜孜不倦地進行著無盡的探索。

 仿古瓦當篆刻

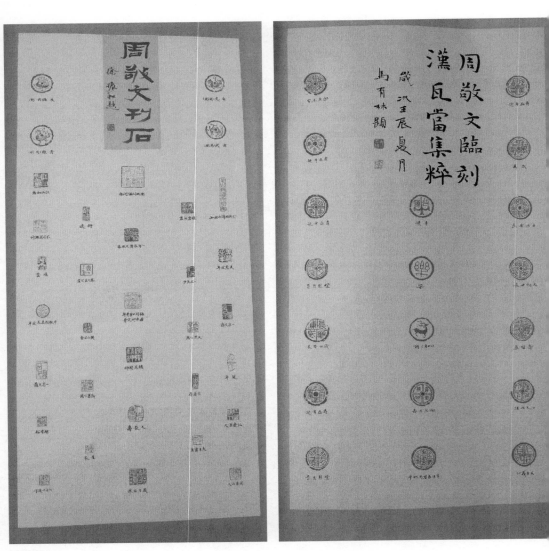

▲ 篆刻

266

▌剪紙

　　剪紙是傳承已久的一項民間藝術，多以喜慶和祈福為主題，寄託人們對美好生活的憧憬和嚮往。

　　剪紙用料基本是彩紙，要質薄而品韌，便於加工，也有利於保存。剪裁邊緣規整，作品美觀藝術。

　　梅河口不乏剪紙高手，李明江是這些剪紙藝術家裡的佼佼者。他的剪紙工藝獨樹一幟，是剪紙界裡為人推崇的名家。

　　李明江的民間剪紙，以弘揚滿族薩滿文化為基調，是典型東北的民間手工藝術。他的成就得到了工藝美術協會的重視，認為這項傳統的民間工藝有必要得到發揚光大，並將其列為可發展的產業項目。

　　二〇一二年五月，李明江完成了自己的十米剪紙長卷「百鶴圖」。在這幅作品上，一百隻仙鶴形態各異，無一重複，活潑靈動，在參加中國國家剪紙協

▲ 李明江在創作剪紙作品

會舉辦的「滿族剪紙放異彩」全國大展中，獲得展會頒發的銅獎。在齊齊哈爾舉辦的全國「神鶴杯」剪紙大賽中，李明江的另一幅作品還獲得了銀獎。

李明江的成就確立了他在梅河口剪紙界的地位，也使得愛好這一藝術形式的人們，對剪紙產生了濃厚的興趣。許多百姓人家在春節時候，都買幾張剪紙的窗花裝飾居室，使得喜氣盈門的家庭，更增添濃厚的節日氣氛。

一個藝術家的地位，在於自己的成績，只有技藝精絕，才能贏得客戶的青睞。李明江的藝術為人所重，他的作品正開拓著自己的市場，給普通百姓送去更好的喜慶祝福。

▲ 李明江的剪紙作品

葫蘆雕刻

葫蘆雕刻在中國流傳久遠，葫蘆工藝更為中國人所推崇。植根於梅河口市這片沃土的「盧氏葫蘆雕刻技藝」經過盧氏幾代人的傳承，歷經百年流傳至今，深得百姓和收藏者的喜愛。盧氏葫蘆雕刻技藝反映了梅河口市的風土人情，有著濃郁的地方文化色彩。

葫蘆雕刻技藝鼎盛於清代，那時葫蘆雕刻已經成為皇家貢品。慈禧六十大壽時貢品中精美的葫蘆雕刻已達三十多件。達官顯貴更是為擁有一件葫蘆雕上品而得意誇耀。為了滿足需要，宮中專門供養了一批範匏藝人（專門範制葫蘆的人）。

盧氏葫蘆雕刻技藝第一代傳人盧寶厚在清代就曾做過宮廷專職範匏藝人。隨著清朝的沒落，範匏藝人逐漸流落民間。盧氏葫蘆雕刻技藝第四代傳承人盧清林從小就耳濡

▲ 盧清林與他的葫蘆雕作品《百花罐》

目染，喜歡葫蘆雕刻，他的手法精湛，技藝超群，可以在一隻直徑六十釐米、高五十釐米的菜葫蘆上面雕刻上百種形狀各異的花卉，而且花朵中間藏著很多小鳥、昆蟲和蝴蝶。他還把雕刻葫蘆剩下的邊角餘料拼黏在一起，做出了許多

▲ 盧清林的葫蘆雕刻作品

好的作品，被百姓所喜愛。盧清林多件作品被國內外人士收藏，吉林電視台為他拍攝專題片《葫蘆夢》，全國二十多家媒體對他進行報導。他於一九九八年榮獲吉林省民間藝術家稱號。

盧氏葫蘆雕刻技藝的製作基本上分三道工序：第一道工序是將成熟的葫蘆摘下來，放在鍋中煮，然後堆放在一起使其發酵，以去掉表層青皮，使葫蘆顏色變黃。第二道工序是在葫蘆上面雕刻各種圖案。盧氏葫蘆雕刻技藝在技法上最成功之處在於借鑑了雕刻工藝的鏤雕技法，將構圖以外的空白部分全部鏤空，透刻上摺線紋、如意紋、古錢紋等各式花紋，不僅改善了葫蘆的透氣傳聲性能，也增強了葫蘆的整體審美效果。第三道工序是上色。先用鍋底灰或麥秸灰同棉油或豆油攪拌均勻，加入色料，塗抹在雕有圖案的葫蘆上，最後用布把葫蘆表面的灰擦拭乾淨，留在圖案凹槽的油灰會使圖案更加清晰逼真，永不褪色。

目前，「盧氏葫蘆雕刻技藝」已列入梅河口市非物質文化遺產名錄，盧清林已成為該項目的代表性傳承人。盧氏葫蘆雕刻技藝主要以家族方式傳承，至今已有二百多年的傳承歷史。隨著時代的進步和發展，盧氏葫蘆雕刻技藝已經發展成為一種擁有獨特雕刻技藝形式，加入各種精湛雕法及刀功等設計出疏密得當、線條流暢、風格高雅的葫蘆雕，具有很強的鑑賞價值和廣闊的市場前景。

根藝

根藝屬於美術範疇，俗稱根雕藝術，學名根藝。在《中華民間藝術大觀》一書中列入「雕刻工藝」，在國家非物質文化遺產項目中劃歸「民間藝術」。

根藝家楊向東的根藝巧妙而新穎，作品吸引了很多本地的愛好者和遠道而來的客人慕名而來。楊向東的根藝作品，構思巧妙、設計新穎，創作特色是利用浪木根及各種果核的特點隨型巧雕，其作品生動鮮活，數以千計的作品各具特色，無一重樣。

根藝家不同之處，就在於因形就勢，將具備某種形態的樹根，依照其自身的象形，以藝術的眼光取勢，托型為物件，或山峰，或動物，以自然像形取勝。講究七分天成，三分人藝。若一件作品定型，再打磨拋光，直到成功，藝術家本人和觀者皆大歡喜。

根藝講究選擇根材。有了好的根材，才能就此昇華，在自然形態上因陋就簡，相映生輝，創作出神來之筆的藝術品。選擇根材要質地堅硬、光滑、細膩、紋理清晰，適宜進行藝術加工。在東北有柞、櫟、楊、榆、椴、樺、映山紅等硬雜木的根，適宜進行藝術加工。

大自然為人們準備了千姿百態的材料，雖

▲ 根藝作品《鷹戀》

▲ 楊向東的根藝作品《龜形花架》

▲ 楊向東的根藝作品《天馬行空》

然它是僵死的廢物，不甚完美或似是而非，但它潛藏著可供利用的美。為根藝家提供了施展形象思維的先天條件。根藝家略施手段，即可創作出具有生命力的作品。可謂化腐朽為神奇，變凡俗為瑰寶。

楊向東施展自己的技能，給看似燒柴的根木以嶄新的價值。每年他都利用節日休息時間，去山區、林區尋找根木，從懸崖、峭壁、地頭、園林、田邊、農家的柴火堆甚至村民的手中收購有型的材料。他把這些到手的珍貴根才小心地儲存起來，根據自己的靈感，賦予其新的形象和精神。他創作出的作品不下千件，作品件件形神具備，令人歎為觀止。

這些根藝作品擺上展台，各具神姿，靈動逼真，引人遐想，真可謂琳瑯滿目，讓人目不暇接。

風箏

　　梅河口市是個風箏大市，二十世紀九〇年代曾一度名震全國。在山東濰坊舉辦的全國風箏大賽上，梅河口風箏高手們一展身手，在賽場上奪得過很好的名次。

　　至今風箏仍然是梅河口的強項，只是隨著時間的變遷，風箏的製作和放飛重心，已經轉移到了梅河煤礦的風箏團體裡。

　　梅河煤礦有一群人對風箏有著痴迷的情感，他們利用業餘時間，對風箏的研究和技藝的提高都有著明確的目的。

▲ 風箏

這些痴迷者對風箏的努力，可謂殫精竭慮，只為能改善風箏的製作，提高技藝水平。他們廢寢忘食，會為了解決一個技術問題而興奮得夜不能寐，奔走相告。

　　梅河煤礦風箏團隊，相互合作，勤奮創作，努力爭上，一直以來成績優異，陳慶華、程傳義、郭福河、李林等人的風箏製作，造型生動活潑，畫工精湛，製作工藝上不斷提高，無論是軟翅還是軟板，都有各自的特色，放飛力度精準，風箏彩繪技藝上，做到了傳統與現代相結合，他們的作品承載著傳統的精髓、蘊涵著現代的氣息。一九九二年至今，已經獲得國內外金獎、銀獎及團體獎項多達二十餘次。

　　如今，風箏的技藝發展在梅河煤礦方興未艾。許多對風箏很感興趣的年輕人也加入進來，給風箏紮製的傳承帶來了新的動力。

▲ 陳慶華等正在做放風箏的準備

攝影

　　梅河口攝影界高手如林，隨著技術提高和器材更新進步，攝影家們不斷地創作出許多好作品。這些作品不僅在省和國家各級競賽中獲獎，給廣大觀眾以愉悅享受，也間接地為當地經濟發展提供了動力。

　　隨著智能手機的普及，攝影漸次成為全民的日常活動和習慣行為。只要手執一部相機或手機，即可隨意拍攝。但是，如實地反映物體實況只能稱為照相，藝術地表現客觀事物的內在魅力，給觀賞者以震撼，才能稱為攝影。

　　攝影家辛睿博拍攝的一組鳥兒，取材於梅河口鄉野，在長鏡頭前，鳥兒姿

▲ 孫紅宇攝影作品《追夢》

態活躍，靈動多姿。鳥媽媽正在窩裡哺育雛鳥，嗷嗷待哺的雛鳥張大著嘴，爭搶著媽媽嘴上的小蟲。幾個黃嘴丫朝天大張，急不可耐，那種急切得到食物的情景，淋漓盡致地展示了自然界禽鳥的生存過程。

目光銳利的鷹和起舞飛翔的燕子，都在鏡頭前一一展開，尋常的自然界生命狀態，給欣賞藝術攝影的人們敞開了特殊的窗口，使人們得以瞭解無緣親見的芸芸眾生，以及自然界的奇妙和多姿。

孫紅宇的梅河口風光照拍攝得氣象萬千。特別是梅河口的觀眾，對此不但自豪，而且將這些影像當作自炫的資本，通過網絡或手機微信，發送給遠在外地的親友，津津樂道地講述梅河口的變遷。這些城市影像風光照片，具有獨到的藝術品位，也強烈地震撼著觀眾的心靈，讓梅河口民眾對家鄉的發展和未來充滿了希望和憧憬，對自己的工作增添了無比的信心和動力。

孫秀海的攝影涉獵廣泛，有著自己的特色。對梅河口的景色拍照作品豪邁大氣，經過後期製作，輔以色彩的藝術加工，作品顯現出唯美主義的特質。特別對梅河口的普通民眾來說，原本熟識的景觀，在攝影家的鏡頭裡，展現了前所未見的獨特效果，瑰麗多彩，令人觀之震撼，成為大家讚賞稱頌的藝術之

▲ 孫秀海攝影作品《大地血脈》

▲ 孫秀海攝影作品《春歸磨盤湖》

作。近年《梅河口年鑑》中的彩色圖片大多出自他手,他的作品多次在各級影展中獲獎。

攝影家丁兆吉作品很多,攝影風格慣於平凡之中顯神奇,無論是自然景物,還是社會活動和群眾盛會,都能以獨特的角度和技藝,捕捉到精彩的瞬間,令觀眾叫絕。而這些精彩的瞬間由於藝術的定格,成為永恆的經典時空,也成為不可磨滅的歷史記憶。

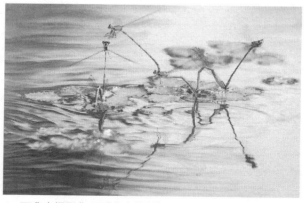

▲ 丁兆吉攝影作品《空中雜技》

書法

　　梅河口市書法藝術自清末以來饒有名氣，著名學者王在鎬、王蔭堂、王俊英等都工於書法，有的自成一體，被後輩人爭相效仿傳習。其中，王俊英書法一直流傳到上個世紀六〇年代，許多機關、學校的牌匾均出自其手。

　　自一九七九年，書法家協會成立，歷屆書法家協會活動不斷，書法家層出不窮。

　　現書法家協會共有會員八十六名，其中吉林省書法家協會會員二十五名。梅河口市書法家協會注重書法的社會效應，每年都有書法活動進機關、進社區、進部隊、進鄉鎮、進企業、進校園，開展全市性書法展賽和書法講座活動多次，展示會員的書法水平和精神風貌，為全市文化活動增添一抹亮色。活動既弘揚中華民族傳統文化，又推動書法事業的發展，得到社會各界讚揚和認可。梅河口市書協在會員參加的各種展賽活動中，僅二〇一三年就取得了較大成績，其中吉林省第四屆書法臨帖展，九人入展，王洪偉獲三等獎；徐振和、任長輝、劉金三人的書法作品被韓國國家博物館收藏，並鐫刻在博物館碑林

▲ 馬有林書法作品

中；任長輝的書法作品被中國書法最高藝術殿堂—中國書法博物館收藏並陳列。

梅河口市硬筆書法家協會一九八九年成立，現任主席米廣華，有會員一百四十名，其中國家級會員三十一名，省級會員四十六名，是中國硬筆書法協會團體會員單位。在全國業內有較高聲望。近年來，協會組織會員參加全國性賽事頻繁，入展入選率幾乎百分之百。更有六人數十次獲得全國等級獎項和全國百強稱號。梅河口硬筆書協這種大規模參賽、大面積豐收的情況，被中國硬筆書協稱之為「梅河口現象」。

二〇一〇年以來，梅河口硬筆書協連年被中國硬協評為全國先進單位。徐振和、任長輝、劉金三人為全國先進工作者。梅河口硬筆書協立足於梅城，廣泛開展群眾性的硬筆書法活動，組織書法家送文化到基層，為普及提高硬筆書法知識做了大量工作。協會還組織中小學生參加教育部推行的全國硬筆書法等級考試，至今已歷五載，取得驕人成績，提升了學生們的書寫能力和應用水平。

輝發河景觀帶是梅河口城區正在續建完善的風景帶，已建成一批軒閣亭榭，其上的楹聯和書法都是本地書法家墨跡。真草隸篆，龍飛鳳舞，為軒閣亭榭整體的景觀增色不少。

隨著生活水平的逐步提高，精神文明也有了

徐振和書法作品 ▶

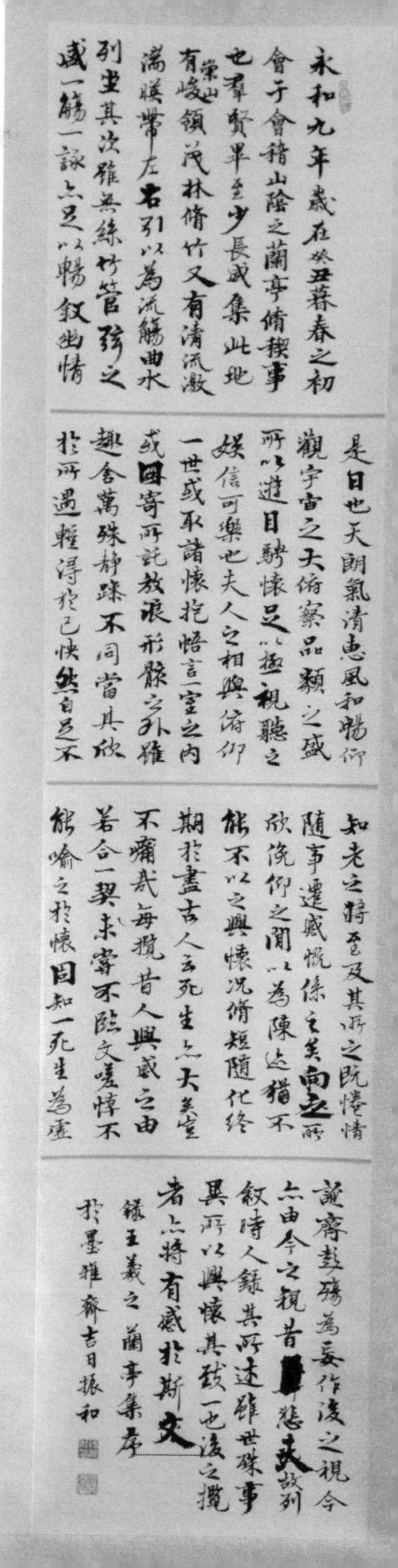

更大市場。許多家庭喜歡在居室和客廳里布置些水墨畫和書法條幅。當地書法家的作品經過裝裱後，在廳堂裡懸掛，使家庭增加了文化氣氛。為了這項事業，裝裱技工很有市場。

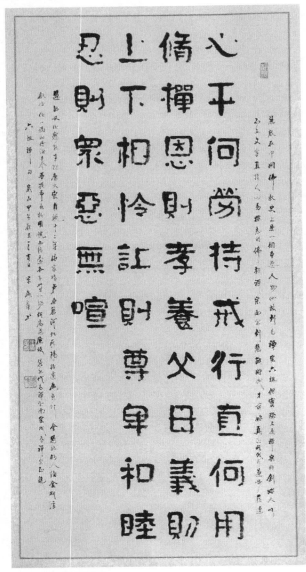

▲ 米廣華書法作品

▌繪畫

　　梅河口境內的繪畫藝術，自二十世紀六〇年代日漸繁榮。一九六四年創作的版畫《接班人》，入選東北三省版畫展。一九六五年創作的年畫《林海哨兵》、一九六六年創作的油畫《夜以繼日》均由吉林人民出版社出版。一九七〇至一九九九年，繪畫創作種類由年畫、油畫發展到兒童畫、版畫、漫畫和連環畫等多種。其中年畫《雪原練兵》《滿江木排滿江歌》、油畫《齊心協力》、連環畫《玉米稻》先後被國內各家出版社出版發行。二〇〇一年前後，全市美術繪畫創作骨幹發展到四十多人，其中有一批骨幹成長為美術名家。

▲ 王善生作品

▲ 張大林作品

▲ 關鑒先生作品

　　從二十世紀六〇年代至今，梅河口市美術事業更加繁榮，形成了一支以美協為創作核心的團隊，較早的核心人物有：王善生、李光啟、陶春林、宋奎巨、許傳林、田立生、白文明等人。美術創作隊伍不斷壯大，美協為提高全境美術創作水平，大力組織各類學習班、創作班，並組織作者經常去長春、北京等地參觀全國美展，提高鑑賞力和認識力。到 一九八〇年，海龍縣已成為通化地區美術創作的主力區域，湧現出關鑑、王善生、李光啟、安傑、白文明、杜百仲、陶春林、李春清、董瑞豐、陳勇、張立軍、許傳林、程松、石貴臣等多位成就卓然的畫家二十餘人，形成了通化地區一支強有力的創作隊伍。每次全區展覽，海龍縣作品均為數可觀、質量上乘，各領風騷。他們中的一部分人陸續走出海龍縣，在省內外享有較高知名度。一九九三年以後，梅河口市已經具有一批美術院校畢業的專業人才，與本市出身的業餘創作人員相輔相成，創作隊伍蓬勃發展，團隊人數達一百多人，遍布全市各個行業。他們思想敏銳、創新意識強、成就卓然，以任傳文、趙博、董端豐、郭治等中青年美術家為代表，活躍在梅河口美術的舞台上，為梅河口美術的傳承發展做出了重要貢獻。

　　跨入二十一世紀，梅河口美術整體實力全面提升，在隊伍建設、創作實力、展覽交流中都表現出質的變化，呈現蓬勃發展之勢。特別是近年來，多位

▲ 張玉東國畫作品

畫家如安傑、楊雨、李家玉、孟祥平、邢軍、張玉東、汪永海、白佳芳等的畫作，已走出梅河口，在關東畫派中獨樹一幟，作品分別在北京中國軍事博物館參加展覽。

梅河口市美術家協會現有會員一百一十五人，其中中國美協會員兩人，省級會員二十四人。

梅河口還有一個梅河口市老年書畫家學會。他們的成績也令人矚目。梅河口的許多家庭對繪畫有濃厚興趣。在梅河口的書畫店裡，經常有顧客來商討價格，選購作品。這些書畫店的營業額逐年攀升，可以從側面看到，更多的家庭對文化生活的嚮往與日俱增，越來越多的人對美術書法的需求量正在不斷地擴大。

美術家協會近幾年曾出版過幾部書畫作品集，這些集冊對很好地保存畫家作品的風貌，起到了宣傳創作者和作品的作用。作品集也鼓舞了書畫家的激情，對他們創作和藝術水平的提高，起到推波助瀾的促進作用。

二〇一三年出版的《梅河口書畫作品集》薈萃了市老年書畫研究會一百二十名會員的一百二十幅書畫精華，是協會會員們以梅河口的自然風光、人文景觀為基礎，深入生活，精心提煉創作而成。作品風格迥然，異彩紛呈，是展示梅河口地域風采、弘揚當地文化的精品力作。

第六章

——

文化風俗

梅河口作為長白山門戶，清代盛京圍場、皇家鹿苑故地，各民族之間的相互融和，產生了不同的文化風俗，成為中華民族文化風俗的重要遺產，被後人傳承和延續下來。這些民族節日風俗、傳統文化風俗、傳統文化禮儀，早已融入百姓的生活之中。弘揚民族文化風俗，就是留住了民族文化的根脈。

▋春節

春節是一年中最隆重的傳統節日，也稱過大年。梅河口境內無論漢族還是滿族、回族、朝鮮族等少數民族都過這個節日。從廣義上說，梅河口地區的春節從農曆臘月二十三過小年開始，一直延續到正月十五元宵節結束，有的地方一直延續到過青龍節，故有「正月沒出都是年，耍正月、鬧二月，哩哩啦啦到三月」之說。

▲ 春節的文化風俗

二十三——過小年兒。農曆臘月二十三是傳統的小年日，這一天的主要活動是祭灶神，祭完灶神就可以準備過年了。灶神，民間俗稱灶王、灶君、灶王爺，也稱東廚司命。專門監督人們的言談舉止。每逢農曆臘月二十三，玉皇大帝就召他上天匯報情況。人們擔心他說人間的壞話，因此每到這一天，家家戶戶都要上供，把他的嘴堵住。同時，把灶王爺的畫像揭下來，在灶門口燒掉，以示送他回天。全家人還要在地上磕頭，並求他「上天言好事，下界降吉祥」，待除夕晚上再貼一張新的灶王爺畫像。

　　梅河口地區有關於灶王的民謠：「灶王爺，本姓張，騎著馬，挎著槍，到天庭，見玉皇，好話多說，賴話瞞藏，上天言好事，下界降吉祥。」並且還為這位灶王爺編了不少傳說故事。傳說，有一年，玉皇大帝派王母娘娘到人間視察民情，玉皇大帝的小女兒在天上待久了覺得悶，也跟隨母親下到凡間。她看到民間百姓的疾苦，非常同情。同時看到人間有那麼多的恩愛夫妻，她也很嚮往真摯的愛情。後來她看上了一個給人燒火幫灶的小夥子，她覺得這個人心地善良、勤勞樸實，於是決定留在凡間和他一起生活。玉皇大帝聞聽後非常生氣，把小女兒打下凡間，不許她再回天庭。王母娘娘心疼女兒，百般求情，玉帝才勉強答應給那個燒火的窮小子一個灶王的職位。從此，人們就稱那個「窮燒火的」為「灶王爺」，而玉帝的小女兒就是「灶王奶奶」了。

　　二十四——掃塵日。每年從農曆臘月二十四開始掃塵。「掃塵日」是掃除塵土，意在驅鬼，納新迎吉。這一天要買把新掃帚，把家裡的天棚旮旯掃一掃，去除一年的晦氣。要把去年的對聯、福字、財神都揭下來。家裡的衣服被褥、鍋碗瓢盆、犄角旮旯、雞架、倉房、廁所都要打掃一新，準備乾乾淨淨迎新春。春節前為什麼要掃塵，也有一個神話傳說。據說很早以前，玉皇大帝為了掌握人間情況，專門派三屍神常駐人間。每到年末三屍神都要回天宮向玉帝匯報人間情況。三屍神為了顯示功勞，故意在玉皇大帝面前說：「凡人非常粗野，動不動就罵人，連你玉皇大帝都敢罵。」玉皇大帝一聽，火冒三丈，他命令三屍神認真查訪，將那些罵他的人的姓名寫在牆壁上，等到年三十算總賬，

▲ 掃塵日

到時將派天兵天將到人間，予以捕殺。這件事被灶王爺知道了，他想搭救眾人，足足想了七七四十九天，最後才想出一個好辦法，即在他上天之後，從臘月二十四開始，家家戶戶都要掃塵，把牆壁各處掃得一塵不染，免得留下姓名。農曆臘月三十這天，天兵天將下到人間，找遍所有人家的牆壁，一個名字也沒有。向玉皇大帝報告後，玉皇大帝大怒，判三屍神犯欺君之罪，把他打入十八層地獄。從此，每年從農曆臘月二十四開始，各家各戶掃塵，免遭橫禍，後來又加上了洗澡等內容。民間還有一種說法是「二十四，寫大字」。「寫大字」是指寫春聯。

二十五——做豆腐。做豆腐是為了臘月、正月食用。是借「豆腐」的「腐」與「福」的諧音，謂做福。

二十六——烀凍肉。梅河口地區盛傳這樣的童謠中：「小孩小孩你別哭，進了臘月就殺豬；小孩小孩你別饞，過了臘月就是年。」說明殺年豬是過年的一個前奏，也是一年之中的大事。殺年豬是為過年做準備，所以大部分肉是按血脖、里脊、硬肋、後鞧等部分分解成塊，放進大缸裡冷凍貯藏備用。過了二十三，把凍肉拿回來，放在缸裡或是盆裡「緩」（解凍融化）上。二十六這天要把「緩」好的肉拿出來，開始烀凍肉。

二十七——殺公雞。民諺稱：「臘月二十七，宰雞趕大集。」這一天，家家戶戶除了要宰殺自家的家禽，還要趕集上街、集中採購。農曆臘月二十七這天，主要是購買過年必備的物品，例如：鞭炮、春聯、香燭、燒紙、水果、牛羊肉、贈送小孩子的各種玩具禮品、女孩子的各種頭花飾物、化妝品等等。

民間還有「二十七，鋪新席」的說法，農村原來都住土屋土炕，要在這一天鋪上新席。有一句俗話說：「見見新，翻翻身。」過年購置新的東西，日子

要開始翻身了，標誌著新年新歲，時來運轉，脫貧得富。在新炕席的一角要綁上一塊紅布條，以添喜氣。也有「二十七，洗舊泥」的說法。傳說在這天沐浴可以除去一年的晦氣，洗去一年的疾病，其實都是為了祈求來年能健健康康，無病無疾。

二十八——把麵發。發麵蒸饅頭，第一是祭祖，第二是祭神。做供品的饅頭有兩種，一種是紅棗饅頭，就是把紅棗瓣均勻地插在饅頭的四周，然後蒸熟；另一種是在饅頭蒸好揭開鍋蓋的時候，用漿桿在饅頭上點上紅點，巧手的可以點成梅花樣，人們認為無紅不成供，這個漿桿用過之後也不能讓人踐踏，一定要放到灶火中燒掉。

二十八這天蒸出的饅頭有幾個忌諱，第一鹼不能大，不能出現鹼斑；第二不能裂口；第三麵不發酵不能蒸饅頭，否則家人不和睦，日子不興旺、不發達。

二十九——把油走。農曆臘月二十九這天主要是製作油炸食物，民間叫「走油」，如炸小丸子——豬肉丸子、蘿蔔丸子、豆腐丸子等；炸麵果、麵魚、佛手、套連環等。這一天，孩子們都不願上街玩，而是圍著鍋台瞅。母親們心疼孩子，總是把那炸老了或炸得不漂亮的塞給他們。等到吃晚飯時，這些小傢伙們早已打著飽嗝不再吃飯了。

二十九的另外一種說法是「二十九，倒貼友」，這表示「友」到了，「福」到了，屬諧音，這裡借指春聯。

春聯，古代稱桃符、門貼，是春節時貼在門上的吉祥聯語。春聯由上聯、下聯和橫批組成，宋代文學家王安石有「千門萬戶瞳瞳日，總把新桃換舊符」的著名詩句。桃符也稱為春聯、楹聯，這是從明朝開始的。春聯開始流傳於達官貴人之間，以後逐漸推廣普及民間，凡是喜慶婚喪，賀喜祝壽，佳節吉日，以及名山勝蹟，樓台閣寺，無不撰寫對聯，以示雅緻並起教化作用。春節貼春聯一般都在農曆臘月二十九下午未時（13 點至 15 點），將去年的春聯揭下來，再將新對聯貼上去。取下的對聯放入灶膛燒掉。也有「廿八貼窗花」一

▲ 春節張燈結綵

說，從二十八開始就可以貼春聯、窗花、福字了。貼對聯時，由於古時候的閱讀習慣是從右向左念，所以上聯在門的右邊，下聯在左邊。

在貼對聯的同時，家家戶戶都在窗戶上和對聯的橫批上貼有五顏六色的掛箋，也叫掛貼、掛錢，有用剪刀剪成的，也有用專門刀具鏤刻成的。內容豐富，種類繁多。主要有吉祥字語和吉祥物兩大類。吉祥字語類如：年年有餘、五福臨門、春回大地、幸福人家等。吉祥物類如：魚、梅、花卉等。

年畫與福字。每當春節來臨，新的一年即將到來的時候，家家戶戶都把房院打掃乾乾淨淨，在堂房、臥室、窗旁、門上以及灶前，院內的神龕上，貼上煥然一新的年畫，既用以創造喜氣洋洋的新年氣氛，又藉以祈求上天賜給幸福，消除災禍與不幸。年畫也和對聯一樣，起源於「門神」，隨著雕版印刷的興起，年畫內容已不僅是門神之類單調的主題。年畫大多濃墨重彩，以大紅、天藍、翠綠、金黃為主，畫面多是胖娃娃、金鯉魚、仙女、花朵等。年畫給千家萬戶增添了喜慶的氣氛，寄託著人們對未來的希望。

人們在貼春聯的同時，一定會貼上福字。福可解釋為福運、福氣、幸福等等。自古以來，就有「五福壽為先」的說法。所謂「五福」就是「一曰壽，二曰富，三曰康寧，四曰修好德，五曰考終命」，又有人認為福是指「壽、富、貴、安樂、子孫眾多」。總之，「福」是人們孜孜以求，極其嚮往的人生大目標，於是福神應運而生。人們把天官作為降福的神，信奉「天官賜福」。人們虔誠禮拜，希冀降福家門。為了更充分體現這種嚮往和祝願，乾脆將福字倒過來貼，表示「幸福已到」、「福氣已到」。

春節來歷　春節從狹義講，是指除夕和正月初一，「昨夜斗回北，今朝歲

起束」。從廣義講，是指農曆臘月二十三祭灶開始，到正月十五元宵節為止。過春節的習慣，是從古代「臘祭」演變而來的，我們的祖先，經過春夏秋冬一年的辛勤勞動，在歲尾年初之時，常用種植和狩獵獲得的果實來祭祀眾神和祖先，以感謝大自然的恩賜，感謝眾神和祖先的保佑，這就是臘祭。人們團聚在一起，祭祀完眾神和祖先，就舉杯開懷暢飲，辭舊迎新，祈求來年好運。

春節原名元旦、過年、大年初一等，漢代開始把立春稱春節。南北朝時把整個春季叫春節。直到一九四九年九月二十七日，中國人民政治協商會議第一次全體會議通過，使用世界上通用的西曆紀元，把西曆即陽曆的元月一日定為元旦。「元」是始的意思，「旦」晨也。「元旦」是指一年中的第一個早晨，也叫新年。因為陰曆正月初一一般都在「立春」前後，所以把正月初一定為春節。

過年，在民間有著悠久的歷史。最早對年的叫法也不同，開始叫載，是萬象更新的意思。夏代叫歲，表示新年一到，春天就來了。商代叫祀，表示四時已盡，該到編入史冊的時候了。到了周朝開始叫年。我們的先人以農、林、牧、副、漁業為生，所以古代年的概念來自農業，古文中對年的解釋為「年，穀熟也」，以穀熟為一年。年是果實豐收的形象，年字是穀穗成熟的樣子，過年就是慶祝豐收喜慶的日子。

關於過年的來歷有這樣一個傳說：相傳上古時代有一種怪獸，頭上長角，張著血盆大口，凶殘無比，人們叫它「年」。每隔三百六十五天，也就是年三十的晚上，年就出來傷害人畜，毀壞田園。因此人們都要熄滅燈火，避難躲災。有一次，年來到一家門口，正趕上這家人穿著紅衣裳，點燃了一堆柴火取暖，先是孩子不小心，把銅盆碰掉地上，發出噹啷一聲響，把年嚇了一大跳，接著燃燒柴火發出啪啪的爆響，而且火光四射，因為年怕紅、怕響、怕火，嚇得掉頭就跑，這家人就避免了一場災難。鄉親們聽說後，便奔走相告，相互道喜。於是人們便拿出豐盛的食物一起吃。以後，每到年末歲尾，人們就敲鑼打鼓、燃放鞭炮來驅邪消災，祈望五穀豐登，人畜興旺。這樣年復一年，便形成

了一個歡樂的節日，叫過年。這一天，家家戶戶貼紅對聯，懸掛紅燈，燃放爆竹，夜裡還要守歲，大年初一恭喜吉利，慶賀吉祥。

▲ 燃放鞭炮

除夕　是過去一年的最後一個夜晚，也叫大年夜。「除」字的本意是「去」，引申為「易」，即交換。「夕」的本意是「日暮」，引申為夜晚。「除夕」有「舊歲至此而除，來年另換新歲」的意思。除夕的活動都以辭舊迎新、消災祈福為中心。除夕的主要活動包括：

祭祖。古時，這種禮俗很盛。過年了，在家中將祖先牌位依次擺在正廳，陳列供品，然後祭拜者按長幼的順序上香跪拜。祭祖形式各有不同，大半都是大年三十擺供，正月初三或初五撤供，親朋好友前來拜年時，講究禮數的首先要拜謁這家的祖先堂。

守歲。守歲的習俗，既有對逝去歲月的惜別留戀之情，又有對新年寄以美好希望之意。古人在詩中寫道：「相邀守歲阿四家，蠟炬傳紅向碧紗；三十六旬都浪過，偏從此夜惜年華。」農曆臘月三十這一天夜裡，燈火長明，人們不睡覺，熬夜迎接新一年的到來。每到這「一夜連雙歲，五更分兩年」的除夕之夜，全家人圍坐在一起，點油燈或蠟燭，通宵守夜達旦，象徵把一切邪瘟、病疫驅走，期待新的一年吉祥如意。

年夜飯。吃年夜飯是整個家庭一年中最豐盛的晚餐，雞魚肉菜等主食、副食必須齊全，如魚代表「富裕」「年年有餘」；肉代表「有」；雞代表「吉」；餃子代表「交子」；豆腐代表「大福」；糖代表「甜頭」；花生代表「生（或升）」；年糕代表「年高」。餃子裡包錢測試一年中的財運；餃子裡包糖測試一年中的心情；年夜飯最好上十二道菜，四個涼的八個熱的，「十二」代表十二個月份，有四平八穩之意。

除夕夜的年夜飯，不論窮富人家都少不了吃餃子，吃餃子取「更歲交子」之意，「子」為「子時」，「交」與「餃」諧音，有「喜慶團圓」「吉祥如意」的意思，餃子形狀似金元寶，有招財進寶之意。從北宋年開始也把貨幣稱為「交子」。三十晚上最重要的一項活動，就是全家人圍坐在一起包餃子，把最美好的心願包進去，然後大家團圓分享。在餃子裡常放幾個硬幣，誰吃到了就預示他一年有福。煮熟的頭一笊籬餃子，要先敬神敬祖宗。第二笊籬以後的餃子，才是家裡人吃的。

　　放鞭炮。傳說古時候，農曆臘月三十為了驅趕猛獸「年」，人們才放鞭炮的。到了初唐年間，天災不斷，瘟疫四起，有個叫李田的人，便在竹筒內裝上硝，用導火線引爆，以硝煙驅散山巒瘴氣（山林中的濕熱空氣）。此後逐漸把放鞭炮演變成送舊布新，除祟迎祥的傳統儀式，放鞭炮增添了節日的歡樂氣氛，同時也給空氣造成污染。

　　接神。除夕夜十二點左右，人們搶先在院中擺供桌，籠火、放鞭炮，迎接護佑全家大吉大利的神靈到來。這時也會有人拿著財神像，挨家挨戶地送，被稱為「送財神的」，「送財神的」在大門口高聲嚷著「送財神來了」，然後說些吉

▲ 互相拜年

利話，家中主人則大聲回答「快接進來」，給送財神的賞錢。如果有了財神像，也不能說「不要了」，只能說「我們家已經請來了」。

　　天將亮時，男家長還要把「請」來的新灶神畫像貼在灶台上，焚香上供，祈禱灶王爺保佑一家人幸福、吉祥。

　　長明燈。傳說故去的人，在年三十晚上都要回家過年，他們一般都是太陽落山天黑後回家來，怕他們找不到自己的家門，所以都在自家門口點上燈火給他們照路，同時室內燈火通明也吉祥喜興。

拜大年。拜年是人們辭舊迎新，互相表達美好祝願的一種方式。「鼓角梅花添一部，五更歡笑拜新年。」原有的含義為向長者拜賀新年，包括向長者叩頭施禮祝賀新年、問候生活安好等，遇有同輩親友，也要施禮道賀。互道「恭喜發財」「四季如意」「新年快樂」「過年好」等。

壓歲錢。壓歲錢是由長輩發給晚輩的。當晚輩給長輩拜年後，長輩就給孩子壓歲錢。傳說壓歲錢有利用「歲」字諧音「祟」的含義，即壓住邪惡鬼祟，讓孩子平平安安度過一歲。

壓歲錢一般是用紅紙包好，在拜年後賞給孩子，為什麼要給壓歲錢呢？據說如有惡鬼妖怪向孩子糾纏時，孩子們可以用這些錢向它們打點，達到逢凶化吉、消災免禍的目的。如果親友帶孩子來拜年，也必須給孩子壓歲錢或糖果之類的東西，讓孩子帶回去，也叫作賜福。

吃凍梨。由於東北天氣寒冷，一些水果凍過之後，就另有一番滋味。最常見的是凍梨和凍柿子。最純正的是凍秋梨，這種梨剛摘下來的時候又酸又澀，於是人們就把這種梨採摘下來直接放在樹下，蓋上一層樹葉，經過冰凍之後的秋梨酸甜可口，果汁充足。凍梨在吃之前要放在水裡解凍，年夜飯後吃這種梨能解酒、解油膩。

老牛老馬也過年　到了大年三十，大牲畜如老牛、老馬和小動物狗、貓等也都給過年，主人也要給它們好東西吃。如給牛馬烀上一鍋大苞米子，一邊餵，一邊說著吉利話。「老牛啊，你為我出大力，為我種莊稼，今年糧滿倉，你的功勞大，今天犒賞你，明年更得濟！」對馬說：「以前沒少把你罵，也沒少把你打，還叫你把犁拉，為我種出好莊稼，今天吃個飽，明年還得出大力呀！」對豬說：「平時沒好好待你，淨叫你吃糠咽菜，今天過年了，給你好吃的讓你長得快。豬呀、豬呀你別怪，你是人間一道菜，長到膘肥時，不吃肉也把你賣。」

從大年三十到正月初三，一般不讓牲畜幹活，這叫歇年。正月初三以後才幹活，這幾天也不許打罵牲畜。

春節禁忌　過年時，人們言行特別謹慎，希望在一年開始之際萬事如意，有個好兆頭。農曆正月初一這天，不許婦女出門拜年，俗稱忌門。已經出嫁的女兒更是不能回娘家，如果這天回娘家，會吃窮娘家。小孩子在這一天不許哭鬧，大人孩子都不許說不吉利的話如：「壞」「沒」「死」「光」「鬼」「殺」「病」「痛」「窮」等。也不可以和別人吵嘴打架，如果犯了，會導致一年中都不順利。

過年期間，不可打碎碗盤、家什等用具，如果打碎了是破產的預兆，得趕快說聲「歲歲（碎碎）平安」。無論有什麼病痛，都不能去看病，否則一年到頭會生病。初一到初四不可動刀（主凶殺）、針（主長針眼）、剪（主口舌之爭），也不可掃地，如果掃地會把財運全掃光了。如果非掃不可，不能倒出去，嘴裡還要說「裡掃金、外掃銀、中間堆個聚寶盆」等，初五倒出，否則家中金銀財寶會外流。初一這天不可吃稀飯，不然一年當中出門辦事一定會碰到下雨；吃醋，認為不吉；餃子煮破了不能說破了，要說「掙了」。三十晚上吃豬蹄爪，「蹬煩惱」；初一吃豬前蹄爪，「奔前程」；上菜要雙數。初三女兒回娘家禮物忌帶單數，要好事成雙。

除夕後的民俗　大年初一——四時之始。按照民俗的說法，農曆正月初一是歲之始、時之始、月之始、日之始，俗稱「四時之日」。也有說「三朝之日」（歲之朝、月之朝、日之朝）。民俗認為，正月初一諸神降凡，所以家家在天未亮之時，就在大門之外向財神、貴神、喜神所臨方位焚香叩拜，謂之接神。過去，很多人家在院內設供桌，禮天地諸神，對門神、灶神及其他各神並祖先亦同時致祭。「燃香燭，焚紙馬，祈禱一年順利。庭燎之光，爆竹之聲，通宵達旦。」天亮以後，親鄰走賀，互相拜年，見人即道「恭喜」「過年好」及「陞官發財」等吉祥話語，取吉利之意。所以，這天民俗上最忌諱的是一切惡言惡語，也就有了「水不外潑，地不掃除」的說法。

初三——女兒節。農曆正月初三是嫁出去的女兒的節日。這一天姑娘領著女婿回家拜年。嫁出去的姑娘是不能在初二之前回娘家的，認為會妨娘家。只有

在初二之後回娘家，才會兩頭旺，又旺夫家，又旺娘家。「姑爺進了門，小雞嚇掉魂」。指的就是姑爺初三到老丈人家一定會殺雞的，並不是每次去都吃雞，娘家媽會把留出來的過年貨拿出來吃，有小孩的少不了壓歲錢。

初五—破五。農曆大年初五這天，民間通行的食品是吃餃子，俗稱「捏小人嘴」。因為包餃子時，要用手一下挨一下地沿著餃子邊捏。要把餃子邊捏得嚴嚴實實，民間認為這樣可以規避周圍讒言。吃餃子時一定要把餃子咬破，也稱「破五」，寓意將不吉利的事都免除，有驅災闢邪之意。

關於「破五」還有很多傳說，一說姜太公封老婆為窮神，並令她「見破即歸」，人們為了避窮神，於是把這天稱為「破五」。還有一個略為不同的傳說是，大年三十人們請神時，把窮神姜太公的老婆給忘了，於是她氣不過，便找彌勒佛鬧事。彌勒佛滿臉堆笑，就是不搭腔。這窮神氣得捶胸頓足，七竅生煙。眼看事情要鬧大了，彌勒佛才開口說：「這樣吧！今天是初五，讓人們再為你放幾個炮，包一次餃子，破費一次吧！」

初五這天也叫送神日，一般人家這天早晨，就要撤下供奉祖先的牌位、供菜等，要燒紙禱告，讓祖先神靈保佑一家在新的一年裡四季平安、發福生財，放鞭炮為祖先和神靈送行。

初七—人日。農曆的正月初七，稱為「人日」。這天的人日不是指某個人或某些人的生日，而是泛指人類的生日。傳說，自從盤古開天地後，女媧用黃土捏出了雞、狗、豬、羊、牛、馬、最後捏出了人。正月初一到初六分別為初一為雞日，初二為狗日，初三為豬日，初四為羊日，初五為牛日，初六為馬日，初七定位人日。為了紀念人日，人們要吃麵條，表示長長遠遠，平安吉祥。

這天天氣晴朗，不颳風，預示小孩不鬧毛病、旺興。如果颳風下雪預示小孩會生病。上午天氣管上半年，下午管下半年。人日忌動針線，不用刑罰，不懲罰孩子。也有的認為正月初七是「主」小人兒（小孩子）的日子。這天，家家戶戶都要吃麵條，謂之—拴小人兒。

在這一天，對於小孩來說，吃麵條就有了重要的意義：既是長長遠遠的象徵，又有健康長壽的祈福。這天，孩子們也是最肆無忌憚的一天，不管怎麼鬧騰，大人們都不會打罵，因為這天是小人兒們得「主」日。另外，民間流傳說初八為穀日，初九為果日，初十為菜日。哪一天天氣好，那一天就是一個好日子，那天所主的物象就會興旺吉祥。

立春日。立春又稱打春、咬春、報春。這個節令與眾多節令一樣有眾多民俗，有迎春行春的慶賀祭典與活動，有打春的「打牛」和咬春吃春餅、啃蘿蔔、吃蘋果之習俗等。過去民間對節氣有許多講究，多數又與吃和防病有關，這與人們關注自己的生活健康不無關係。

元宵節

　　古代稱正月為元月，夜為宵。正月十五是一年中的第一個月圓的夜晚，所以稱元宵。元宵節是我國主要的傳統節日，也叫元夕、元夜，又稱上元節。因歷代這一節日有觀燈習俗，故又稱燈節。人們把十五當作過春節的又一次高潮。唐寅有詩雲：「春到人間人似玉，燈燒月下月如銀。」

　　元宵節的來歷　關於元宵節的來歷有幾種說法：

　　道教五斗米派認為，正月十五是天官賜福紫微真君（道教創始人張道陵）的誕辰，如果這天虔誠地祭祀他，可以得到天官賜福，一年中萬事如意。

　　佛教認為，正月十五是佛祖神變降伏妖魔之日，要舉行法會加以紀念，因為「光」是佛祖的神威，所以這天晚上，要大放華燈。

　　民間傳說，正月十五是月宮嫦娥回歸人間與家人團圓的日子，要慶祝合家團聚。

　　元宵節送燈　正月十五天剛剛黑的時候，家裡的男人要帶著燈、紙到自家的墳頭前，給先輩燒紙，在墳塋門口點燃蠟燭，即為送燈。往墳地送燈的人，點燈時必須用自己的火柴，如果借別人的火柴點燈，認為祖先看不見光明。點燈時要邊點邊說：「正月十五來送燈，送金燈、送銀燈、送鐵燈，有兒墳前一片明，無兒墳前黑洞洞。有心來偷燈，偷個大鐵燈，背也背不動，天冷地滑鬧個仰巴蹬，大布衫燒個大窟窿。」

　　吃過晚飯後，在放鞭炮的同時，女人在家裡把蠟燭剪成三寸左右長的小段，給家裡的灶台、豬圈、井口、糧倉、牲口圈以及屋外的窗檯上、大門墩上、倉房前由裡至外逐一點燃。還要用鋸末子拌上油，從家門口到大路上，每隔一段距離點上一堆，火光連成一片，這就叫放路燈，村民們的路燈往往連在一起，很是壯觀。

　　至於送燈的意義傳說也不一樣：在十字路口送燈是為了老祖宗過燈節時能

找到回家的路；還有一說送燈是給老祖宗照亮抓蝨子；送燈有送丁之意，希望祖宗能夠保佑自己家族人丁興旺，後代萬千；送燈會把家裡的晦氣送走，保一家人在新的一年裡安康吉祥。

元宵節躲燈　過門沒超過一年的新媳婦還要「躲燈」，正月十五這天不許在家裡過，也不許回娘家，一般由丈夫的姐姐接到家過節，民間認為新媳婦眼睛毒，十五不能看婆家的燈，傳統說法：「不躲燈，死公公。」

元宵節吃湯圓　元宵節吃元宵。元宵又名湯圓、湯糰。取其圓形圓音，含義是全家人團圓、平安、美滿。

吃元宵最早始於春秋末期。傳說，有一年正月十五，楚昭王在回國途中經過長江，見一物浮在江面上，色白而微黃，撐船人把它撈上來獻給昭王，剖開後，瓤紅得像胭脂，味道甜美，左右大臣均不知何名，昭王便派人去問孔子，孔子說那是浮蘋果，「大如斗，赤如日，剖而食之甜如蜜」，得到它是國家復興的先兆。以後每逢正月十五這天，昭王都令人用麵仿製此果，且以山楂製成胭脂般的餡，煮熟食之，以慶祝國家復興和闔家團圓。

「正月十五吃元宵」，元宵作為節日特色食品，在我國也由來已久，最初稱為湯圓，後因多在元宵佳節食用，所以也稱元宵，生意人還美其名曰「元寶」。常見的元宵用糯米粉包成圓形，餡料豐富多樣，如白糖、玫瑰、芝麻、豆沙、核桃仁、果仁、棗泥等等，可葷可素，風味各異。可湯煮、油炸、蒸食，象徵紅紅火火，團團圓圓。

在元宵節之夜，人們觀賞綵燈，看完扭秧歌、踩高蹺等節目後，回到家吃上一碗熱氣騰騰、香甜味美的元宵，慶祝全家團聚，企盼生活甜蜜美滿，其樂融融。

元宵節蒸麵燈　正月十五蒸麵燈，預測一年的雨水和主要收成哪種莊稼。用麵做成十二個碗，每個代表一個月份，放在鍋裡。蒸熟以後，即打開鍋，以哪個燈碗存多少水預測哪個月份旱澇。

蒸好的燈取出鍋後，插上燈芯，倒入豆油點著，以燃完後留下的凝固形

狀，來預測今年收什麼莊稼，應該種什麼莊稼。比如凝結大粒且少可能收玉米大豆，凝結粒小又密集，可能收稻穀。

元宵節骨碌冰　正月十五的晚上，人們爭先恐後地來到大河邊，在大河的冰面上進行翻滾，認為這樣會把病（冰）骨碌出去，小孩一年不會肚子疼，人會健康，男女老幼都會搶著去冰上骨碌。

元宵節扭秧歌　秧歌是具有代表性的民間舞蹈形式。秧歌起源於農業勞動和狩獵，流傳年代久遠，民間有句諺語「周朝秧歌，唐朝的舞」，說明周朝時可能就有了秧歌。梅河口地區一般都在農曆正月十五扭秧歌，秧歌分為高蹺秧歌和地蹦子秧歌。在演出形式上，秧歌一般分為大場和小場：大場由十幾個人甚至上百人組成，分別扮成樵夫、貨郎、小丑等形象，同時舞蹈，主要表演各種隊形的變換；小場是由兩三人表演的舞蹈。

秧歌的特點：一是扭，隊員踩著鼓點，左手舞綢，右手舞扇，步履輕盈；二是走，常見的有編蒜辮，走字，走圖案等；三是唱，在嗩吶和鑼鼓聲中，演唱民歌小調；四是扮，扮演神話傳說人物，歷史人物；五是雜耍，穿插一些跑旱船、推小車等節目。

農曆正月十五是中國傳統的元宵佳節，新春期間的節日活動也將在這一天達到一個高潮。元宵之夜，大街小巷張燈結綵，人們點起萬盞花燈，攜親伴友出門賞月亮、逛燈市、放焰火，載歌載舞歡度元宵佳節。

元宵節猜燈謎　又叫打燈謎，是從古代就開始流傳的元宵節特色活動。每逢農曆正月十五，各家各戶都要掛起綵燈，燃放焰火，後來有好事者把謎語寫在紙條上，貼在五光十色的綵燈上供人猜。因為謎語能啟迪智慧又迎合節日氣氛，所以響應的人眾多，而後猜謎逐漸成為元宵節不可缺少的節目。另外，人們除送燈、觀燈、扭秧歌之外，還有敲鑼、敲銅盆的習俗。在自己家的屋裡屋外把銅盆敲響，據說這樣可以免得遭小偷。用蠟燭照一下倉房的米麵可以不遭蟲子。也有走百病的說法，這天晚上要儘可能地去別人家串門，走得人家越多，這人就會越健康。

青龍節

農曆二月初二，叫青龍節，又叫春龍節、龍頭節。民諺曰：「二月二，龍抬頭。」二月初處於「雨水」和「春分」之間，陽氣上升，大地復甦，草木萌動。農民們要耕種了，非常需要雨水，人們希望通過對龍的祈求來實現。「龍，鱗蟲之長，能幽能明，能細能巨，能短能長，春分而登天，秋分而潛淵。」二月二東方蒼龍初露頭角，即是龍抬頭。

青龍節的風俗　青龍節吃豬頭肉。自古以來，供奉祭神是用豬、牛、羊三牲，後來簡化為三牲之頭。豬頭便是其中之一。傳說，宋代，王中令平定巴蜀之後，甚感飢餓，於是闖入一鄉村小廟，卻遇上了一個喝得醉醺醺的和尚，王中令大怒，欲斬之，那和尚並無懼色，王中令很奇怪，進而向他討食，不多時和尚端上了一盤「蒸豬頭」，並賦詩曰：「嘴長毛短淺會膘，久向山中四藥苗，蒸時已將蕉葉裹，熟時兼用杏漿澆，紅鮮雅稱金盤汀，熟軟真堪玉箸挑，若無毛根來比並，毿根自合吃籐條。」王中令吃著豬頭肉，聽著風趣別緻的「豬頭詩」，甚是高興，於是封那和尚為「紫衣法師」。自此，二月二吃豬頭肉成為一種習俗。豬頭既是一道美味佳餚，又是轉危為安平步青雲的吉祥物。

吃「龍鬚麵」和「春餅」。吃麵條叫食「龍鬚」，吃春餅叫吃「龍鱗」，又是一年「龍抬頭」，全家圍坐在一起，吃著烙好的春餅，捲著各種肉類和青菜小炒，體會著生活的幸福。這一飲食習慣，表現了梅河口地區人民祈求生活美好的心願。

剃龍頭。梅河口地區的民間一直有「理髮去舊」的風俗，據說農曆二月初二這一天理髮能夠帶來一年的好運，有剃「龍頭」之說。演變到民俗上，就認為在二月二這天剃頭，會像龍一樣從冬眠中醒來，開始活動。所以人們對「二月二，剃龍頭」很重視，誰都想圖個好兆頭。古時候有正月裡不剃頭的習俗，沿襲到今，就是不管頭髮多長，都要一直等到二月二才理髮。對這一天理髮的

人來說，重要的不是理髮本身，而是討個吉利，大家都來剃龍頭。

打囤。農曆二月初二這天，在院子裡用灶灰撒成一個個大圓圈，將五穀雜糧放於中間，稱作「打囤」或「填倉」。大人小孩還唸著：「二月二，龍抬頭，大倉滿，小倉流。」預祝當年五穀豐登，倉囤盈滿。

引錢龍。舊時，農曆二月初二清早，人們從井裡挑水回家，倒入水缸，謂之「引錢龍」。據說誰家最先把水挑回家，就是最先引到了錢龍，誰家這一年就會有好的財運。所以經常出現二月二凌晨爭先恐後挑水的情形。時至今日，雖然不用去水井裡挑水了，人們還是會早早地從自來水管裡接水，寓意不變。

青龍節的傳說　武則天當上皇帝改國號為周，自稱周武皇帝。惹惱了玉皇大帝，玉皇大帝傳命太白金星，通知四海龍王，三年內不得降雨人間，以示對武后的懲罰。四海龍王若按玉帝命令，不但莊稼保不住，老百姓連水都喝不上。司管天河的玉龍見生靈塗炭，萬民悲愴，動了惻隱之心，不顧玉帝命令，決心拯救人間。玉龍在天河喝足了水，布雲施雨，普降甘霖，救了萬民，但惹惱了玉帝。玉帝關押了玉龍並對它說：「待金豆開花，就放你出去。」

天下百姓感激玉龍拯救之恩，決心想法救出玉龍。到了第二年的二月二，人們正在翻曬玉米種子時，想到玉米像金豆，炒一炒開了花，不就是金豆開花嗎？就家家戶戶爆玉米花，並在院子裡設案焚香，供上開了花的「金豆」，玉龍抬頭一看，知道百姓救它，便大聲向太白金星呼叫「金豆開花了，快放我出去」，太白金星向人間一看，果然金豆開花，於是信以為真，便放了玉龍。人們為了紀念玉龍，每逢二月二都會爆炒金豆。

青龍節的禁忌　二月二青龍節是龍抬頭的日子，當日內以龍來稱呼各類事物。這一天要特別注意，不能動刀、剪、針線，否則會戳著「龍眼」。早晨挑水時忌水桶碰著井幫，怕傷著「龍頭」，這天忌推磨，怕壓了「龍頭」。忌喝疙瘩湯，認為會糊住龍眼。

清明節

清明節，又叫冥節。一般是在西曆的四月五日，與農曆七月十五日、十月初一併成為三冥節，都與古代人祭祀鬼神有關。

清明節習俗 清明節是我國重要的傳統節日之一，大地回春，萬物萌發，祭祀先人、懷念故去親人成為這個節日的主要內容。

上墳祭祖。古代清明祭祖，大體分為兩種形式：一種是在家祭祖，主要方式是焚香叩頭，供奉祭品，祈求祖先保佑後代平安昌盛，子孫萬代後繼有人。第二種形式是上墳掃墓又稱奠祭，主要方式是為死者燒香、上供、燒紙。要給墳墓培土、除草、修墳立碑。掃墓時，人們要攜帶酒食果品、紙錢等物品到墓地，將食物供祭在親人墓前，再將紙錢焚化，為墳墓培上新土，折幾枝嫩綠的新枝插在墳上，然後叩頭行禮祭拜。古詩雲：「南北山頭多墓田，清明祭掃各紛然。紙灰飛作白蝴蝶，淚血染成紅杜鵑……」

古代人們認為，墳地是死者的世界，即冥世，他們在那裡繼續生活，從事生產勞動，衣食住行與生前人世生活沒有什麼差別。而墳墓就是死者所住的「房屋」，墳堆則是房頂，風吹日曬、雨淋、牲畜踐踏，墳堆往往會受損，所以要除草、填土，防止雨水浸入，更不能讓墳堆塌陷。清明萬物萌發，植樹最容易成活，人們植樹希望青山常在，綠樹滿坡，永遠充滿生機。

踏青。踏青，也叫春遊，是清明節的主要活動。春回大地，萬象更新，正是春遊的好時候，梅河口地區屬長白山龍崗山脈腹地，春天來得較晚，一般在農曆五月初五才開始，儘管時間有差異，但踏青仍是清明節的一項活動內容。踏青的目的，喻人如青山，長生不老，人如青草，子孫繁衍，萬代不絕。

清明日雜說。一說要吃豆腐，「清明不吃豆腐，窮得亂哆嗦」。二說要吃雞蛋，「清明不吃雞蛋，窮得亂顫」，還有「清明不脫棉襖，死了變家雀」，以及「清明不脫棉褲，死了變兔子」等說法。

清明節的形成　一個節日形成經歷了漫長的發展過程，適應人們的生產和生活的需要。一些節日消失了，一些節日的內容發生了重大改變。還有一些節日，與其他的節日合併成一個節日，使這個節日變成一種「復合」而來的節日，其內容和節日活動更加豐富多彩。清明節就是一個復合的節日。

　　寒食節是併入清明節的重要節日之一。寒食節是清明的前一天或兩天。按照風俗就是禁止煙火，故稱「寒食節」，也叫「禁煙節」。就是說，過這個節的時候，各家不准動煙火，而專食預先準備好的熟食。在古代每當「舊穀即沒新穀紀開」的時候，就要停用舊火燃新火，故有寒食一日的習俗。

　　關於寒食節的起源有一個著名的傳說：春秋時候晉國的君主獻公，寵愛他的妃子驪姬，決定把王位傳給驪姬生的兒子奚齊，就把太子申殺了。作為次子的重耳為免遭株連，逃往國外。十幾年的流亡生活中，重耳經歷了千辛萬苦，原來的隨從因不堪受苦，紛紛各奔前程，身邊只剩五六個對他忠心不二的人跟隨他，當中有位隨從叫介子推。重耳在衛國受困、飢餓難忍時，介子推偷偷地從自己的腿上割下一塊肉煮給重耳吃。後來重耳回國做了國王，就是晉文公。

清明時節雨紛紛
路上行人欲斷魂
借問酒家何處有
牧童遙指杏花村

晉文公把和他一起同甘共苦的隨從都封官加賞了，唯獨忘了介子推。介子推非但不爭功搶賞，反而背起老母到綿山隱居去了。晉國的百姓知道此事後，編了一首歌謠，譴責晉文公，為介子推鳴不平，晉文公甚感內疚，立即派人去綿山尋找，結果沒有找到。晉文公知道介子推是個孝子，心想放火把綿山一燒，他肯定會背著老母出來，可是大火燒了三天三夜，仍不見他們母子出來，再派人查找時，發現介子推母子二人，抱著一棵枯柳活活燒死了。晉文公得知消息後追悔莫及，為表達自己的懺悔，他命人在山上修了一座廟宇，把綿山改為介山。到了第二年，也就是放火燒山的那一天，通令晉國臣民，禁止煙火，食用冷食。

上巳節是合併到清明節較早的一個節日。三月初三是上巳節。傳說商代前得禖神簡狄在這一天和妹妹一起在清亮亮的河水裡歡樂的洗浴，突然從藍藍的天空上飛來一隻美麗的燕子，把銜在嘴裡邊的鳥蛋掉在河水中。簡狄與其妹爭著從水中撈出鳥蛋，見此蛋「五色甚好」，簡狄喜之尤甚，遂吞下鳥蛋。不久後，簡狄懷孕生子，即商部落的始祖「契」。此後，契的子孫繁衍，逐漸發展為東方強大的部族—商。

修禊。冬去春來，氣溫日漸上升，古人習慣到水邊用水清洗身體。古代人認為水是清潔而神祕的，可以洗去各種疾病，洗去污濁，除去舊年不詳，預示來日的興旺。婦女們參加修禊活動，則多了一層意思，就是求子求育。

端午節

　　端午節為每年農曆五月初五，又稱端陽節、午日節、五月節、五日節、艾節、重午、午日、夏節。

　　端午節，原本叫端五節。古人認為「端」是事物的邊緣，也是開始，有開端、初的意思，因此古代有「凡月之五日皆可稱端午」的說法。自漢代以來，端午節才定在每年的農曆五月初五。到了唐代，因唐玄宗生於農曆八月初五，時任丞相的宋璟為了討好皇帝，避諱「五」字，遂將「端五」正式改為「端午」。此時陽氣始盛，天氣開始炎熱，於是端午又說成「端陽」。按曆法，農曆五月初五一般距二十四節氣之一夏至不遠，太陽在這時正直射北迴歸線附近。北方白晝最長，日正中天，所以端午節又叫天長節。

　　端午節的起源　紀念伍子胥。伍員，字子胥，春秋楚國人。因父兄均為楚王所殺，後來子胥投奔吳國，助吳伐楚，五戰而入楚都郢城，當時楚平王已死，子胥掘墓鞭屍三百，以報父兄之仇。吳王闔閭死後，其子夫差繼位，吳軍士氣高昂，百戰百勝，越國大敗，越王勾踐請和，夫差許之。子胥建議，應徹底消滅越國，夫差不聽，吳國太守受越國賄賂讒言子胥，夫差信之，賜子胥寶劍令其自刎，把他的屍體用皮革包裹起來，扔入江中。傳說天帝可憐伍子胥的不幸遭遇，讓他成為保障人民平安，保佑五穀豐登、六畜興旺的威力無比、顯赫一方的濤神，後人為了紀念伍子胥有功於國家，每年的五月五日在江上開展迎濤神活動。

　　龍的節日。漢民族的圖騰是龍，我們祖先三皇五帝均為龍的化身。龍能消災降幅，是吉祥如意、國泰民安的象徵；龍能呼風喚雨，是風調雨順、五穀豐登的保證。百姓把龍當作自己的神靈，對龍充滿無限的崇敬和熱愛，男男女女都自稱是「龍的傳人」。

　　為了表達對龍的敬意，將食物包在粽葉裡給龍神吃。農曆五月初五最初的

意思就是進行盛大的圖騰祭拜。

　　紀念屈原。唐詩人文秀「節分端午自誰言，萬古傳聞為屈原。堪笑楚江空渺渺，不能洗得直臣冤」。屈原，楚國三閭大夫，當時為使國家免於災亡，堅決主張聯合齊國，對抗秦國，但楚懷王昏庸無道，不接受屈原富有遠見的政治主張，屈原因此被流放十多年，寫下著名詩篇《離騷》。在西元前二七八年農曆五月五日得知楚國淪陷，他悲痛萬分，懷抱石頭，縱身跳入滾滾的汨羅江殉國。

　　傳說，廣大百姓十分同情屈原，在他投江後，百姓怕江裡的蛟龍傷害屈原的屍體，便敲鑼打鼓，驅趕蛟龍，人們還把糯米投入江中，為的是蛟龍吃了黏軟的糯米會把嘴黏住，避免吃掉屈原的屍體。有一位郎中拿來一壇雄黃酒倒入江中，為的是藥昏蛟龍。果然，不一會兒蛟龍被藥暈，龍鬚上還沾著屈原的衣衫，人們為解心頭之恨，就把幾丈長的蛟龍拉上岸剝皮抽筋，然後把龍筋纏住

圍在孩子的手腕和脖子上，後來人們就用包粽子，飲雄黃酒，繫五色絲等活動紀念屈原。

到了北宋，朝廷經常受遼、西夏等國的侵擾，為了激發人民的愛國思想，皇帝追封屈原為「忠烈公」，正式規定端午節為全國性節日。

端午節的習俗　吃粽子。粽子故稱糉、角黍、黏黍。不只是吃，而且還作為禮品相贈，作為祭品以吊屈原。

關於粽子的來源，在民間有一個傳說：農曆五月初五屈原投江殉難後，楚國百姓每年的這一天都駕著船，把裝在竹筒裡的米飯，投到汨羅江中祭奠屈原。到了東漢年間，在長沙有一個叫歐回的人，說他白天見到一個自稱是三閭大夫屈原的人，並對他說：「你們每年祭我的竹筒米都被蛟龍吃了。今後你們可以用艾葉塞在竹筒口，再用五色絲繫牢，因為蛟龍最怕這樣的東西。」說完人便不見了。後來歐回把這件事告訴大家，大家又一傳十，十傳百，並都按此照辦，於是產生了粽子。

插掛艾蒿。古人認為「重午」是犯禁忌的日子，此時五毒盡出，因此端午風俗多為驅邪避毒。南長白山地區端午節插掛艾蒿是一項重要的風俗，也是端午節活動的重要內容之一。每逢農曆五月初五，天剛剛放亮，人們便成群結隊地到山上採艾蒿帶回家，插掛在門上、窗上，這種風俗叫「插艾」。有用剛剛採來的艾葉浸泡的水洗臉、洗手、洗身。據說，用艾葉水洗了，就可以不遭蚊蟲叮咬。艾葉置於家中可以「辟邪」。

艾蒿，味苦，辛，性溫。能理氣血，逐寒濕，止疼痛，有預防瘟疫的作用。「家有三年艾，郎中不用來」。《本草綱目》說，服之則走三陰，而逐一切寒濕，轉肅殺之氣為融合。炙之則透諸經，而治百種病邪，起沉痾之人為康泰，其功亦大矣。插掛艾蒿，民間有一個傳說：在很久以前，一連幾年的豐收，家家戶戶大米、白麵都存了幾囤子了，日子一長有的人開始糟蹋糧食了。有一天，東村李二嬸淘麥子，麥子撒了一地，她不但不撿起來，反而把撒在地上的麥子連同柴草一起塞進爐灶裡燒了。又有一次，西村張大嫂正在做飯，家

裡養的豬來鬧食，她隨手拿起幾捧玉米給豬吃。恰巧，這兩件事讓天上的過往神看見了，他感到人間隨意浪費糧食太可惜，就回天宮報告了玉帝。玉帝聽了，以為世間人人都浪費，勃然大怒，便派太白金星訪查實情，意欲降災人間。太白金星裝成老者模樣，來到凡間查訪。他來到一家農園，見院子裡曬著幾席麥子，旁邊的一位白髮老大娘正一粒一粒地拾撒在地上的麥粒。太白金星走過去問道：「老太太，收成這麼好，還心疼幾粒麥子幹啥」？老大娘嘆了口氣說：「俺是從荒年活過來的，挨過餓。如今收成好了，那也不能忘記過去的苦呀！沒有這顆顆粒粒，哪有千石百斗」。太白金星見老大娘的話說得在理，便說：「你老要勸後生們節儉過日子，浪費糧食，就是造孽啊！」說完就告辭了。還沒走多遠，就聽見不遠處。有個孩子哭喊：「娘，我再也不扔饃啦，再不敢啦！」說完又嗚嗚地哭起來。太白金星過去一看，原來是一個十多歲的孩子，把吃剩了的饃扔到地上不要了，他媽硬要他撿起來，當著大家的面吃了，兒子怕挨母親的打，只好吃了。

太白金星看到這兩件事覺得世人不像過往神稟報玉帝那樣浪費糧食。於是想，如果玉帝真的降災人間，不就使成千上萬的善良人遭殃了嗎？若回天宮如是報告，玉帝正在氣頭上，恐怕不信，這樣就不好交差了。他感到左右為難，但急中生智，想起一個好辦法，急忙召集村裡百姓，說出自己的身分和下凡到人間的緣故，勸大家要勤儉過日子，別隨便糟蹋五穀。最後告訴大家說：「五月五日玉帝親自視察人間，若要不遭劫難，各家各戶要早早起床，採艾蒿插掛在所有門窗上。艾蒿不是一般的蒿草，它既能遮蔽玉帝的眼目，又能掩蓋人間村落」。說完太白金星一轉眼就不見了。

這一消息很快傳遍了各家各戶，人們早早做了準備，農曆五月初五這一天，各家的門窗上都用新採來的艾蒿插滿，遮得人間一片綠色，一般香氣，卯時，玉帝站在南天門一看，不覺一驚，人間怎麼這樣淒涼，到處長滿了野草。如果再降災，人間不就沒有煙火了嗎？他把過往神叫了過來，責問了一通，打消了降災人間的想法。從此以後，人們為了避免災難降臨，疾病纏身，百蟲侵

咬，每年到了端午節這一天，就早早採來艾蒿插在門窗上，古老的插掛艾蒿的習俗就流傳下來了。

戴香包。戴香包的目的，一方面象徵屈原的品德節操將馨香溢世，流芳千古。另一方面又能起到驅瘟避疫，強身健體的作用。香包亦叫香囊。其根源是古代的「艾虎」、「艾符」，婦女給小孩在端午節佩虎形包，穿虎頭鞋，戴虎頭帽，夜晚睡虎頭枕，她們認為虎是「百獸之王」，虎能為人壯膽辟邪，小孩會在虎的庇護下長命百歲。

相傳，古時候每年的夏季都要發生一場傳染病，死人很多，人們都心驚膽顫，當夏收完畢，人們便扶老攜幼到山林去躲避瘟疫，一直等到了立秋才從山裡出來回家。有一年，八仙之一的鐵枴李雲游一地，看見有一個年輕婦人，背上背著一個五六歲的孩子，手裡還牽著一個三四歲的小孩子，艱難涉水過河，前往山中避難。突然上游河水咆哮而下，轉眼之間，河水漲滿，母子三人眼看就要被洪水沖走了。這時，只見那婦人甩開手裡拉著的孩子，背著大孩子直衝上岸。鐵枴李覺得這個婦人太不講理，急忙用鐵拐將孩子挑到岸上。斥責那婦人道：「你背著大孩子，扔開小孩子，難道這不是你親生的嗎？」那女人指著大孩子說：「他是我收養的鄰居家的孤兒。他父母去年都被瘟疫帶走了。這小的雖是我親生兒子，但我不能讓人家斷了根呀！」鐵枴李聽了，感動地嘆道：「好心人呀！」說完從葫蘆裡倒出一包藥遞給婦人說：「你將這藥囊戴在身上，可保你一家人不受瘟疫所害。」言罷就不見了。婦人知道遇到了仙人。她急忙回家，將藥分裝成數包，除自己戴一包外，其餘分送給鄰里鄉親。這天正是五月初五。還真靈，凡戴藥包在身的人，不但本人沒病，而且聞到藥氣的人也沒有被瘟疫傳染。以後每到端午節，人們要送「藥包」以示紀念。經過長期的流傳，演變由送藥包變成送「香包」、戴香包的風俗，也就這樣流傳下來。

繫五綵線。端午節這天，大人們在兒童的手腕、腿腕和脖子上繫五色絲。也就是用青、紅、白、黑、黃五種顏色的線搓成繩繫上，可以驅惡免疾，長命百歲。

人們認為五色絲線纏在脖頸或手足腕上，代表東、南、西、北、中五方，不論哪一方來的鬼怪都可以被五色龍鎮壓住。起到「辟鬼及兵，驅邪避瘟」的作用，佩戴的人們可以繫住性命，保證兒童健康成長，因而把五色絲叫「長命縷」，專給兒童繫戴。把小孩鎖住，邪鬼惡神不會上身。

關於五色絲的來歷有一個傳說：在兩千多年前，有一個人打死了天宮守門的大鵝，惹惱了玉帝，他傳下御旨要在正月十五前後火化人間。這一消息被玉帝的侍女知道了，她可憐人間即將遭難，就偷偷下到凡間，把這個消息告訴了人間，並同人們商量好了對策。在農曆正月十四、十五、十六這三天晚上，家家戶戶點燈，放爆竹、開焰火。到了這三天晚上，玉帝到南天門一看，人間一片火海，以為災難已降，便回天宮了。可是，到了農曆五月玉帝要察看人間火化後的情況，並定於農曆五月初五進行。這一消息又被侍女知道了，她於是二次偷下凡間告訴這一消息。

侍女一路風塵，又熱又渴，來到一眼山泉邊停下腳步想要喝水解渴，泉水卻被扔下的一塊土疙瘩給攪渾了。侍女抬頭一看，泉水不遠處站著一個砍柴的年輕人。她生氣地說：「要不是我，你們人間早化為灰燼了，知恩不報，反倒欺負我，真是不講情理！」砍柴青年說：「我看你氣喘吁吁，不攪渾泉水，你喝涼水會炸肺的！」侍女一聽是誤會了，不該責備，於是對他說了實情。在農曆五月初五，玉帝要在南天門察看火化人間後的效果。如果看出破綻，人間還是要遭受滅頂之災的，你回去告訴大家，初五這天，如果各家各戶把艾蒿插在門窗上，行人帶上香包，氣味就足了。玉帝還要放出七妖八怪出來，到人間，如果人們用青、紅、白、黑、黃五色線拴在手腳上、脖頸上，就能鎖定三魂七魄，就不怕妖怪橫行了。於是農曆五月初五這天，人間的大人小孩都在手、腳、脖頸子上繫上了五色絲，此次災難就躲過去了，從此繫五色絲避災的風俗就流傳下來了。

吃煮蛋。端午早上，主婦們將雞蛋、鴨蛋、鵝蛋煮熟，這一天可以盡情地吃蛋，還要把五月初一那天小雞生的蛋單獨做好記號，讓孩子吃下，據說這樣

可以免除孩子的災禍，日後孩子也不會肚子疼。

　　紮小物件。五綵線要在農曆五月初一這天配好，這天還要用細辛做荷包，縫製小布猴，紮製小笤帚，用葦稈和彩色的布串龍尾。小布猴和小笤帚要掛在門框上，龍尾做得像風鈴，要掛在小孩的搖車上。端午的早晨太陽出來之前，把五綵線和荷包放在戶外去「打露」，然後為孩子拴戴好，小布猴、小笤帚和龍尾也要一一掛好。

▲ 端午節一起吃粽子

中秋節

　　中秋又叫仲秋。仲表示居中的意思。農曆七、八、九月是秋季，八月十五正居當中，所以人們把八月十五叫中秋節。中秋節這天晚上明月升起後，在院子裡擺放供桌，放上月餅、蘋果、梨、葡萄等水果，點起三炷香，全家人遙向清空對著月亮叩頭，禮拜之後，圍坐在桌邊品嚐月餅和水果。「海上生明月，天涯共此時」，共享天倫之樂。

　　中秋節的來歷　有這樣的傳說：在遠古的時候，一共有十個太陽，他們是帝俊的兒子，住在海裡長出的一顆叫扶桑的大樹上，太陽的十個兄弟每天由母親陪著，輪班到天上去，一天一個。這樣過了千萬年，直到有一天，太陽十兄弟不等母親來，一起離開了扶桑樹，一起飛上天了。這下可不得了，天上亮得叫人睜不開眼睛，大地被曬得直冒煙，江河湖海全給曬乾了，地裡的莊稼給烤焦了，許多人被曬死了，眼看世界就毀滅了。這件事讓太陽的父親帝俊知道後，他很生氣，派天神后羿去教訓他們。后羿帶著帝俊給他的一張弓，十支箭，和妻子嫦娥一起來到人間。后羿是一位射箭能手，百發百中，力大無窮，

一口氣就射下九個太陽。最後一個認罪求饒，老百姓也說：「不能再射了！要是把太陽全射下來了，大家也沒法活了。」於是最後一個太陽被保留下來。太陽的父親帝俊得知后羿射死了九個兒子，非常生氣，下令后羿和他的妻子嫦娥不許再回天國。

后羿和嫦娥在人間過著相親相愛、幸福美滿的生活。有一天后羿在射獵時，遇到了一位老道，老道見后羿射技高超為民造福，就想讓他長生不老，送給他一包長生藥，說吃了這藥可成仙上天。后羿不願意自己成仙，而捨去父老鄉親和心愛的妻子，回家後便讓嫦娥把藥藏了起來。

后羿得藥的事，被徒弟蓬蒙知道了，這個人表面忠厚，內藏奸詐，他看嫦娥長得美麗，后羿又有長生不死的藥，心裡頓生邪念。

這年的八月十五，后羿帶著徒弟們射獵。天剛黑，蓬蒙偷偷溜回來，到后羿家調戲嫦娥，還逼著嫦娥拿出長生不老藥，嫦娥無奈之下，直上雲天。可她一心眷戀著丈夫，就飛到離地面最近的月亮上安身。在月宮裡，嫦娥為了早日返回人間與丈夫團聚，便讓玉兔在桂樹下搗藥，準備吃了以後再回到丈夫身邊。

后羿打獵歸來，不見嫦娥，一打聽，才知道事情的經過，急忙衝出門，早已不見妻子的蹤影，只見天上一輪明月比以往任何時候都圓，格外明亮，就像心愛的妻子看著自己，訴說著離別愁怨。他拚命地朝月亮追去，可怎麼也追不上。無奈，只得設供桌於月下，擺放嫦娥最愛吃的水果，遙祭遠去的妻子。就這樣年復一年地等下去，可嫦娥始終沒有回來。鄉親們也在各家的院內擺上供桌，祭拜善良的嫦娥，以後便年年如此，歲歲相傳。

中秋節的文化內涵　其實，祭月的淵源可追溯到原始社會，那時候，每當夜幕降臨，四週一片昏黑，梟叫狼嚎，猿啼蟲鳴，呈現出神祕可怖的景象。這時一輪明月冉冉升起，趕走黑暗，把潔白、柔和的月光灑向人間，於是原始人便把月亮看作是給自己帶來光明的天神，虔誠地對月頂禮膜拜。

月神的名字也有許多。如：月姑、太陰星君、月宮娘娘或稱月神為嫦娥。

月神是女性，主宰人間的婚姻。民間稱媒人為「月下老人」，正是源於有關月神的傳說和對月神的敬仰。據說月下老人手中有一本書，書中記載著天下男女的姻緣，月老身上有一隻袋子，裡面裝有紅線，她將男女用紅線相連，那麼這對男女就將結下姻緣。

中秋節作為一種時令節日，不僅代表著一種農耕節點和生活節奏，而且也積澱著濃厚的情感。八月中秋正是莊稼成熟時節，目睹一望無垠的田野，五穀飄香，一片金黃，人們既感到欣慰滿足，又感激上蒼所賜之福。參天時之節律，頌神靈之功德，慶豐收之圓滿。所謂「春種秋收」，人們選擇八月十五這一天聚在一起，品嚐豐收成果，分享人神同樂的幸福，久而久之便形成了固定的節日。

中秋節的人文精髓　中秋節又稱「團圓節」。無論遠在異國他鄉還是近在左右的村落，人人都要放下手中的事，攜兒帶女趕回老家「團圓」。中秋之夜，天高雲淡，皓月當空，那圓圓的明月，象徵人間的團圓。中秋的飲食，月餅是圓的，瓜果是圓的，這些象徵團圓的東西會讓人沉浸在和睦、溫馨、團圓、幸福的氛圍之中。那些遠離家鄉的遊子，目睹秋空皓月，銀光傾瀉，發出「舉頭望明月，低頭思故鄉」的無限感慨以及「但願人長久，千里共嬋娟」的祈願。中秋節不單是一種喜慶豐收的節日，還蘊含著傳統文化的精髓。

寒衣節

　　每年農曆十月初一，謂之「十月朝」，又稱祭祖節、寒衣節、冥陽節。這一天，特別注重祭奠先亡之人，謂之送寒衣。人們要焚燒五色紙，為其送去禦寒的衣物，並連帶著給孤魂野鬼送溫暖。十月一，燒寒衣，寄託著今人對故人的懷念，承載著生者對逝者的悲憫。

　　寒衣節的來歷　農曆十月初一，俗稱秋祭、寒衣節。《詩經·七月》曾提到「七月流火，九月授衣」，意思講天漸漸冷了，人們該為逝去的親人添置禦寒的衣裳了。因此農曆十月初一又稱授衣節。

　　給死人送衣服的習俗，據說是由孟姜女首開先河。相傳，秦始皇滅六國統一中國後，為了抵禦北方少數民族的入侵，強徵民工，修築萬里長城。孟姜女的丈夫范杞梁，不幸被抽壯丁，當時兩人成婚不久，夫妻只得抱頭痛哭一場，依依分別。范杞梁走後，幾年杳無音訊，孟姜女的公婆思兒心切，積鬱成疾，雙雙亡故，撇下孟姜女一人，孤苦伶仃，舉目無親，於是她決定去找丈夫。孟姜女只知道丈夫在山海關修長城，便抱上為他縫製的棉衣，一路北走。

　　不知走了幾個月，乾糧吃完了，她沿街乞討，終於在農曆十月初一來到了山海關的長城腳下，見到剛剛修起的長城，又看見了荒蕪中的纍纍白骨，卻看不到人影。她明白，自己的丈夫十有八九已經死了，於是癱倒在地，放聲慟哭，竟把長城哭塌了一段。塌下來的城牆中，有成堆的白骨。孟姜女認定丈夫的屍首肯定就在這些白骨之中，便把為丈夫做的那套棉衣擺在地上，想燒了祭奠亡夫。正在點火，忽又想起地下那麼多冤魂，若把她丈夫的棉衣搶走就白費心思了。於是她抓了一把灰土在棉衣周圍劃了個圓圈，大聲說：「這是俺夫君范杞梁的領地，別人不要來搶。」她點著了棉衣，邊哭邊禱告：「夫君呀，天冷了，你把這身衣裳換上吧。」她的眼淚已經流乾，眼裡流出的是血，這血滴在別的白骨上一滑而過，落在離她最近最完整的的一具白骨上，卻像不願意走

了，徑直滲入骨中。孟姜女心想，這肯定是俺夫君的遺骨，於是她將衣服的灰燼和白骨一起掩埋，撫墳痛哭暈厥在地，終與丈夫死在了一起。孟姜女千里尋夫的故事傳到民間，百姓深受感動，以後每到十月初一這一天，百姓便焚化寒衣代孟姜女祭奠亡夫，逐漸形成了追悼亡靈的寒衣節。

也有的說十月初一是陰氣最重的一天，霜降行將結束，天氣漸冷，露積為霜。在天氣晴朗的夜晚，土壤和植物表面能夠強烈地散發熱量，地面溫度降到零攝氏度以下，水汽凝成白色的冰晶。相隔一兩天就是立冬。節交立冬草萎樹枯，天氣寒冷程度加劇，過去人們在十月初一這一天用紙糊窗戶縫，抵禦寒氣，認為這一天糊窗戶縫「鬼」會被擋在窗戶外。

寒衣節習俗　燒紙。一般在近處的親人都要到墳地去燒紙祭奠，清理一下墳地裡的枯草，對塌陷地方培一下土。遠在外地回不來的，選擇一個十字路口燒紙。十字路口代表四通八達，可以儘快把你「燒」的錢送達親人手中買寒衣。燒紙表示對另一個世界親人的牽掛和懷念，紙就代表錢。紙化灰燼是錢已「捎」走了。據說，凡屬送給逝者的衣物、冥鈔諸物都要燒得乾乾淨淨，這些陽世的紙張，才能轉化為陰曹地府的綾羅綢緞、金銀財寶，如果有一點沒有燒盡，亡人會無法使用。

添土。向墳頭添土，一是防止墳頭變小，二是表明墳主後繼有人。

臘八節

每年農曆的十二月俗稱臘月，十二月初八（臘月初八）即是臘八節，習慣上稱作臘八。

臘八節及臘八粥的來歷　佛祖成道紀念日。傳說佛教的創始人釋迦牟尼本是古印度北部迦毗羅衛國（今尼泊爾境內）淨飯王的兒子，他見眾生受生老病死等痛苦折磨，又不滿當時婆羅門的神權統治，捨棄王位，出家修道。初無收穫，後經流年苦行，於臘月初八日，在菩提樹下悟道成佛。在這流年苦行中，每日僅食一麻一米。後人不忘他所受的苦難，於每年臘月初八吃粥以做紀念，「臘八」就成了「佛祖成道紀念日」。

「臘八」是佛教的盛大節日。據說有的寺院於臘月初八以前由僧人手持缽盂，沿街化緣，將收集來的米、栗、棗、果仁等材料煮成臘八粥散發給窮人。傳說吃了以後可以得到佛祖的保佑，所以窮人把它叫做作「佛粥」。自從佛教傳入我國，所有寺院每逢臘八都用五穀和果實煮粥供佛，叫臘八粥，陸游有詩：「今朝佛粥交相饋，更覺江村節物新。」

臘八粥的民間傳說。關於臘八粥，民間還流傳一個故事。明太祖朱元璋小

時候家裡很窮，給地主放牛，經常飢一頓飽一頓。有一年臘月初八，天下著鵝毛大雪，已經兩天沒吃東西的朱元璋，躲在場院一間小房裡暫避風寒。他餓得實在難忍，便四處尋找吃的，結果啥也沒有，只發現一個鼠洞，朱元璋喜出望外，心想抓住老鼠烤了吃。於是趕緊找了一把鐵鍬挖洞，挖到深處，伸手一掏，沒有老鼠，卻意外發現了老鼠的「糧囤」，有大米、玉米、豆子等食品，足有一碗多，他高興極了，很快就煮成了一鍋粥，吃得十分香甜。

後來朱元璋當了皇帝，每天吃的是山珍海味、大魚大肉，心裡卻非常厭煩，在臘月初八這天，他突然想起往事，趕緊傳令廚師，以五穀雜糧做粥。煮好的粥送上來，朱元璋越吃越愛吃，一連吃了三大碗，並將此粥賜名「臘八粥」，此後，每到臘八大家都煮粥紀念。

還有的說臘八是天氣最冷的一天，「臘七臘八凍掉下巴」。這天吃了臘八粥會黏住下巴，而不至於被凍掉。

臘八節日食物　臘八粥。臘八粥在古時是用紅小豆、糯米煮成，後來材料逐漸增多。多用糯米、紅豆、大棗、栗子、花生、白果、蓮子、百合等煮成甜粥。也有加入桂圓、龍眼肉、蜜餞等同煮的。冬季吃一碗熱氣騰騰的臘八粥，既可口有營養，又能增福增壽。

臘八蒜。就是在陰曆臘月初八的這天來泡製蒜。將剝了皮的蒜瓣兒放到一個可以密封的罐子、瓶子之類的容器裡面，然後倒入醋，封上口放到一個冷的地方。慢慢地，泡在醋中的蒜就會變綠，最後變得通體碧綠，如同翡翠碧玉。

婚俗

古時候，人們以黃昏為吉時，「昏」是男女結親的最佳時辰。「婚」本來寫作「昏」，女字旁是後來加上去的。「姻」本來也沒有女字旁的，女子因之有了丈夫，父母因嫁女，所以叫姻。《禮記》註疏說：婿曰婚，女曰姻。婿以昏時來迎，女則因之而去，故名「婚姻」。

「房中月朗圓一夢，洞中花香樂百年」，婚姻是人生中的大事，所歷程序是必不可少的。長白山人結婚是很熱鬧的，不僅有漢族傳統的婚禮程序，更有滿族的風俗習慣。

說媒　說媒也叫保媒，由媒人為男女兩家介紹締結婚姻關係。俗話說：「天上無雲不下雨，地上無媒不成親。」可見媒人的重要性。

媒人可以是親友、熟人，也可以是專門的媒婆。他們按照門當戶對、年齡般配、家境基本相當等條件，往返男女雙方家中說合。若雙方有意，則由男方向女方提親。來女方家提親的越多，女方家越感到榮耀，即所謂「一家女百家求」。如女方向男方家提親會被人家笑話「閨女嫁不出門了」。若雙方滿意，兩家要互換年更帖子，把男女雙方的出生年月日時辰寫在上面，因為正好是八個字，所以又叫「八字」。兩家得到對方的「八字」後，先把它壓在神佛面前的香爐下，沒有供神佛的就壓在祖先的牌位香爐下。三天內家中沒有生病、失物、火災、口角、打碎家什等不快事情發生，這個「八字」才有合婚的希望。再請算命先生合婚，看兩人的「八字」是「相生」還是「相剋」，如二人「八字」相合才可進行結親的事。

相親　相親也叫「相對象」。舊時，新婚夫妻在洞房時才能見面，為了防止受媒人的欺騙，雙方父母只能暗地裡打聽了解對方的相貌、年齡、家庭境況等。

後來變遷，由媒人約男女雙方到第三者家中見面，如彼此相中，就可建立

戀愛關係。經過多次交往，認為條件成熟，男方邀女方到家看家。這時男方要把家修飾一番，把值錢的東西亮出來，家長也要穿戴整潔，有的甚至借外人的東西，以示富有。女方若滿意就會答應留下來吃飯，男方父母則要掏錢給女方做「見面禮」。

訂婚　相看完畢，如果雙方都同意，那就下聘禮訂婚，也叫定親。先由男方出錢，購買衣物、金戒指等新婚用品，接著就選擇吉日「過禮」。由女方家預備酒席，男方家拉著親朋好友將聘禮、彩禮錢等送到女方家，在女方家吃一頓飯，這就算是定親了，以前一般要舉行個儀式，請親朋好友街坊四鄰做客。訂婚後，夫妻關係基本確立，別人就不再來求親了。從此，兩家大人開始以「親家」相稱。如果兩個孩子不想結婚，那也得當親屬走動，逢年過節，男方要到女方家串門兒，好臉兒的女方也會到男方家串門兒，但來也不白來，臨走時，男方家長要給女方一定的錢財或禮物。如果想結婚，那就看日子準備結婚。

婚禮的頭一天。男方家由全福人（俗稱「全科人兒」，就是夫妻雙方都健在，有兒有女的人。）佈置好洞房，被子四周放紅棗、花生、桂圓、栗子、高粱、斧子等物，中間放一如意，意味著「早生貴子，萬事如意」。沒有這些東西的，怎麼也得放上裹著紅布的斧子、炕席底下撒上高粱粒兒，牆上、門窗上貼滿大紅喜字和對聯，家裡人購置酒宴的材料，並請支客人（即代東的）、撈忙的（也就是在婚禮酒宴上幫忙的）吃飯酬謝。

這天，新郎官還要在父親或叔叔、大爺等直系親屬的陪同下，帶著酒肉、供品和響器班子到祖墳前燒紙上香，告訴長輩：咱們家又添人進口了！讓天國裡的親人也高興一下。也是從這天開始，男方家的老親少友便都從四面八方陸續趕來隨份子喝喜酒，道兒遠的還要在這兒住一宿。因此，一家辦喜事，四鄰都跟著喜慶。婚禮的頭一天，女方向男方家送嫁妝。嫁妝多是箱、櫃、桌、椅、被、褥等生活必需品。被褥講究「兩鋪兩蓋」（兩床被、兩床褥子）或「四鋪四蓋」。由女方來的送嫁妝的男賓和男方家人一起安床、鋪床，床的四周放

上栗子和棗，以求早生貴子。

貼「囍」字的由來。傳說有個叫有喜的讀書人，進京趕考路過一個小村莊，看見一個員外家門口貼了一副對聯，他很好奇，因為這對聯只有上聯：走馬燈、燈馬走、燈滅馬停蹄。下聯卻是一張紅紙，一個字也沒有。有喜考完試，就把路上看到的怪事同主考大人說了，主考大人告訴他那是女方徵婚的一副對子，誰要是對出下聯，就能做上門女婿。

在回去的路上，有喜走到那個員外門前，下聯還空著，他就拿上筆墨，略一沉思，在那紅紙上寫了起來：飛虎旗，旗虎飛，旗捲虎藏身。正好被老員外出來看見。這員外和獨生女龍喜鳳喜歡非常，於是要招有喜為婿。

二人剛要拜堂成親，突然外面鑼鼓響了起來，原來有喜考中了狀元，主考大人親自來接他進京。主考大人高興地說：「兩件事湊到一起了，真是雙喜臨門啊！」龍員外一聽這話，忙把家人叫來，在門頭上又寫了兩個大喜字。主考大人說：「兩件喜事緊挨著，兩個喜字也應當挨著，喜上加喜。」龍員外於是把兩個喜字挨到了一起，變成了今天的「囍」字。

迎親　迎親前一天女方家是很忙的，要安排車，找親屬送親。將男方家送過來的彩禮以及娘家陪送的東西都裝上車。近代人的婚禮一般選擇在上午的吉時完成（中午以後結婚的一般都是二婚，即再婚），因此正日子這天天不亮，女方家就開始忙活。最辛苦的是新娘子，因為她要化妝盤頭，把自己打扮得足夠漂亮。

迎親這天，男方首先要做好出發前的準備，一是要準備好四彩禮：帶兩根以上豬肋條的豬肉（俗稱離娘肉）、白糖兩斤、大蔥四棵、粉條四把，意思是女兒雖然出嫁，但仍然與娘骨肉相連像沒離開娘一樣；大蔥要帶根，意在今後的生活過得「沖」，生的孩子聰明；白糖和粉條表示甜甜蜜蜜、長長遠遠。二是要把新房房前屋後的井和帶坑的地方用紅紙或紅布蓋上，以免犯沖；迎親時將要路過的下水井蓋也要用紅布蓋上，人們認為下面藏污納垢，踩到井蓋的人會倒楣的。

到女方家後要先敲門，邊敲門邊喊爸媽開門。門開後，新娘父母站在門口迎接男方接親人員，由新郎向岳父岳母從長輩開始介紹接親的親屬，雙方握手寒暄進屋落座後，新郎面向父母站好，正式改口叫爸叫媽並三鞠躬，然後給爸爸點根喜菸，給媽媽剝塊喜糖。這菸和糖可不是白抽白吃的，要給新姑爺「改口錢」。錢數可以是九十九元，或是九百九十九元、九千九百九十九元等，意思是天長地久。新郎則向岳父岳母保證以後要善待新娘，孝敬雙方父母。然後開始吃早就煮好的麵條，這一碗麵條裡有兩個雞蛋，新郎新娘相互夾給對方吃，意為互敬互愛。

男方送「離娘肉」是有說道的，即一定要有兩根以上的雙數肋骨，一刀砍下，送給新娘母親，安慰她女兒離去的痛苦，而且必須要由男方的長輩或代東的給獻上。女方家得肉後要從中割開，留下一半肋骨，另一半由男家帶回，作為回禮。新娘在上轎前要蒙上紅蓋頭。紅蓋頭是一塊二尺見方的紅布，可朦住新娘的頭面脖肩，使其不能被人看清楚面目，類似於女媧「以草為扇」，是遮羞的，其紅色象徵火，可以防邪避禍。一切程序結束後，新娘的母親要餵新娘一口「上轎飯」，意為不忘養育之恩。新娘離家時要抓一半喜盒裡的硬幣，並且兩腳不能沾土，由兄長抱著上車（轎），怕新娘沾走娘家的灰土，帶走娘家的福氣。

車上放一個包有臉盆和鏡子的包袱（意為「包福」）。上車後，繞村一週才能去男方家，說繞村新娘不會想家。新郎新娘以及伴郎伴娘坐頭車，其餘的親朋好友等送親的人坐後續的車。如果男女雙方是一個村的，也得繞村一週；是外村的，到了男方所在村子也要繞村一週，然後下車。

新娘的母親是不能送親的，主要是怕母親捨不得過於傷心，痛而傷喜。嫁娶途中如果有兩家迎親隊伍相遇，為了避凶求吉，迎親隊伍雙方互換手帕，達到皆大歡喜的目的，這叫作迎親沖喜。當天婆家要回一桌酒席專門給沒去送親的媽媽吃。姑爺會說，媽吃了回席，就不想姑娘了。

婚禮　喜車到來時，新娘暫不下轎，這叫「憋性」，意思是改改新娘的脾

氣。然後新媳婦兒在車上接過婆婆端著的那個放著蔥的銅盆洗手，洗完手後給婆婆帶花，脆生生、甜甜地喊婆婆一聲「媽」，婆婆便美滋滋地答應一聲，然後從口袋裡掏出早就預備好的「改口錢」給新媳婦兒，這錢是不能省的，而且隨著生活水平的提高，錢數也在上漲，由最初的一百零一元，逐步上升到了一千零一、一萬零一，意味著這是百裡挑一、千裡挑一、萬裡挑一的好媳婦兒。

給完改口錢後，新娘下車，到洞房裡先去坐福。到洞房前，新郎要用秤桿或馬鞭將紅蓋頭挑起扔到房上，門口放馬鞍，還有炭火盆，新娘必須一步跨過，謂之步步登高、紅紅火火、歲歲平安。在送入洞房時，門口可由一些能開玩笑的弟弟妹妹們手拿五彩糧，照著新娘子的頭揚撒。

洞房的炕上，新娘子不脫鞋爬上炕坐在中間，新郎官給新媳婦脫完鞋後，也爬上炕圍著新娘子繞行一週後，坐在新娘子旁邊。新娘將裹著紅布的斧子坐在屁股底下，意為「坐福」。

「坐福」時要再次用放著蔥的銅盆洗手、洗臉或梳頭，這是開臉。其實就是做樣子，是想讓鼓樂班子多唱一會兒，也是為了等吉時好拜天地，這期間，送親的女方家屬要做的事是擺放家具，這些活兒一般由新娘的弟弟來完成，沒有弟弟可尤其他同輩或晚輩代替完成，擺放完後新郎家要給賞錢。這期間還要疊被，一般由女方的妹妹來完成，男方被口朝外，女方被口朝裡，交替疊好。同時還要給來送新娘子的娘家親戚帶的小孩兒賞錢，即押車錢。男方家也不能閒著，小姑子或小叔子要來拉嫂子一把，「小叔子（或小姑子）拉一把，又有騾子又有馬」。

吉時一到，代東的或婚禮司儀先來個開場白，接著就是例行程序：包括新人登場、拜天地、拜高堂、拜謝娘家人、答謝紅娘、向來賓行新婚大禮、夫妻對拜、男方親屬代表向新人致賀詞、女方親屬代表向新人致賀詞、婚禮特邀嘉賓向新人致賀詞、新郎致答謝詞、新娘致答謝詞、證婚人致辭、男方父母致辭、女方父母致辭、慶典結束、喜宴開場。

在宴席上，新人要拜席，感謝大家來參加婚禮。首先給娘家貴賓敬酒敬

菸，娘家親屬由新娘子遞菸新郎點菸，男方親屬由新郎遞菸新娘子點菸。拜席結束後，娘家親屬要賞一對新人的拜席錢。隨後新郎父母也在代東的帶領下，給娘家貴賓敬酒，並格外給娘家親屬加四個特色菜。這叫作「娘家賞菜」，女方家屬要給廚師賞錢，接著給其他來參加婚禮的親屬點菸敬酒，順序根據自家情況而定。

娘家客人要在十二點之前離開。人們認為上午有朝氣，過了點會有暮氣。也從禮節考慮，有客走主人安的意思。新郎可以去送行，此時娘家會給賞錢，新娘子此時則需哭一場，表示對娘家人的不捨，新娘子的眼淚被稱為金豆子，掉的眼淚越多，表示兩個人以後的生活就會越富有。

入洞房　洞房，就是新人完婚的新房。叫洞房形容它的深邃而嚴密。通常，洞房內佈置除了一些必須的生活用品之外，在門口還要貼上喜聯，窗戶上也要貼大紅雙喜字，屋內點上大紅花燭。

當新人雙雙進入洞房，新人要在炕沿上並肩坐好，然後由「全福人」招呼。

洞房裡的新人要先行合巹禮、喝交杯酒，行禮時由全福人斟滿兩杯酒，新婚夫婦各呷一口，互換酒杯，再飲一口，即為「合巹禮」也叫交杯酒。據傳過去是新郎、新娘各執一片一剖為二的瓢飲酒，其意義是象徵一對新人自此合二為一，夫妻間享有相同的地位，婚後相親相愛，百事和諧。現在用杯替代了瓢，合巹禮變為喝交杯酒，以示百年好合。喝完後，兩人爭坐喜被，誰先坐在中間誰為吉，這時開始鬧洞房。

過去人們認為洞房中會有狐狸、鬼魅作祟，為了驅逐鬼魅，避開邪靈的陰氣，增強人勢之陽氣，這才有了鬧洞房的活動，所謂「人不鬧鬼鬧」。

最常見的活動就是讓新娘子點煙，讓兩個人咬蘋果等。大伯嫂摸洞房的釘錦，並說「摸摸門鼻兒，明年生個侄兒」。小姑子在洞房外面骨碌墩子，唸唸有詞「骨碌骨碌墩，明年給老太太抱個孫兒」。洞房無大小，只要不過分，想開點玩笑熱鬧熱鬧都在情理之中。

回門　婚後第三天，新郎、新娘要早起拜祖神，然後拜公婆及族中尊長。這以後，就不可以和長輩開玩笑了。婚後七日回門，新郎新娘要拎著四盒禮回娘家，拜謁妻子的父母和親屬。回門是婚事的最後一項儀式。在回門當天，新娘應走在前面，當新娘新郎到女方家後，女家都會設宴款待，會請女婿坐在上席。宴席結束後，新人可在女方家休息一會，在娘家吃完午飯後再回婆家，通常女方家不會留宿，因為有一個月內不空房的習俗。

　　返回男家時，新郎要在前面帶路。以前新結婚的媳婦不能同公公、婆婆及丈夫同桌吃飯。如果長輩在吃飯，新媳婦就要在旁邊伺候，否則就視為不敬不孝。長輩不得同兒媳婦開玩笑，兒媳婦更不許在長輩面前袒胸露背。必須要學會三從四德，要知禮儀、懂廉恥，這是確定以後在公婆和村人眼中地位的關鍵。

　　住對月　新婚滿月後要回娘家「住對月」，也就是住一個月，這既是給娘家父母以安慰，也是讓這一個月來不消停的新郎官兒休息一下，免得累壞了身板兒，以後得病。住對月結束後，丈夫要去接媳婦，回婆家時，媳婦要給公婆及小叔子、小姑子等帶回些「針線活」（鞋襪之類）作為餽贈，也是告訴婆家人：俺這一個月是大門不出二門不邁地在娘家守婦道給你們做針線活了。

　　婚嫁禁忌（1）「寡婦年」不結婚。民間認為無立春日的那一年是「寡婦年」，不適合結婚。（2）單日不結婚。忌單日嫁娶，期盼好事成雙。尤忌七月七日結婚，說不能像牛郎織女那樣長期分離，一年只能在七月七日那一日相會，夫妻一生要長相伴隨。（3）女忌不柔順、不從夫，男忌「懼內」、管不住媳婦。（4）忌諱寡婦、孕婦、戴孝者、屬虎的人進入新房。要忌坐新床、摸索新房內的物品。（5）洞房花燭夜點燃的燈燭忌吹滅，要一夜長明。相傳新婚夫婦誰要先把燈燭吹滅，誰就先死，所以二人誰也不吹。

吉林文庫 A0703A03

文化吉林：梅河口卷

主　　編	莊　嚴
版權策畫	李　鋒
責任編輯	林以邠

發 行 人	陳滿銘
總 經 理	梁錦興
總 編 輯	陳滿銘
副總編輯	張晏瑞
編 輯 所	萬卷樓圖書股份有限公司
排　　版	菩薩蠻數位文化有限公司
印　　刷	維中科技有限公司
封面設計	菩薩蠻數位文化有限公司

出　　版　昌明文化有限公司

桃園市龜山區中原街 32 號

電話 (02)23216565

發　　行　萬卷樓圖書股份有限公司

臺北市羅斯福路二段 41 號 6 樓之 3

電話 (02)23216565

傳真 (02)23218698

電郵 SERVICE@WANJUAN.COM.TW

大陸經銷　廈門外圖臺灣書店有限公司

　　電郵 JKB188@188.COM

ISBN 978-986-496-241-9

2018 年 1 月初版

定價：新臺幣 460 元

如何購買本書：

1. 轉帳購書，請透過以下帳戶

　　合作金庫銀行　古亭分行

　　戶名：萬卷樓圖書股份有限公司

　　帳號：0877717092596

2. 網路購書，請透過萬卷樓網站

　　網址 WWW.WANJUAN.COM.TW

大量購書，請直接聯繫我們，將有專人為您

服務。客服：(02)23216565　分機 610

如有缺頁、破損或裝訂錯誤，請寄回更換

國家圖書館出版品預行編目資料

文化吉林. 梅河口卷 / 莊嚴主編. -- 初版. --

桃園市：昌明文化出版；臺北市：萬卷樓

發行, 2018.01

　　冊；　公分

ISBN 978-986-496-241-9(平裝). --

1.文化史　2.人文地理　3.吉林省

674.2408　　　　　　　　　　107002020

本著作物經廈門墨客知識產權代理有限公司代理，由時代文藝出版社授權萬卷樓圖書
股份有限公司出版、發行中文繁體字版版權。